# 只有一条长江

THE
YANGTZE
RIVER
THERE'S
BUT
ONE

李海洲 主编

**图书在版编目（CIP）数据**
只有一条长江 / 李海洲主编. -- 重庆 : 重庆出版社，2025. 9.（2025.11重印） -- ISBN 978-7-229-20448-8
Ⅰ. K928.42
中国国家版本馆CIP数据核字第2025MF0635号

**只有一条长江**
ZHI YOU YI TIAO CHANG JIANG
李海洲 主 编

总 策 划：李 斌 郭 宜
出版监制：肖化化 刘 喆
策划编辑：寇 馨 李梦梦
责任编辑：肖化化 吴向阳
责任校对：刘 艳 江省吾
装帧设计：刘晓敏 朱明月

重庆出版社 **出版**

重庆市南岸区南滨路162号1幢 邮政编码：400061
重庆关键词文化传媒有限公司制版
重庆建新印务有限公司印刷
重庆出版社有限责任公司发行

开本：787mm×1092mm 1/16 印张：19.5 插页：1 字数：425千
2025年9月第1版 2025年11月第2次印刷
ISBN 978-7-229-20448-8
**定价：138.00 元**

# 目　录

contents

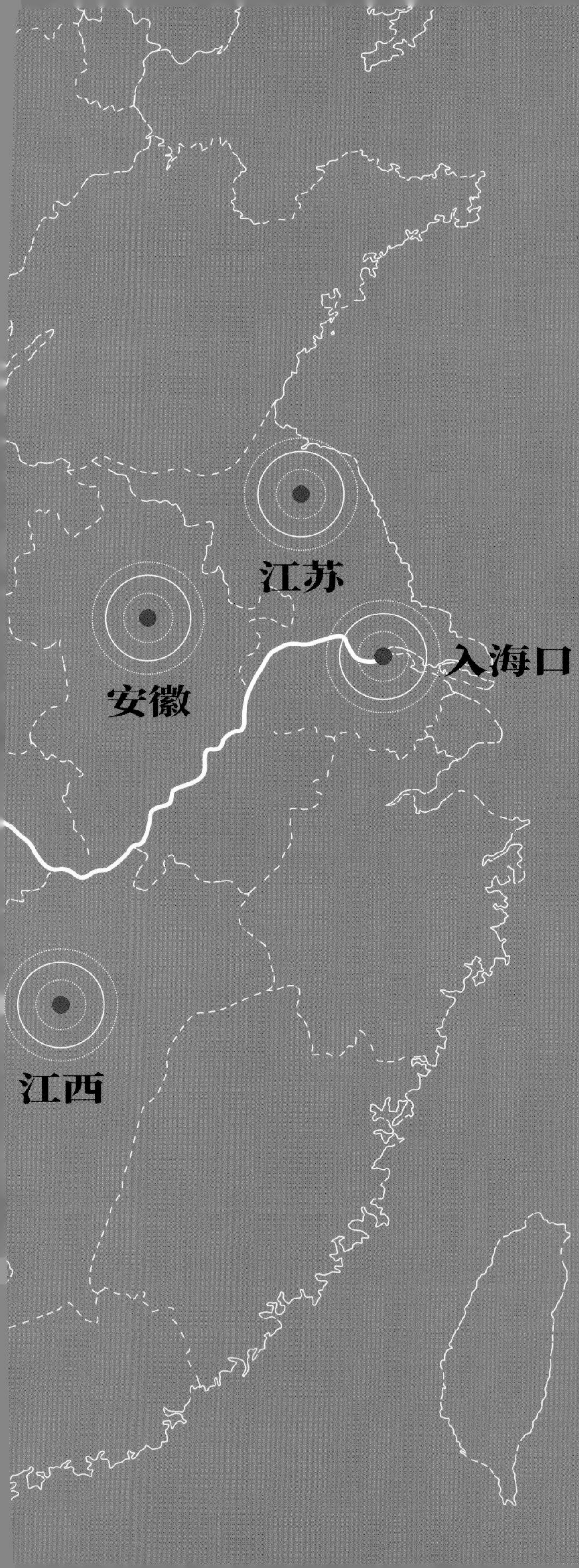


The Yangtze R
There's But Or

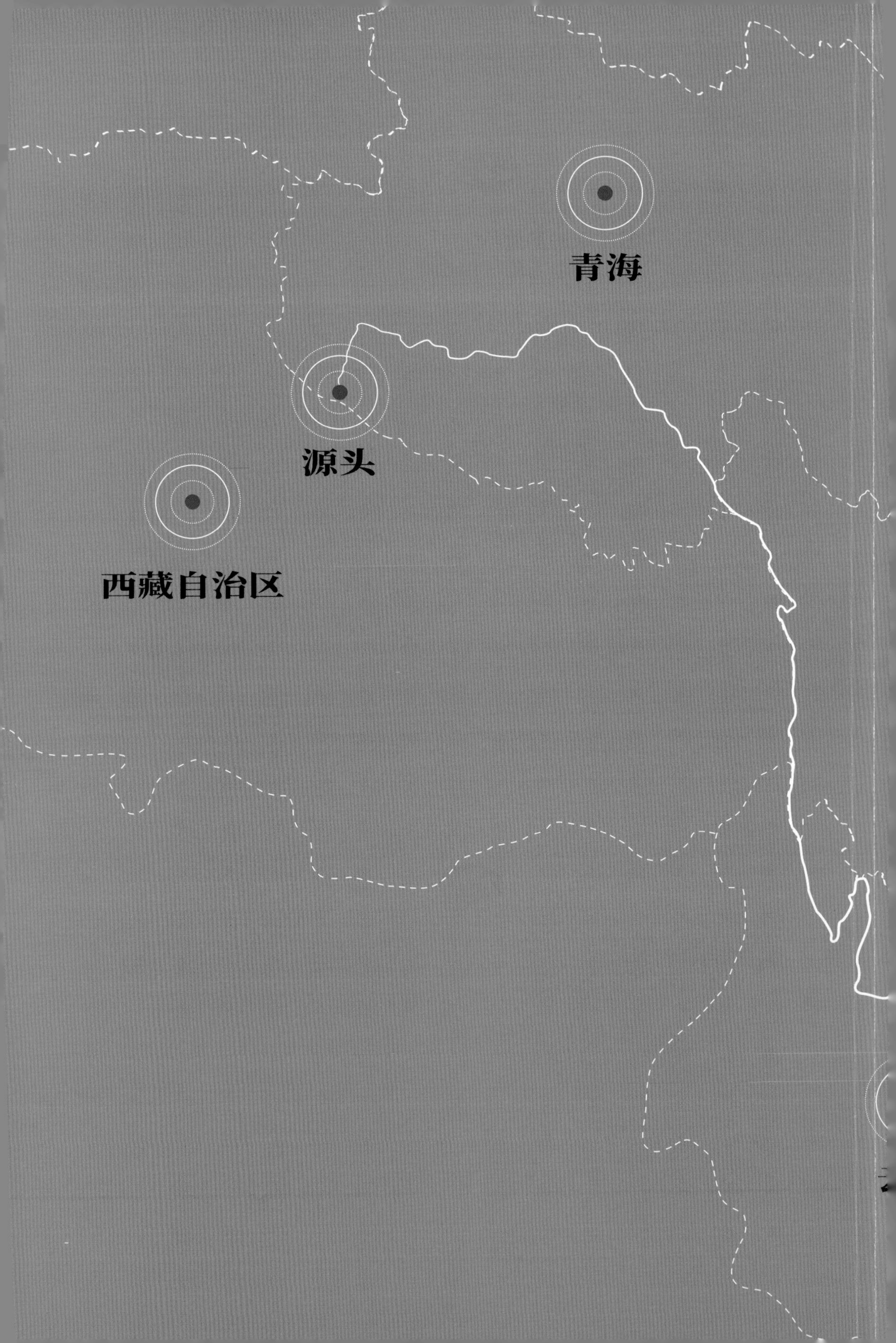
青海
源头
西藏自治区

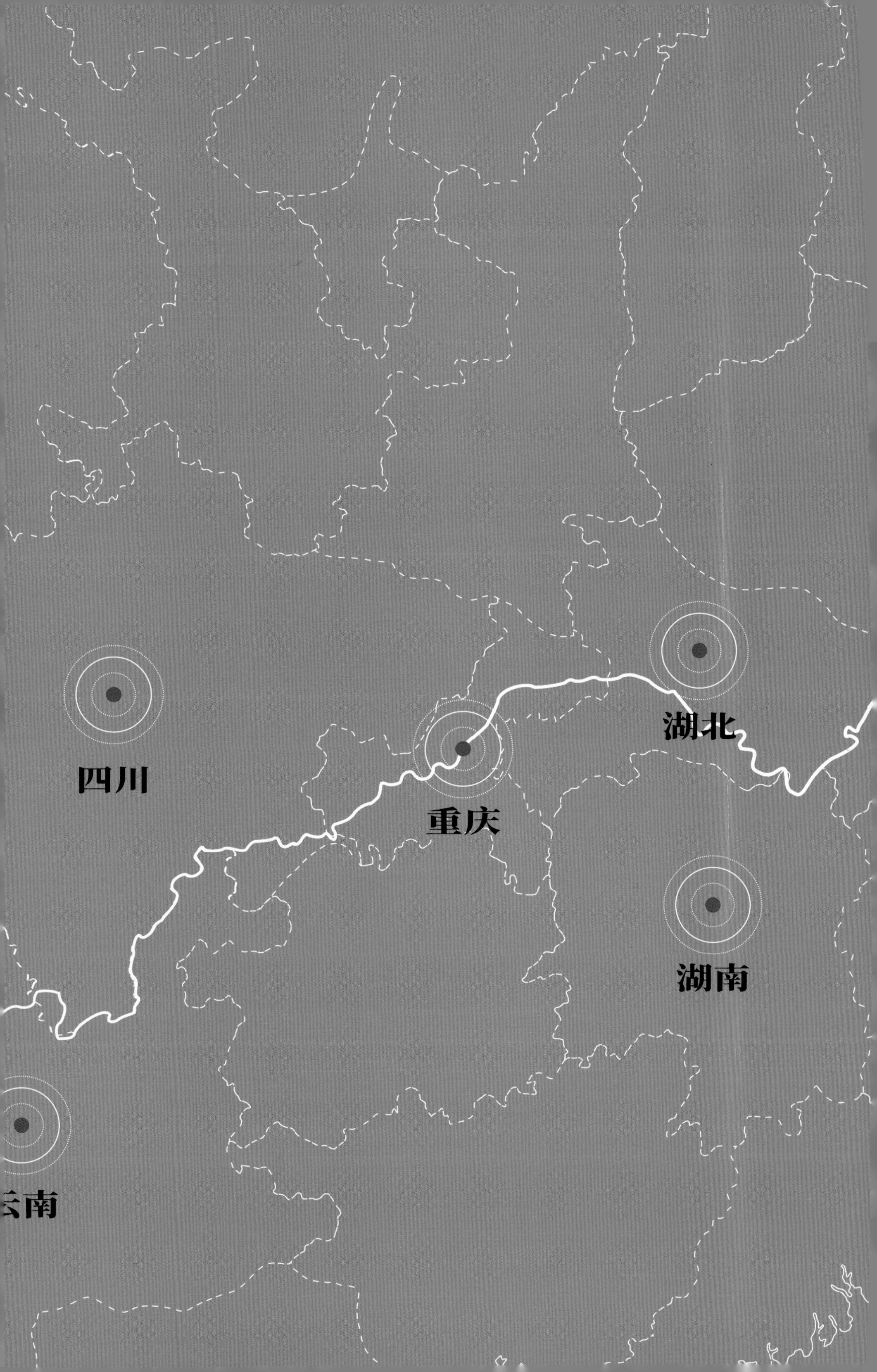
四川
重庆
湖北
湖南
云南

在玉树杂多县，长江南源当曲和澜沧江蜿蜒流过县城，航拍视角下，橙黄色的房顶与河流交相呼应，犹如画作。静言/摄

# 只有一条长江

The Yangtze River:
There's But One

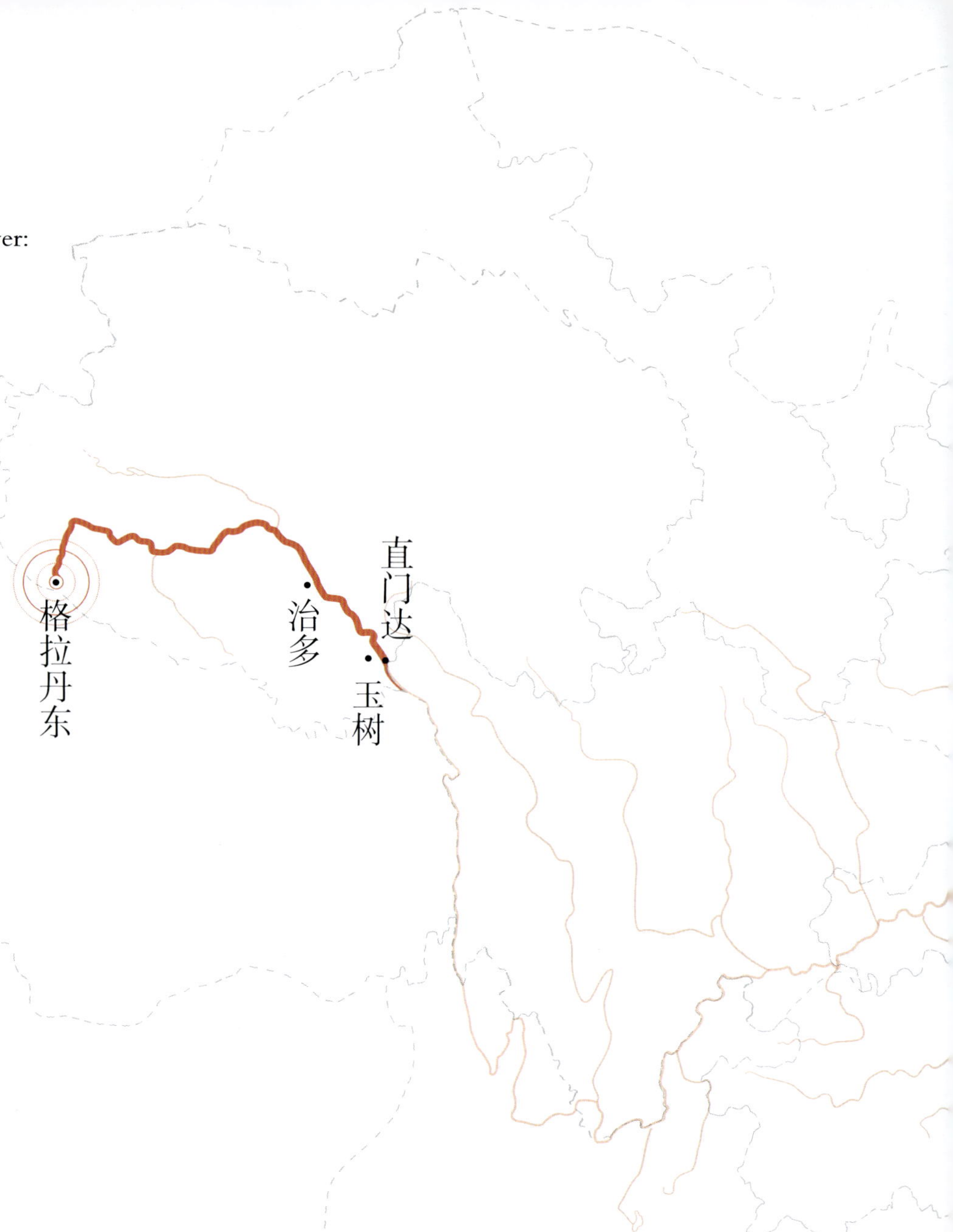


{ 篇一 }

长江的源头究竟在哪里？

{ 篇二 }

生命禁区里的独特生存图景

{ 篇三 }

三大江河的第一滴水从玉树流出

{ 篇四 }

两岸高地上的石头岁月

卷一

# 源头

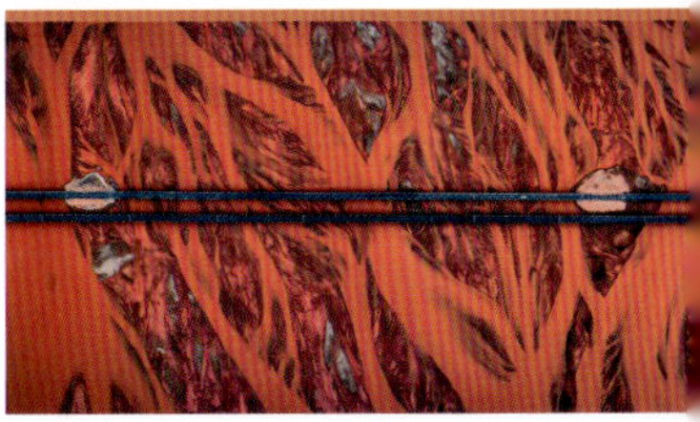

## 从格拉丹东开始 中国第一大河的源头之谜

就像一个人的成长由童年、青年、中年和老年构成一样，一条河流分为源头、上游、中游和下游几大部分。就像越长寿的老人，回忆或给后人讲述自己的故乡与童年时，就越发显得神秘而久远，蜿蜒6000多千米的长江，它的源头同样充满传奇与神秘，也同样遥远。

地处青藏高原腹地的长江源区，犹如一件发出迷人但冷峻的光芒，却拒绝人类过多干预的时光器皿。无论在形成时间还是在地理构造、地貌景观、生物多样性等方面，这里都担当得起神圣之地的角色。

这是一张长江源形成的时间表：1.8亿年前，一场强烈的造山运动像一双巨手，将我们今天看到的昆仑山脉、巴颜喀拉山脉和横断山脉从浩渺的特提斯海中托举出来，并让它们在漫长岁月中不断抬升；1.4亿年前，唐古拉山脉已经大体定型，它和周围一起抬升的其他群山，构成了一座大水塔的雏形；距今500万年到300万年，我们今天看到的青藏高原强烈隆起，从这里流出的水开始外溢，形成了黄河、长江和澜沧江三大河流的源区，东西贯通的长江水系日渐清晰地刻印在大地上。长江的形成与出现，不仅是岁月对土地的恩赐，也是大自然在地壳运动中创造出的雄奇与辉煌。

无论是在地理课本，还是在地理科普读物上，格拉丹东是公认的长江起步之地。对长江而言，格拉丹东怀抱的巨大冰川就是分娩长江之水的子宫。一滴水从冰缝里沁出后遇见另一滴水，一滴水从地下涌出后寻找另一滴水，这种遇见与寻找，让这片人间高地化作一位少女的面庞，一条条细流宛若细辫散开，映出婴儿般的笑容。

离开格拉丹东的怀抱后，长江开启了它的童年时光之旅，那是一条细流和另一条细流的相遇与融合，成千上万条细流在青藏高原上勾画出一座水贯其间的迷宫。

一条细流就是一匹野性十足的马驹，在奔跑中完成和另一条细流的相逢与拥抱，交叠与融汇，从而变宽、变长。在青藏公路西侧的青海境内，从北到南依次形成了楚玛尔河、尕尔曲、然池曲、沱沱河和布曲五条支流，它们约定好似的往东流去。很多人路过沱沱河和青藏公路交会的唐古拉山镇时，看到诸如“长江源”“长江第一镇”等字眼的路牌、标识时，误以为流过小镇的沱沱河是长江源的唯一支流。

五条支流像五条绵长的哈达铺在高原上，在星光和太阳下发出银子般的光芒，那是通天河前世的五张笑脸。五条支流滋育出沿途的湿地、湖泊、草场，为生活在这里的野生动物提供了天堂般的栖居之地。五条支流，也像伸出去的五根指头，长短不均地探向冰川，鸟窝掏蛋似的掏出汩汩流水。最南端的布曲流进青海省治多县后，在地图上开始被标注为“当曲”；沱沱河流入治多县境内和当曲相汇后，开始有了一个大气的名字：通天河。

然池曲和尕尔曲在青藏公路东侧大约10千米处相遇，汇成北麓河。北麓河流过青藏公路以东约40千米处的曲麻莱县境内汇入通天河，在通天河上游，这是最为低调的一条支流。

楚玛尔河，作为通天河最后接纳的一条支流，在曲麻莱县西部汇入通天河。由此，通天河完成了在上游的成功塑形。五大支流的先后融合，像五支军队陆续完成了大会师，让通天河变得壮实、宽硕起来，有了一条大河的体量与筋骨。

辫子般的细流能形成浩荡大河，最大原因在于它沿途的接纳。通天河的形成，向我们展示了一个哲理：河流如生命，接纳是最高贵的跋涉。通天河上游的五条支流完成的集体汇合，犹如五根伸出去的手指紧紧攥在一起，握成了拳头的样子，聚集了力量，朝万山峻岭中挥去一柄银色之剑，开始穿山劈岭，在青藏高原上展示自己伟岸、壮观的身影。

从此，通天河告别了高原上缓慢而任性的流淌，它巨大的下切力开始穿越群山，犹如一名伟大的雕刻师，在群山中留下一道道印记。

人类生活的足迹开始越来越多地印在通天河两岸，无论是古代的玉树二十五族，还是现在行政意义上玉树藏族自治州沿通天河分布的三县一市，都得益于这条河流的馈赠。通天河扮演着分界线的角色，左岸是曲麻莱县、称多县，右岸是治多县、玉树市，它们像沿河茁壮生长的庄稼，无论是古老的寺院、碉楼、壁画、渡口、牧场，还是现代的隧道、公路、桥梁、耕地、水电站等，都在两岸找到存在的席位，在人间烟火中扮演着各自的角色，成了通天河的一部分。

在接纳了来自玉树市境内的巴塘河后，通天河的名称变成了金沙江。那定是一场人们看不见的、庄严的交接仪式。从此，通天河告别故乡青藏高原，朝着大横断地区奔涌而去，犹如一条向低处的、更为险峻的群山缝隙中钻去的巨龙，给目送它的江源地区，留下一道壮美的背影。

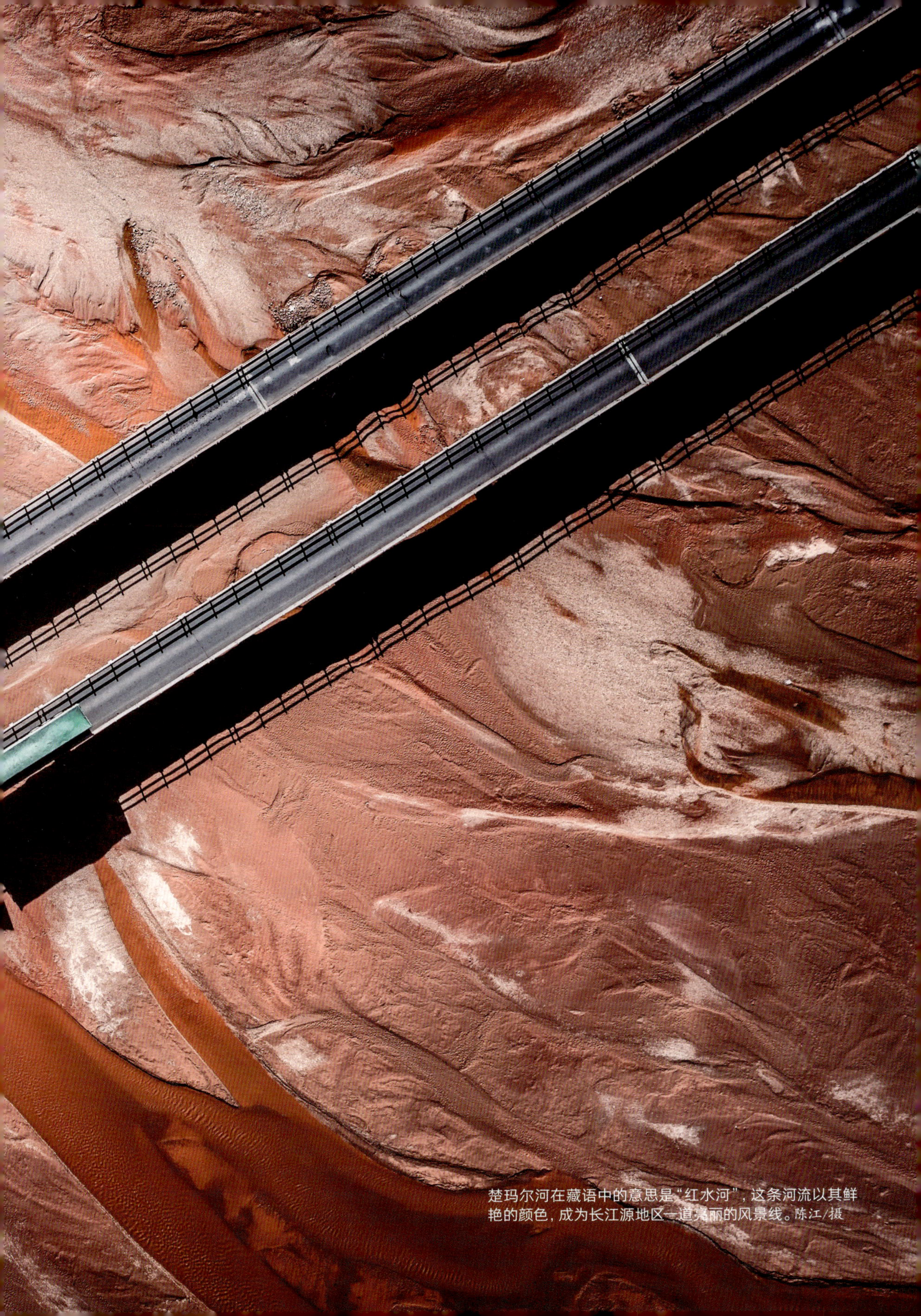

楚玛尔河在藏语中的意思是“红水河”，这条河流以其鲜艳的颜色，成为长江源地区一道亮丽的风景线。陈江/摄

玉树隆宝滩自然保护区拥有大片广阔平坦的沼泽草甸，四周是起伏连绵的蘑菇状山峦，自然环境宁静而优美。陈小羊/摄

玉树市地形以山地高原为主，地势高耸。从结古寺俯瞰，重建后的玉树新城沐浴在柔和的阳光下，构成一幅美丽的画卷。陈小羊/摄

篇一·

# 长江的源头究竟在哪里?

长江源,位于青藏高原腹地昆仑山脉和唐古拉山脉之间,是著名的三江源之一,这里海拔高、交通不便、人烟稀少、野生动物聚集,让无数探源者望而却步。

所以,探寻长江的源头,从来都是一条艰难之路……

## 长江有多长

1983年8月7日,纪录片《话说长江》在中央电视台开播,屏幕上出现一行大字:长江全长6380千米;1985年,长江的长度在中学地理教材上显示为6397千米;2009年11月,14名地质专家、探险家组成的“为中国找水”科考队经过考察发现,由于全球气候变暖导致冰川上移,长江的长度增加了10千米……

那么,长江的长度到底是多少?具体数据为何变化不定?还有就是,长江的源头究竟在哪里?

实际上,为寻找长江源,人们付出过太多艰辛。

正所谓“饮水思源”,人们对长江源的想象和探索从未停止,从《山海经》到清朝编绘全国地图,从徐霞客提出金沙江是长江之源,到康熙皇帝多次派人到青藏高原考察长江源……然而,有限的交通条件限制了古人的足迹,复杂的地形只能让他们留下“江源如帚,分散甚阔”的感叹。

现代以来,交通条件和勘探技术的改善,为精准测量长江的长度及探寻真正的源点提供了新的历史机遇。一批批探险家、科考人员,试图用科学的手段揭开笼罩在长江源的神秘面纱。

1946年,正中书局出版的《中国地理概论》写道:“长江亦名扬子江,源出青海巴颜喀拉山南麓……全长5800千米,为中国第一巨川。”这一说法流传甚广,影响较深。

1950年2月,水利部长江水利委员会成立。1956年5月,“长江委”首次派人沿通天河而上,设立水文站。1958年6月,“长江委”和青海省水文总站联合组织“长江河源水文查

青海省玉树藏族自治州囊谦县境内，扎曲河纵横交错的水流在群山中蜿蜒流淌，风吹云游，景色宜人。狄久锋/摄

从青海省玉树藏族自治州囊谦县城出发前往吉尼赛乡，一路上高原风光尽收眼底，令人心旷神怡。狄久锋/摄

勘队”，翻越昆仑山，查勘了青藏公路附近的楚玛尔河、沱沱河和当曲，但因为冰雪阻隔，未能离开公路去探查源头。

1976年和1978年，长江流域规划办公室先后两次组织江源调查队，深入江源地区，进行了一场探寻长江源的考察，最终得出结论：长江源头不在巴颜喀拉山南麓，而是在唐古拉山脉主峰格拉丹东雪山西南侧的沱沱河；长江全长不止5800千米，而是6300千米。这次勘察宣称，长江有三源：北源楚玛尔河，南源当曲，正源沱沱河。随后，《辞海》和有关书籍相继采用了这次考察成果。万里长江，这条我国的第一大河，长度排名从世界第四变成了世界第三。

但接下来，关于沱沱河与当曲究竟谁是长江正源，学术界出现争议。

1986年，由中国科学院成都地理研究所、长春地理研究所、兰州冰川冻土研究所、西北高原生物研究所等单位专家参与组成的陆上科考分队，对长江源区部分河流的长度、流量、流域面积等进行实地考察和研究。考察报告认为，在地图上，长江最南端的那条支流当曲应为长江正源，当曲的第一滴水发源于青海省玉树州杂多县扎西格君东侧的丘状高原上。

2008年9月，由青海省测绘局、中国科学院遥感应用研究所、中国科学院寒区旱区环境与工程研究所、水利部黄河水利委员会、水利部长江水利委员会等组成的“三江源头科学考察队”，在经过41天、行程7300多千米的考察后认为，当曲上游的支流且曲是长江源区最长的河流。考察队的首席科学家刘少创博士认为，按照“河源唯远”的原则，当曲是长江的正源。

此次科考，采用全球卫星定位系统、地理信息系统、遥感技术等现代高科技技术，很多都是首次用于三江源科考。通过全球最先进的测绘仪器，测得沱沱河的最长支流长度为348.63千米，当曲为360.34千米，比沱沱河长出11.71千米。

## 长江正源沱沱河什么样?

人类对长江源头的探索一直在进行，探险家和科考人员也还在不停争论。人类争论，江河无言。但无论河源地确认在哪里，都不影响从河源涓涓流出的溪流，它们默默流淌，寻找着各自的归宿，一条条细流汇聚成一条条支流，一条条支流再汇聚成更大的支流。

目前，从教科书到民间，普遍的观点认为，沱沱河是长江正源，而沱沱河发源于唐古拉山主峰格拉丹东西南侧的姜根迪如冰川。真正能站在那里的人，一定会看见这样的景观：远处的积雪像格拉丹东常年戴着的一顶白色帽子，朵朵白云缓缓移动，像是要给这顶帽子喷洒除污剂，让它保持如初的洁白。姜根迪如冰川给人的感觉，仿佛是设置在雪山顶部的水闸突然失灵，让雪山上的蓄水倾泻而下，在即将形成一场万马奔腾般的洪流时，突然被骤降的寒潮袭击，流水因此冻住脚步，覆盖在高低不同的山峦上，横在蓝天白云和青青牧草之间……那条冰川是河流的子宫，分娩出一条条细小的溪流，它们悄无声息地向四周散去，寻找着自己前进的方向。

从长江源流出的一条条细流，在青草间、在石缝里突围，在一条条峡谷中小心而顽强地找寻着出路。它们像威力巨大的切割机，将高原切割成一个个地理单元，也像一个个跑向父母怀抱的孩子，一起向通天河奔去，为一条大河补充更多更大的水量与能量。

告别姜根迪如冰川，顺着沱沱河扫帚般的支流中水量较大的纳钦曲下来，河流基本朝北而行，和来自东侧的另一条支流切苏美相汇之后，众多毛细血管般的支流才汇成一股有规模的水流，它也开始被正式叫作沱沱河。

沱沱河继续保持向北奔流的状态，当它与发源于青海祖尔肯乌拉山北段的支流波陇曲汇合后，开始转向东流，水量也变得更多，河床明显变宽。人们乘车沿着京藏公路行至沱沱河沿岸，看到的已经不再是源头处不起眼的小溪，而是一条深3米左右，宽20~60米的大河。

沱沱河大桥、沱沱河自驾营地、沱沱河车站、沱沱河宾馆……建筑群醒目的字样，给来往于京藏公路上的人留下诸多"沱沱河印象"。很多人在沱沱河大桥北岸看到的"长江源"环保纪念碑，是1999年6月5日由中国国家环保总局、中国科学院等政府机构和科研部门共同设立的，其实，真正的源头离这里还有物理意义上的距离。

沱沱河流入青海治多县境内，与当曲汇合，变成了著名的通天河。在进入烟瘴挂大峡谷之前，通天河还像一首从河源走来的抒情诗。进入大峡谷之后，通天河却迅速降低海拔，告别源头地带肆意横流的状态，开始钻进长江的第一条峡谷，河身因为受到两岸山峦的约束而变得瘦长，急速奔流的景观和源头地带的舒缓形成很大反差……这条大河好像急于挣脱束缚，赶着奔赴一场诱人的狂欢。

## 那些漂流长江的队伍

大江溯源者，多为探险家和科考人员。

但是，在长江源头出现的众多面孔中，怀揣漂流长江梦想、试图成为征服长江第一人的尧茂书，在探寻长江源的群英榜上不该缺席。

尧茂书是西南交通大学电教室的摄影员，1985年春天，听说美国将派"激流探险队"于当年秋天完成对长江的全程漂流，尧茂书有些不安，他认为征服中国第一大河的第一人，应该是炎黄子孙，于是将自己筹划了几年的长江漂流计划提前。随后，中国人第一次漂流长江的消息，通过新闻媒体的报道，让很多人知道了。

1985年6月11日，尧茂书和他的兄弟尧茂江抵达格拉丹东雪山脚下。在这里，他们开始了漂流前的准备工作。6月20日，他们将橡皮艇推入沱沱河清冷的水流中，向着梦想出发。

沱沱河的河道蜿蜒曲折，水面平静但暗流涌动，稍不注意，橡皮艇就可能被卷入激流或撞上岩石。两兄弟时刻保持警觉，尧茂江负责掌控橡皮艇的方向，尧茂书则专注于用摄影机捕捉沿途的景象。他用镜头记录下冰雪覆盖的河岸、陡峭的山脉，以及偶尔出现的野

▶在藏语中，格拉丹东意为“高高尖尖的山峰”，绵延的冰川呈半弧形，雄伟而壮观。吾金旦增/摄

▶ 通天河源远流长，两岸山峦起伏，湍急的河水从峭壁巨岩中奔腾而出，咆哮着冲向远方。站在通天河大桥上，可以感受到这条河流磅礴的气势。水冬青/摄

生动物。

漂流一段路程之后，河道变得狭窄，水流速度加快，河中的巨石越发频繁地出现。每次遇到险滩，两人都需要小心翼翼地控制艇身的平衡。一次急流中，橡皮艇被推向一块突出的岩石，紧要关头，两人迅速调整方向，终于避开撞击……

几天后，由于天气变化，漂流变得更加艰难。暴雨突然而至，天空被乌云覆盖，温度骤降。雨水夹杂冷风，让人无法睁开眼睛。橡皮艇在风浪中颠簸，两人被迫在岸边停留一晚，等待天气好转。

7月3日，在沱沱河漂流300多千米后，尧茂江带着拍摄的影像资料和一些装备返回四川，尧茂书则独自前行。从这一刻起，他将一个人面对未知的挑战。

接下来，尧茂书穿越了长江上第一个大峡谷——烟瘴挂大峡谷。峡谷中河水湍急，稍有不慎就会被卷入漩涡。随着漂流的继续，河道逐渐进入高原深处，气温只有0℃左右，偶尔还有暴风雪突袭，给漂流带来极大风险。

7月24日，在青海、西藏、四川三地交界的玉树直门达渡口附近，当地藏民发现，尧茂书的橡皮艇倒扣在江心的一块巨石上，船上的装备散落一地，岸边有相机、猎枪以及笔记本等物品。经多方搜寻后确认，尧茂书已不幸遇难。

从源头出发到遇难，尧茂书大约漂流了1100千米。他身亡的地方恰好是通天河与金沙江的交界地带，通天河见证了这位英雄的壮举。可以说，探寻长江之源，不仅是一种向地理源头和科学源头的靠近，也是一种向信仰源头的靠近。

尧茂书的牺牲引发震动，他的未竟之业成为众人关注的焦点，业界专家开始讨论如何继续完成长江漂流这一壮举。经过数月筹备，1986年，来自全国20余个单位的40余人组成了“长江科学考察漂流队”，这支队伍集结了探险者、地质学家、水文专家以及摄影师等多领域的专业人员。考察队配备了先进的设备，携带了完备的通信工具。出发前，队员们进行了数月的专业训练，模拟各种可能遇到的险情，并进行多次试漂。

1986年6月3日，“长江科学考察漂流队”从格拉丹东雪山脚下正式启程。他们沿着尧茂书的路线，从沱沱河下水开始了征途。漂流队在沱沱河的水流中稳步前进，队员们合作无间，一边漂流一边开展各项科学考察工作。经过五个月的努力，这支队伍于11月25日抵达长江汇入东海的地方。队员们将五星红旗插在终点，用照片记录下这一历史性时刻。

篇二·

# 生命禁区里的独特生存图景

由于地势险峻、高寒缺氧、交通不便，长江源地区历来是“生命禁区”。只有真正踏上这片土地的人，才能看到独特的生存图景：天上的雄鹰，把天空和大地纳入巡游的视野，包括藏狐、狼在内的动物，是填饱这些“天空公民”的食物；狼的眼睛和胃总是被藏羚羊牵引，它们是藏羚羊最大的天敌；藏狐的理想美食，则是旱獭、鼠兔等出入地上地下的动物……从天上到地下，长江源地区在千万年间形成了自己独有的生态链条。

而这片土地自古就是一幅“万物竞生图”，你会看到神赐的卫士藏獒和体形健硕的藏野驴，也会看到湖中安静游弋的鱼和奔跑起来像一团火的赤狐，更会看到身姿优雅的黑颈鹤和与野狼搏斗的棕熊……

## 可可西里的藏羚羊故事

如果按照知名程度给长江源地区的动物排名，藏羚羊无疑稳居榜首。

在长江源的可可西里无人区，藏羚羊是230多种青藏高原特有野生动物中数量最多的旗舰动物。它们的故事，最早可追溯至公元1240年。

那一年初夏，蒙古将领多塔纳波带领精锐部队翻越祁连山、青海南山、布尔罕布达山，之后进入一片无人区。这里虽然没有人烟，但却生机勃勃。冰川在云雾中露出身段，河水在阳光下欢快地奔流，各种水鸟盘旋在湖面上空，成群结队的藏羚羊在被一条条细水切割成的一片片不规则的绿草地上移动……

看着藏羚羊矫健的身影，多塔纳波赞叹：“它们跑起来比我们射出去的箭还快！那么这片土地叫什么？”身边的书记官回复：“没有名字！”多塔纳波感叹：“这里是蒙古人称呼的唐古特人生活的地区，蒙古语中称山为乌拉，干脆就叫唐古特乌拉，山脚下的大草地比我们草原还大，蒙古语中把青绿色的山梁称作可可西里，这片大草地就叫可可西里吧！”于是书记官郑重记下“唐古特乌拉”和“可可西里”两个名字，前者后来被简化为“唐古

# 长江源地区历来是“生命禁区”。只有真正踏上这片土地的人，才能看到独特的生存图景。

拉”，后者完整地保留到今天。

有人提议是不是射几头野羊。多塔纳波说：“它们跑得比我们的箭快，能射中吗？牧人不在春天猎杀动物。再说我们也快走出这片高寒之地了，传令下去，别猎杀这里的任何动物！”

多塔纳波带领的远征军路过长江源地区663年后，也就是1903年夏天，英国探险家罗林上尉带领一支探险队来到这里。比多塔纳波幸运的是，这位西方探险家看到了令他震惊的画面，他在笔记里描述：几乎从我脚下一直延伸到我双眼可及的地方，有成千上万的母藏羚羊和她们的小羊羔，在极远的天际还可以看到很大的羊群像潮水一样不断地、缓缓地涌过来，数量不会少于15000只。

1997年夏天，可可西里无人区出现另一支队伍，他们是美国国际野生动物保护学会副主席、首席科学指导乔治·夏勒博士带领的科考队。乔治·夏勒来之前，已经有大批盗猎分子进入这里猎杀藏羚羊，导致这片净土上满布藏羚羊的血迹……经过多年考察，乔治·夏勒绘制出一幅藏羚羊在青藏高原上的分布与迁徙图，迁徙的母藏羚羊选中的“产房”有四处，其中一处就在可可西里的卓乃湖边。乔治·夏勒还找到了藏羚羊被猎杀的原因：沙图什。在古波斯语中，沙图什意为“毛中之王”，是指用藏羚羊的绒毛做成的，具有暖、薄、柔、轻等特点的披肩。一条长2米、宽1米的沙图什，能从一枚戒指中穿过，所以又被称为“戒指披肩”。由于柔软舒适、保暖效果极佳，从20世纪80年代开始，沙图什深受西方贵妇喜爱，成为奢侈品，是富有和尊贵的象征。当时，一条沙图什最高卖到了5万美元。于是，在利益驱使下，一批批盗猎分子在藏羚羊产羔期涌入可可西里，因为产羔期的藏羚羊身体最弱，最容易倒在盗猎者的枪口下。

不到100年的时间，罗林在可可西里看到的上万头藏羚羊大迁徙的场景消失了，疯狂的盗猎使藏羚羊数量急剧下降，一度出现在中国濒危动物名录上，成为中国三种极度濒危的有蹄类动物之一。

暗黑的交易或许会持续，但正义一定不会缺席。1992年，时任青海省玉树州治多县委副书记的索南达杰站了出来。他带头创立了中国第一支武装反盗猎队伍——治多县西部工作委员会，向盗猎分子宣战。可是，1994年，新年的日历刚刚翻过几页，隔着冰冷的电视屏幕，索南达杰的名字被全国很多人知道——在第12次进入可可西里巡山时，他被18名盗猎分子枪杀，倒在可可西里腹地-40℃的太阳湖中。

索南达杰去世两年后，国家批准成立可可西里省级自然保护区，第二年升格为国家级自然保护区。2016年，可可西里整体划转至三江源国家公园，实施严格的保护与管理，同年10月，《青海省可可西里自然遗产地保护条例》正式施行，标志着可可西里获得立法保护。多年来，大规模、高密度、高频率的专项行动在这里不间断开展，严厉打击了盗猎盗采、非法穿越等行为，恢复了亘古宁静的可可西里生态环境，使得藏羚羊种群数量稳步增长，如今已有约7万只。

那些每年来可可西里产羔的藏羚羊，是否还记得有一位叫索南达杰的人在此长眠？当它们产羔结束后带着孩子离开可可西里，向东平安地行进到青藏公路时，能否看到那座写有“索南达杰自然保护站”字样的建筑？

## 能舔到星辰味道的雪豹

通天河离开相对平缓的河源后，一旦与山峰相遇，就能看到岩石上攀爬自如的岩羊。岩羊皮毛的颜色几乎和岩石的颜色一样，就像沙漠里的骆驼、草丛里的蚂蚱、雪地里的银狐，它们赖以生存的环境之色就是它们的保护色。

生物链的传奇在于，一种动物的背后，往往隐藏着另一种动物，前者是后者的食物。那么，岩羊是何种动物的猎物呢？答案是雪豹。

雪豹生活在高寒、缺氧、孤寂的高山上。为了适应高海拔地区的生存环境，雪豹进化出很多“秘密武器”。比如，浓密厚长的毛发在皮肤表面形成空气层，能够有效隔绝外部寒冷，防止热量散失；再比如，它们有短而宽的头骨和宽大的鼻骨，拥有更大的鼻腔，可以给寒冷干燥的空气加温加湿，而大鼻孔也能让雪豹在空气稀薄的高山上获取更多氧气。

雪豹最厉害的武器是爪子。捕获猎物时，爪子是雪豹攻击对方的致命武器；在攀爬或跳跃时，爪子是雪豹征服峭壁的绝佳工具；行走于冰天雪地时，爪子则是雪豹抵御寒冷的防护罩。

青藏高原上的牧民谈起雪豹，心怀敬畏，认为雪豹是需要仰视的神物。原因是雪豹生活在高海拔地区，远离人类活动区域，和人类保持着足够的距离和神秘感。而敬畏来自雪豹的力量与威慑。在人类饲养的牦牛、羊和藏獒都很难去到的高海拔地区，雪豹睁着雷达般的眼睛，将麝、鹿、岩羊、鼠兔等兽类列入食谱，将海拔4000多米的高山陡坡视为餐桌，将海拔5000多米的陡崖洞穴当作卧室，平视着鹰与鹫的翅膀，舌尖吐露的刹那就能舔到星辰的味道。

牧民们敬重雪豹，还有一个原因是雪豹通常不会主动进入人类居住的区域，尤其是牧民的草场，它们一般不会袭击牧民饲养的牲畜，与人类能够和谐共处。

▶ 可可西里这片被誉为“生命禁区”的广袤土地，孕育着无尽的奇迹，藏羚羊便是这里最为珍贵的生灵之一，它们在严酷的环境中顽强生存，成为可可西里不可磨灭的标志。文德/摄

▶ 长江源地区分布着大面积的湿地，这些天然的湿地为黑颈鹤的繁衍生息提供了良好的环境。文德/摄

▶近年来，雪豹在长江源地区频繁现身，这是当地生态环境得到改善的最好证明。鲍永清/摄

除了蜗居在人迹罕至的雪山洞穴，长江源地区的雪豹还会将寺院作为栖息地。北京大学动物学博士李娟，在三江源地区对藏传佛教寺院分布与雪豹栖息地关系进行了研究，得出一组数据：三江源336座寺庙中，46%的寺庙位于雪豹栖息地，90%的寺庙在雪豹栖息地5公里范围内。也就是说，这些寺院是雪豹感知到危险时的栖身之地。

早在公元7世纪，吐蕃赞普松赞干布制定了一系列律令，其中有用大型动物的皮毛制作裘袍的规定，认为穿这样的裘袍是身份与地位的象征。但值得庆幸的是，雪豹的皮毛没有被列入。想必松赞干布也认为，雪豹是天赐神兽，不能捕猎。

## 鸟儿们的“国际机场”

长江源地区的上空从来就不寂寞。在雪山之巅，有雄鹰翱翔。在湖泊与湿地上，当冰雪融化，湖水泛起涟漪，黑颈鹤、斑头雁等“天空公民”迁徙而至，在这里繁衍下一代。

通天河行至青海省玉树藏族自治州称多县和玉树市交界地带时，在南岸的玉树市隆宝镇境内，形成一处长10千米、宽3千米的高山草甸，名叫隆宝滩湿地。这片海拔4200米左右，被两面耸峙的高山呵护的湿地，总面积约100平方千米。这里溪流纵横交错，曲折蜿蜒，草滩被切割成无数个孤立的小岛，野兽无法靠近。岛上水草丰茂，生活着许多两栖爬行动物和水生浮游动植物，是长江源地区迁徙之鸟的最佳落脚地。

隆宝滩湿地入选国际重要湿地名录。与这一荣誉匹配的是，每年都有大批来自世界各地的鸟儿前来这里落脚，让隆宝滩成了一个鸟类的“国际机场”。飞鸟来时，水天相接处，遍布着一条条蓝色的“航道”，从各个方向飞来的鸟儿，就是一趟趟远道而来的“航班”，不同的飞影与鸣叫，就像不同国籍者的面孔与语言，它们集聚在这片湿地上空，选准各自落地的航道与机位，然后下降。

来往于此的“国际航班”中，扮演“旗舰机”的无疑是黑颈鹤，它们引领着斑头雁、秋沙鸭、雪鸡等，也引领着世界鸟类专家的目光和脚步。黑颈鹤被藏民奉为神鸟，藏语称其为“哥塞达日子”，意为“牧马人”，传说它是英雄格萨尔神马的守护者。每年11月，它们都要飞往云贵高原和西藏林芝，来年早春又飞回这片湿地繁育后代。

头上是日月星辰，羽下是辽阔大地。来到隆宝滩湿地的鸟群，在这里求偶、恋爱、繁衍，在长江源地区勾画出一幅美好和谐的生态图景。

篇三·

# 三大江河的第一滴水从玉树流出

平均海拔4200米的青海省玉树藏族自治州，是著名的三江源之地。长江、黄河、澜沧江三大河流都发源于此，我国第一个国家公园——三江源国家公园便位于这里。

玉树是江河之源，更是“中华水塔”。在这片河流纵横的土地上，人们保持着牧歌时代的优雅纯粹，玉树人自由、单纯、勇敢、善良，拥有独特的生活方式。

## “中华水塔”的全民守护行动

玉树地处“地球第三极”的青藏高原腹地，长江、黄河、澜沧江三大江河的第一滴水全都从这里流出。河流从三江源开始，一路奔涌，滋养万物，流淌文明。

作为三大河流的发源地，玉树将生态保护视为重中之重，玉树人必须要确保的是“一江清水向东流”。在玉树全州，设立各级河长数百名，州、县、乡、村四级河长，担负起上千条河流与上百个湖泊的管理工作。

河长之外，很多志愿者开始加入保护行列。在缓缓流淌的益曲河边，常常有一支志愿者队伍骑着马沿河巡视，领头的是二十来岁的才文尼玛。才文尼玛是玉树市隆宝镇人，他所巡护的益曲河是长江通天河段右岸的一级支流。他和队友的工作任务，是查看有没有人在河道乱采滥挖、乱扔垃圾或是捕鱼。他们称自己是“马背上的护河使者”。

马队巡河是隆宝镇河流管护的日常工作。镇里还有摩托车巡河员，因为摩托车速度快，有突发情况可以第一时间赶到。网络时代，玉树开发出“玉树河长”App，各级河长、巡护员、志愿者在巡河过程中发现任何问题，都可以第一时间上传信息。

玉树州称多县珍秦镇的环保先锋才培，出生在通天河附近的嘉塘草原，这位四十多岁的康巴汉子获得过“新时代青海最美湿地管护员”、青海省劳动模范等荣誉。相比这些名号，他更喜欢大家给他取的绰号——草原清道夫。

故事开始于2010年春天，才培在河边放

▶航拍镜头下，楚玛尔河的辫状水流在广阔的草地上曲折延伸，蔚为壮观。李晓东/摄

▶通天河的“嵌入式蛇曲”拐弯，是大自然鬼斧神工的杰作，极具视觉冲击力。张永良/摄

牧，看到一头离奇死亡的牦牛。正常情况下，牦牛被狼群咬死，应该尸骨无存，但这头牦牛的内脏却保存完好。剖开牛胃，才培发现里面竟是一堆塑料。接下来的几个月，一些死亡的牛羊再次印证了他的判断：导致牲畜死亡的就是这些塑料垃圾。才培说："每年七八月是这里最美的时节，来旅游的人留下许多垃圾，这些垃圾污染河水、草原，危害动物。玉树是我的家乡，守护这片土地是我的责任。"从那以后，才培决心投身环保，并且十几年如一日地守护草原，他的行动带动了越来越多的人，草原上的环保队伍日益壮大，仅民间志愿者就有800余人。

在玉树，保护水环境早已从政府部门的政策变为一场全民行动。当地老人会对孩子说："不要把垃圾扔到河里，否则个子会长不高。"孩子们耳濡目染，从小就树立环保意识，对江河无比珍爱。

正因如此，玉树的天更蓝了，草更绿了，水更清了。穿城而过的河里，居然出现了多年未见的水獭。水獭被视作河流生态系统的指示物种，对水质清洁度要求极高，是水质的"天然检测员"。人獭共居的画面，无疑是玉树水生态环境保护取得成效的最好例证。

## 通天河上的公主记忆

流经玉树的长江干流通天河，古称"牦牛河"，是孕育诸多神话的地方。

公元641年，文成公主踏上了入藏和亲的路。数月行程，去乡千里，抵达玉树之后，文成公主来到了通天河边。

在当地人的传说中，文成公主渡过通天河的地方，叫作"直门达渡口"，从以前的唐蕃古道演变到今天的青康公路，这个渡口都是一大要津，直到20世纪60年代初，这里才终于建成一座跨河大桥。在过去的数千年里，人们从这里渡河的方式原始而有趣：除了冬季结冰时可以踏冰而过，其他季节里，需要动用一种古老的交通工具——牛皮筏子。

为了文成公主能渡过通天河，人们群策群力，制造出一只巨大的牛皮筏子，皮筏四周还有众多浪里好手巡游保护，加上马群和士兵的簇拥，滔滔河水变成了坦途。

渡过通天河后，文成公主来到了今天玉树州的州府所在地结古镇。结古镇海拔3700多米，四面环山，冬暖夏凉，十分宜居。这是一个漂亮的小镇，干净整洁的街道被绿树掩映，民居有鲜艳的色彩，家家户户的院子都是一个小花园。

翻开唐蕃古道的历史，很容易找到关于小镇的记述：结古曾长期作为西宁、康定、拉萨三地之间最重要的贸易集散地，从唐朝至清末，都有客商从四川、甘肃、山西、陕西、西藏等地来到这里。

在玉树，文成公主深得当地民众爱戴，人们以空前隆重的仪式热烈欢迎她的到来。在当地，文成公主建造佛像、教化四方，还号召随行的大唐工匠帮助人们开荒种地，把"二牛抬杠"拉犁耕地的技术，以及种菜、磨面、酿酒等技术传授给吐蕃人民，对西藏的发展产

# 平均海拔4200米的青海省玉树藏族自治州，是著名的三江源之地。长江、黄河、澜沧江三大河流都发源于此。

生了极其深远的影响。

后来，文成公主离开玉树，前往拉萨，所有民众都依依不舍地长相送。她走后，人们还修建庙宇，命名为“文成公主庙”。

## 在三江源地区的马背上

如果没有马，青藏高原的历史将被改写。

藏族同胞逐水草而居的古老传统，赋予了马在雪域高原不可或缺的地位。生活中，马不仅是重要的交通工具，也是放牧远行的得力伙伴。这片土地上的人们自古就有养马的习惯，培育和驯服良马更是必修课。

在长江源地区，除了藏历新年，再没有什么节日比玉树赛马会更隆重了。

每年7月中旬到8月初，传统的玉树赛马会在扎西科草原（主会场）和巴塘草原（分会场）举行。当煨桑炉里的桑烟升起，骑手腰挎长刀，围绕煨桑台顺时针转三圈，赛马会就算正式开幕。之后，便是宗教仪仗队、歌舞表演队、马队的入场仪式。

比赛的主要内容，包括跑马射箭、乘马射击、跑马拾哈达、跑马倒立、跑马悬体等马术表演，以及远距离的跑马赛、走马赛、牦牛赛，再就是传统歌舞、民族服饰展示和寺院跳神等表演项目。跑马倒立和跑马悬体是赛马会上观赏性极高的表演项目。跑马倒立的动作并不复杂，但难度很高，要求骑手身穿轻服，脚系彩带，根据在马背上的倒立时间、立姿曲直，判评分数；跑马悬体要求骑手在奔驰的骏马上用脚尖紧钩马镫，仰面悬挂于坐骑侧面，此时，骑手的头部几乎接近地面，场面惊险，扣人心弦。

赛马会也是青年男女爱情的孵化场。在藏族史诗《格萨尔王传》中，就有对格萨尔在赛马大会上夺魁、称王，得到草原最美姑娘珠姆青睐的描写。很多年后的今天，一首《心上的罗加》把赛马会的爱情故事传遍大江南北：白云飘在那蓝天里，我在草原上遇见了你，赛马会上的人海里，你的美丽比谁都美丽……

2008年，玉树赛马会被列入国家级非物质文化遗产名录。

2024年，第三届三江源生态文化旅游节

▶ 发源于格拉丹东的沱沱河静静流淌，宛如银色丝带，在绿意盎然的草地上划出一道道优雅的弧线，诉说着长江源头的静谧与美丽。吴舜/摄

▶青海省玉树藏族自治州，天高地阔，草原上牧草茂盛，一派如诗如画的景象。裴正琪/摄

▶夏季的隆宝滩湿地水量充沛，葱郁的水草随风轻摆，勾勒出一幅绝美的生态画卷。韩小龙/摄

和赛马会同时举办。开幕当天，民众将取自三江源的圣洁之水背到赛马场，举行庄严的敬水仪式。玉树人对养育他们的江河的敬畏与热爱，早已融入血脉深处。

## 独特的美食和美食里的乡愁

蜿蜒流淌的长江水，滋养着两岸民众。

牛羊在水草丰美的河畔觅食，膘肥体壮，牦牛是其中的主角。在玉树的大街小巷，能够轻易找到用牦牛肉制作的各种美食：牦牛肉干、牦牛肉火锅、炖牦牛肉……每一种做法都传递着高原气息。尤其是牦牛肉干，经过长时间的自然风干，香味浓郁，肉质紧实有嚼劲。如今，借鉴内地的美食手法，玉树地区出现了“牙签牦牛肉”，将牦牛肉切成小丁，加上孜然、辣椒粉腌制后，再串上牙签，放进平底锅或煎或烤，出锅前撒上干料，很像内地的烧烤。

当地人喜爱的“藏包子”，馅儿是由牦牛肉末、洋葱及其他蔬菜和各种调料混合制成，这种包子被风趣地称为“团结包”。藏历新年或“望果节”，藏包子是招待客人的体面食物，它比内地的小笼包要壮硕，一个藏包子相当于两三个小笼包，食量小的人，一两个就能吃饱。

除了牦牛肉，牦牛奶也是重要的食物。在年长牧民的记忆中，一种名为“黄金渣渣”的食物令他们魂牵梦绕，那是儿时最爱的小零食。父母用慢火煮沸牦牛奶，搅拌后凝固出奶皮，将奶皮取出后一边继续煮，一边搅拌至水分蒸发，成了干奶渣后，晒干、保存，变成了“白巧克力”。如今的牧民还会将“黄金渣渣”当成辅料，掺进炒菜中，称为“黄金菜”。

玉树地区丰富的水资源，为青稞的生长提供了得天独厚的条件。青稞酿制的青稞酒，是玉树人日常生活中的灵魂饮品。青稞酒的酿造工艺不复杂，但从精选优质青稞到发酵、蒸馏，每一步都凝聚着玉树人对生活的热爱。青稞酒度数不高，入口微甜，回味中带有一丝独特的清香。在当地的节日和庆典中，青稞酒扮演着重要角色，一杯杯青稞酒拉近了人们的距离，也让这片寒冷的土地多了一份温暖。

青稞做成的青稞面是主食之一。随着菜籽油、烤箱的引进，青稞面有了新做法：青稞面饼。将饱满金黄的青稞粒磨成细细的粉，加入长江里的净水，水与面交融后，将和好的青稞面压成饼状，添加少许菜籽油和香豆末，放入烤箱中烘焙，取出之后，眼前就是散发着青稞和菜籽油香气的青稞饼。

玉树地区独特的地理环境和气候条件造就了不一样的美食，这些汲取了高原阳光精华和长江水之灵气的食物，不仅蕴含着人们生活的智慧，也承载着浓浓的乡愁。

篇四·

# 两岸高地上的石头岁月

石头，是长江源地区的先民和世界对话的媒介。人们在两岸高地垒砌出高大敦实的石头房子，在岩石上刻画佛像、动物、符号，在渡口旁、寺院前安放嘛呢石堆……

## 悬崖峭壁上的岩画

提到长江源区，大多数人会想到碧绿的青草和恬静的牧场，很少有人能想到悬崖与峭壁。大地如帛，从长江源头流出的江水，犹如一把精致的剪刀，刀尖朝下倾斜，朝前开剪，逐步在高原下切出沟壑模样。水往低处不停走，剪刀不断朝下行，沟壑越来越深，两边的悬崖越来越高，这时候的剪刀，遇到的不再是松软的土层，而是石头，但水流犹如一位耐得住时光的雕刻师，千万年间不断下切，和石头展开较量……这就是“水切山石，形成峡谷”的故事。

生活在长江源地区的先民，也在石头上完成雕刻。他们将各种动物形象、狩猎场面、原始崇拜等，凿刻在岩石上，形成岩画。

长江的通天河流域，拥有数量庞大、内容丰富的岩画遗迹，这些岩画，揭示了大河之畔数千年前的岁月图景，弥补了历史和考古研究中重要的缺环。根据断代分析，通天河流域的岩画，距今3500~2000年，上、中、下游分属不同时期，恰如一部巨著的上、中、下三卷。

上游是早期岩画，距今3500~3000年，主要分布在曲麻莱县境内，包括昂然岩画、勒池岩画、格麻岩画等岩画点。这里的地貌多草甸缓坡，古人使用拙朴的通体敲凿法，也就是用尖状工具在岩石上垂直击打，将密密麻麻无数凹点连成片，构成剪影般的图像。站在高高的岩画点，仿佛伸手就能攥住白云，你会觉得凿刻这些岩画的人似乎来自天上。

中游的岩画距今3000~2500年，主要从德曲汇入通天河开始，然后逐渐过渡到山石峡谷地带，形式上越来越多地使用线刻手法。这个时期，岩画开始出现华丽的涡纹，带有明显装饰性，牛和鹿的造型尤其优美。最具代表性的包括江荣岩画、赛航岩画、苏轨岩画等。

下游是晚期岩画，距今2500~2000年。这里的地貌以险峻的高山峡谷为主，装饰性强的雕凿手法渐渐淡去，转化为朴素写实的线刻法。下游的岩画单体数量超过1000个，包括布日岩画、更卓岩画、夏屋懂（意为雄鹿岗）岩画等。除了常见的动物、人物形象，图案中还出现了塔、六芒星、万字符等元素。

通天河沿岸的一幅幅岩画，就像一件件记录老时光的档案，刻有岩画的石壁就是一个个档案袋，怀有敬畏之心来到这里考察、叩访岩画的人，就是小心揭去封条、翻阅档案的人。

## 通天河畔的古老碉楼

当通天河离开青海玉树州北部的曲麻莱县，进入治多县和称多县交界地带，两岸出现的许多石头房子，颠覆了人们对长江源地区牧民住帐篷的固有印象。这些河边的石头房子，像盛满故事的时光容器，散发着古朴的韵味。

在称多县尕朵乡濒临通天河的布由村，有一座名为“布由嘉国”的藏式古碉楼，是玉树州境内规模较大的古民居建筑，2013年被青海省人民政府列为第九批省级重点文物保护单位。

布由村面朝通天河，是通天河边典型的农牧结合村，村子里的房屋大多由石头砌成。布由嘉国是藏语音译，“布由”指布由村，“嘉国”是高门大户的意思。房如其名，整座楼高10米，总面积3240平方米，高大敦实。

布由嘉国是一座典型的石木结构藏式古建筑，共四层：一层圈养牲畜，二层为卧室，三层是会客厅，四层为佛堂。碉楼内部呈“回”字形布局，共有48间屋子。整座房子顺斜坡而建，每一层都有一扇楼门。

房子现在的主人名叫土洛。土洛介绍，他的奶奶嫁到布由村后便住进这里，在这里度过了青年、中年、老年时光。2010年，玉树地震，古老的碉楼和村里的其他房屋都受到损坏。为安全起见，村里30多户村民陆续搬迁到20多千米外的新村或扎朵镇，但土洛的奶奶坚持要留下来。去世前，土洛的奶奶告诉家人，这里是祖辈的居所，是家族生长和繁盛的地方，不能丢下。

如今，土洛和母亲才让、妻子白玛永藏以及三个孩子生活在这里。土洛说，他们不搬迁，一方面是离不开埋着祖先的这片土地，还有一个原因是很多人不知道的——这座古老的石头房子，一直发挥着补给站的作用。由于地处通天河畔，常常有漂流队经过这里。从曲麻莱县城到布由村的100多千米水路，一艘艘载着漂流队员的橡皮艇在江水里蜿蜒，时而会遇到陡峭的山崖，时而要在急速转向的河道中穿行……几十年来，布由村是漂流队员离开曲麻莱县后理想的休整地。土洛说，如果村子的居民都搬走，漂流队员行至此处就无法喝到热腾腾的奶茶，吃到热乎乎的饭菜了。

另一座古老的碉楼，位于称多县拉布乡兰达村，名叫“尕哇兰达百长碉楼”，有300多年历史。“尕哇”是旧时生活在这一带的四大民族之一，“兰达”是从东边流来汇入通天河的

在长江源广袤的湿地上，野马自由奔腾，散发着原始的野性之美。吴舜/摄

拉布河的沟口，“百长”指的是早期统领这里的结古扎吾百户长。

碉楼有四层，面积约863平方米。一楼以前供分娩或生病的、幼小的牛羊住，现在已经失去了曾经的功能，四面墙边堆着装有青稞的牛皮袋，牛皮袋上垒着装有牦牛粪的袋子——青稞和牦牛粪在长江源牧民心中有着重要位置。踩着独木梯上楼，二楼是百户长的卧室，现在成了主人土登西周一家的卧室和厨房。三楼是昔日屋主的会客厅，四楼为佛堂。上到碉楼顶层可以看见4个射击口。很多年后的今天，古老的碉楼依然保持着数百年来的样子和气质，沉默优雅地守护着这片土地。

## 古渡口和世界上最大的嘛呢石堆

尕白塔，是青海省玉树州称多县拉布乡境内一个古渡口的名字。

这个位置，是从青海西宁方向来，通往玉树、前往西藏的要冲，曾经是方圆几十公里唯一的渡口，也是通天河流域最大的渡口。古老的渡口迎送过“唐蕃古道”上的商队和前往雪域求法的僧侣，他们的背影与脚步，都被通天河畔的河风吹走，流水和风带不走的，是那些垒起渡口的石头。

实际上，尕白塔和通天河上的七渡口、直门达等渡口一样，如今已经废弃，但石头依然努力勾勒着古老渡口们的样貌，存储着当年人来马去的记忆。

在青藏大地，任何一块普通的石头，无论是从江河边捞上来的，还是从雪山下开采来的，一旦刻上“六字真言”，就会被赋予神圣的意义，称为“嘛呢石”。除了“六字真言”，人们也会将经文和护法、金刚等各种佛像与佛塔造像，以及飞龙、青蛙、大象、狮子、花草、鱼鸟等吉祥图案刻在石头上。

在玉树市结古镇东边30多千米处的勒巴沟，隐匿着一条山涧，此处最大的特色是散落着大大小小的嘛呢石。在这里的河中央，只要是露出水面的石头，都刻有“六字真言”、经文或吉祥图案，被称为“水嘛呢”。勒巴沟有一面由一块块石头堆垒而成的崖壁，每块石头上都刻满“六字真言”和经文，有些石面被打上白底，虽经风吹雨打，但神秘依旧，被称为“山嘛呢”。

玉树州东南部海拔3600余米的新寨村，矗立着世界上最大的嘛呢石堆——嘉那嘛呢石堆。在约等于两个足球场大小的场域内，层层叠叠堆积着约25亿块嘛呢石，石堆最高处可达3米，其中包括刻有律法、历算、艺术论述和各种佛像的几万块嘛呢石精品。嘉那嘛呢石堆有着“世界第一石刻图书馆”的美誉。18世纪初期，晚年定居新寨村的第一世嘉那活佛组织当地信众修建了嘛呢石堆，而后的200多年间，带着信念的人们，潜心雕刻，自发搬运，堆积出如今这幅壮观景象。

在通天河流域，亿万块嘛呢石犹如栽在两岸的一棵棵长相迥异但树种相同的灌木，也像是站立在河流两边的哨兵……

# 只有一条长江

The Yangtze River:
There's But One

{篇一}
进藏第一城的涛声　昌都的高山峡谷和美学价值

{篇二}
两进两出云南省　大横断大并流和长江第一湾

# 卷二

## 西藏云南

各种奇迹在诞生

金沙江右岸的地球史诗

在长江上游全长4500千米的奔流中，有2308千米的河段被称为金沙江。

地理意义上，金沙江起于青海省玉树州境内的巴塘河口，在奔腾过西藏、云南、四川之后，到四川省宜宾市三江口结束。和所有大河一样，金沙江分为上、中、下游，上游和中游的分界点，在云南省丽江市石鼓镇，中游和下游的分界点，在四川省攀枝花市雅砻江口。

金沙江一路奔腾，有近600千米流过西藏，超过1500千米流过云南省，在西藏和云南的江对岸，是天府之国四川的区域。所以，长江流过西藏和云南的故事，其实就是金沙江的故事，准确地说，是金沙江右岸的故事。

河流的“右岸”是一个地理学概念，简单说，面对河流的下游，左手的河岸为左岸，右手的河岸为右岸。地球自转偏向力，造就了河流左右两岸截然不同的景观和支流特征。以金沙江为例，河流的水力对右岸的西藏、云南河岸侵蚀更多，形成高差更大的河岸地貌，而在河流左岸的四川，形成的却是相对较缓的堆积地貌。此外，金沙江在藏、滇、川形成了许多短小湍急的支流，因为地球自转偏向力，两岸支流完全不同，比如相较于左岸四川的支流雅砻江、水洛河来说，右岸西藏与云南境内的支流普渡河、龙川江，明显流程更短、落差更大。

金沙江蜿蜒而来，在西藏和云南干了两件大事：第一是降海拔，联手另外两条大河形成地球上最壮观的峡谷群落；第二是转方向，形成“长江第一湾”，滋养了彩云之南三分之一的土地。

金沙江从进入西藏起，便开始了一路降海拔的过程。江水由北向南奔流，在西藏昌都市的江达、贡觉、芒康三个县，以及云南省德钦县到丽江市石鼓镇一线，塑造出了极具特色的高山深谷地貌。这片区域，地理学上统称为金沙江上游。在这一段，金沙江水面的落差高达1700米，在大地上形成深V形的峡谷沟壑。金沙江的这段行程意义非凡，它联手亚洲第六大河流澜沧江（出国境后称湄公河）和西南地区著名的大河怒江，沿着同向大断裂带的众多山脉，创造了地球上最为壮观峡谷群落，其中的精华部分，便是举世闻名的“三江并流”区域。

金沙江的“转方向”，全都是在云南省境内完成的。金沙江来到丽江市石鼓镇后，陡然往东北方转向，形成罕见的V字形大弯，号称“长江第一湾”。也就是从石鼓镇开始，金沙江水改变了之前由北向南的流向，开始掉头北上，从而脱离了“三江并流”的队伍，至于另外两条江——澜沧江和怒江，则继续往南远走。这一次转向之后，在中游的500多千米流向中，金沙江还有两次比较大的转向，在云南省境内依次形成了玉龙湾、永胜湾。三次大角度的拐弯结束，金沙江才终于稳定了向东的流淌方向。

实际上，进入丽江市石鼓镇之后，金沙江中下游段的绝大部分江水，都流淌在云南省北部，一路过千山、造深谷，纳万水、跨险滩，滋养了云南广袤的土地，也积蓄了长江整体水力资源、矿藏资源中的重要部分。

如果从人文历史的角度来观察金沙江右岸，会得到两个结论：一方面，险峻的地势形成了高差极大的峡谷垂直自然带，造就了西藏和云南大地上多民族和谐杂居的人文生态；另一方面，中国历史上大大小小的通道，南方丝绸之路、茶马古道……全都与金沙江或交错，或重叠，金沙江的左岸与右岸也因此被紧密地联系在了一起。

梅里雪山位于云南省迪庆藏族自治州德钦县，地处滇、川、藏三省交界处，主峰卡瓦格博峰高达6740米，是云南第一高峰。蒋秉祚/摄

芒康盐井古盐田位于西藏自治区芒康县盐井镇澜沧江东西两岸，距今已有1300年历史，是我国唯一完整保持最原始手工晒盐方式的地方。静言/摄

伯舒拉岭位于三江并流的昌都，是“三江三脉”的重要组成部分。胡王光/摄

# 进藏第一城的涛声
# 昌都的高山峡谷和美学价值

按照先后顺序，长江流经的前三个省级行政单位，从来是以青海、四川、西藏顺序排列的。原因是长江从青海出发，首先跨越的是青海和四川的省界，也就是从青海省玉树市的巴塘河口，进入四川省石渠县，到这里，长江才算结束源区段，进入上游的金沙江段。

石渠是四川海拔最高的县，北接青海玉树，南邻西藏昌都，是黄河与长江流入四川的第一县。这之后，长江流过昌都的江达、贡觉、芒康三县，开始进入云南。到这里，长江在四川与西藏之间腾挪的激流旅程才算结束。

从这个角度来讲，长江西藏段的故事，就是从昌都开始的。

## “一山四季”的“水汇合口处”

从青海来的金沙江，在四川省石渠县流淌很短一段距离后，迅速到达西藏昌都市江达县邓柯乡的盖哈河口，成为四川与西藏的界江。大河流淌，自北向南，经过昌都市最东侧的江达、贡觉、芒康三个县，最后，在芒康县索多西乡一个名叫“琼得”的小村落，告别藏区，穿藏滇省界，进入云南。

从名字上看，昌都天生就和河流有关，因为在藏语里，昌都的意思是“水汇合口处”。这片土地被称为“四省咽喉”，北接青海，东接四川，东南与云南交界。古时候，人们将昌都称为“康”或“客木”，别称康巴。千百年来，昌都是商贸往来的重要枢纽，更是茶马古道上从未被遗漏的重要地点。地理位置上，作为进藏第一城，昌都是西藏的“东大门”和“雪域之门”，古往今来，想要进入这个“大门”的人，首先要跨越的就是金沙江。

从地貌上来看，昌都地处青藏高原向横断山脉过渡地带的三江（金沙江、澜沧江、怒江）流域，地势北高南低，东西向被三江切割得非常明显，即使用“险峰峻岭”，也不能完全形容昌都深壑纵横的地貌奇观。因为山高谷深，大江纵横，这里的气候是垂直分布的，如果从上往下看，“一山四季”在昌都会同时出现：山顶上，终年白雪皑皑；山腰中，密林碧绿苍翠；山谷里，呈亚热带气候，舒适宜人。

在昌都市，金沙江的流域面积达到2.3万平方千米，差不多占到昌都市总面积的五分之一。大江一边流淌，一边接纳无数条大小水系，金沙江上游共有九大支流，其中三条都在昌都，包括从江达县汇入的藏曲、从贡觉县汇入的热曲、从芒康县汇入的中岩曲，长度都超过了100千米。这一段河谷美丽斑斓，由于大多属于“金沙江干热河谷”范畴，很多地区干旱少雨，所以大地呈现出红色，被人们誉为“藏东红土地”。

金沙江流经昌都的河道，长达587千米，这一带大多是河谷地形：南北两头略宽一些，分布着的河滩、河谷，宽度在100~200米之间；河道的中段比较狭窄，远远看上去，河流仿佛被高山夹持，因为最窄处的江面仅有50米。让人震惊的是，在这样的河道上，金沙江从江达开始，一直到芒康进入云南结束，整个流向完全是一条活脱脱的“下山蛟龙”，因为海拔直降了1044米——在江达县，江面海拔是3340米，到了芒康县，就只有2296米了。

金沙江丰沛的流量和巨大的落差，在形成潜在能源的同时，也带来了一定的风险。历史上，金沙江数次因为山体滑坡而形成堰塞湖灾害。最近的一次发生在2018年10月，江达段金沙江岸两次发生山体滑坡，形成堰塞湖，当地干部群众经过30余天的苦战，才终于排除险情。

## 三江并流的昌都

说起三江并流，很多人首先会想到云南，但却很少有人知道，昌都为三江并流北段起点，与云南段共同构成了完整体系，同样是经典的三江并流地貌。昌都境内，分布着三条南北向的山脉，三条南北向的大江，呈现出“三江三脉”的雄壮之势。从西向东，依次是伯舒拉岭、怒江、他念他翁山、澜沧江、芒康山、金沙江。

在整个昌都的大地理结构中，金沙江处在最东沿的位置。在长江上游的四川和西藏之间，金沙江奔流于深切的高峡深谷中，是四川和西藏天然的省界，尽管难以通航，但却让两地亲密相依。在高耸峡谷中蜿蜒的滔滔金沙江，是入藏路线上最重要的大江，只有跨越昌都段的金沙江，才能由川入藏。

要想从内地去往拉萨，不管选择川藏北线、南线还是青藏线，都必然会遭遇金沙江。康熙年间，准噶尔部在西藏制造叛乱，年羹尧奉命开辟由川入藏线路。岳飞后人岳钟琪作为前锋，经四川省巴塘县，过金沙江，到芒康，直抵今天的昌都市区，最后进入拉萨，控制局势。

受地质条件所限，昌都段的金沙江大桥屈指可数，最为人们熟知的两座，都和国道有关：一座是国道318线上的竹巴龙金沙江大桥，另一座是国道317线上的岗托金沙江大桥。通过桥梁到达昌都，仿佛上了一级巨大的台阶，由此西去，便可到达拉萨。

历史上，昌都地区生长出无数璀璨的文化，传说中还是东女国的所在地。中国藏学家任乃强先生考证后指出：今天的昌都一带，是东女国的政治、经济、文化中心。无数的人类

▶ 月亮湾地处云南省迪庆州德钦县奔子栏镇与四川省甘孜州得荣县子庚乡分界线，是世界自然遗产“三江并流”区域的标志性景观之一，又名金沙江第一湾、金沙江大湾。 杜晓宇/摄

蓝天、白云、远山，以及一望无际的草原……芒康几乎完全符合人们对于西藏的想象。胡王光/摄

学家和历史学家发现并证实：昌都文化吸取各种文化的精华，呈现出交融的特点。

金沙江没有成为隔绝文化交流的天堑，反而和这片大地上的其他山川一起，成就了昌都“承东启西、联结南北”的文化区位优势。被认为是藏区最美建筑之一的东坝民居，就是文化融合的典型代表。这里的民居建筑，融合藏、汉、纳西族等多个民族特色，显示出昌都地区各民族文化之间的融洽。金沙江河谷虽然险峻，但却是费孝通先生提出的“民族走廊”中的重要组成部分。今天，人们在险峻的金沙江上游河谷两岸行走，会发现众多残破的石头碉楼和土质碉楼遗迹，这说明先民们很早就在此繁衍、生息。只是后来，或许是因为金沙江上游的水流过于湍急，桀骜不驯，导致千百年来河谷地貌的数次改变，包括滑坡堵江、形成堰塞湖等地质灾害，这些碉楼才最终被主人放弃。

## 江达升起西藏第一面五星红旗

金沙江流进西藏的第一个县，是面积1.315万平方千米的昌都市江达县。据说，江达县中的“江”，指的是有着几百年历史的江普寺，而“达”则有沟口之意，指的是地处江普寺附近的沟口。整个江达县，平均海拔高达3650米，境内峡谷高低错落，最高处和最低处的落差达到3100米。江达的玉龙铜矿很耀眼，是全国最大的铜矿之一。

金沙江从北向南，流经江达县多个地方，包括邓柯乡、汪布顶乡、岗托村、岩比乡和波罗乡……有趣的是，从江达县的汪布顶乡沿着金沙江下行10多千米，江对面的四川省德格县也有一个位于金沙江畔的汪布顶乡。

在大江流经江达的所有地名中，岗托村和波罗乡名气很大。岗托村坐落在金沙江岸边，江水在这里绕了一个浅浅的S形弯，形成金沙江上游为数不多的渡口之一。《江达县志》记载，1950 年 10 月 7 日清晨，中国人民解放军第十八军，向甘孜至昌都咽喉的岗托敌军发动攻击……十八军的金沙江分队在不利地形下与敌军对战一日，8日晨，主力部队渡江成功。在当地村民口中，流传着更多细节，他们的祖辈都记得：战士们自带干粮，总是帮助遇到困难的群众；一艘艘牛皮筏子载着金珠玛米；军民团结一心，战胜困难……那场战斗之后，岗托村成为西藏解放第一村，升起了西藏的第一面五星红旗。

当时的人们或许没想到，仅仅6年后的1956年，岗托就建起了一座跨越金沙江的吊桥。现在说来好像比较寻常，但是只有走到大水奔流的金沙江畔，才能明白这座桥的意义。因为这座桥，当地民众的生活发生了翻天覆地的变化，从此以后，人们告别了危险的“牛皮船渡江”方式，新桥带给人们前所未有的生机和活力。这之后的1974年，随着国道317线的建设，岗托金沙江大桥通车。2008年，岗托金沙江大桥新桥建成，至此，岗托金沙江大桥形成了漂亮的“双桥”。岗托的人们，将十八军渡江的旧址改造为展馆、军营复原馆，很多人前来缅怀峥嵘岁月。国道215线和国道317线，在

# 昌都是西藏的“东大门”和“雪域之门”，想要进入这个“大门”，首先要跨越的就是金沙江。

这里的跨江大桥交会，从而连接起四川省甘孜藏族自治州的德格县、白玉县和岗托镇。很多年后的今天，有着七十多年历史的金沙江大桥守桥班，依旧日复一日地养护和守护着这座“进藏第一桥”。

金沙江在江达县境内，接纳了一条叫作多曲的支流，之后，河流开始切割山体，形成一段长约5千米的奇峻峡谷——吉荣大峡谷。和上游雄壮的大峡谷地貌不同，吉荣峡谷的景色更为紧凑，两岸雄峰夹峙，压迫感很强。人行峡中，两旁奇峰耸峙，抬头只见云天一线，仿佛神话中的神灵一刀劈开了深峡。到夏秋季节，谷中树木色彩缤纷，美不胜收。但峡谷中信号极差，很多游客的无人机在这里失联，因此吉荣大峡谷又被戏称为“无人机坟场”。

吉荣大峡谷的一头，是美若仙境的藏族村寨夏乌村，这个村落位于317国道线上，金沙江的小支流字曲河畔，被誉为“藏东秘境”。村落地形完美，背山临水，已被列入“全国乡村旅游重点村”名单。极具争议的晚清名臣赵尔丰，曾经在这里修过府衙，虽然资料说赵尔丰最后命丧于成都，但夏乌村却一直流传着另一个版本的故事：赵尔丰死在了村里，具体地点是赵尔丰府衙附近的山坡上，那个地方现在被称为断头台，只剩下黄土夯就的残垣断壁和一旁滚滚东去的流水。

峡谷另一头的金沙江畔，坐落着著名的“木刻之乡”波罗。波罗乡有着近400年历史的“波罗古泽刻版”制作技艺，2008年被列入国家级非物质文化遗产名录，被尊称为西藏雕版印刷的“鼻祖”。波罗乡所辖的村落，大多散布在高山峡谷中，虽然无法开展大规模的农牧业生产，却拥有丰富的森林资源。几百年来，人们正是利用当地盛产的一种特殊桦木，以精湛的技艺，成就了波罗古泽刻版这一非凡技艺。

在吉荣大峡谷，一直流传着关于格萨尔王及其王妃珠姆的传说。比如多曲河里至今能看到一块四方形的大石头，被认为是格萨尔王和珠姆王妃下棋用的巨石骰子；半山处一个常人无法攀越到达的山洞，被当地人称为格萨尔降妖洞。

## 贡觉县的金沙江最险滩

金沙江流过江达之后，进入贡觉县。

藏语里，贡觉意为“佛地”，全县面积

6320平方千米，虽然只有江达县的一半左右，却已经跟上海市陆域面积几乎一样了。在这一段，金沙江造就出高差巨大的横断山峡谷区，山高峰锐，谷深坡陡，东南方向是泥石流灾害的高发区。贡觉县境内的两座高山，海拔5443米的乃波和海拔5250米的日朗僧珠，都在金沙江畔不远的地方，两座山峰相距仅40多千米。县境内的最低点是木协乡的则达村，这个村落位于金沙江支流雪曲河畔，海拔仅有2570米，和乃波山的高差达到2873米。

贡觉县境内水系繁多，包括热曲、斜曲、董曲、过曲、罗麦河、布热曲等多条支流。从金沙江畔向西望，贡觉交错的丘原上河流纵横，湖泊棋布，高山、森林、草原并存，当地居民半农半牧。其中的阿旺乡和拉妥乡，因为草原条件优越，是纯牧业乡。阿旺乡出产的阿旺绵羊，被誉为“雪域珍宝”，据说是从有两千多年历史的高原野生棕羊驯化而来，肉质细嫩、无膻味，氨基酸和蛋白质含量远超其他羊种。

从北向南，金沙江在贡觉县流淌了80多千米，滋养出许多独具特色的江边乡村：克日乡是高山深谷地貌，罗麦乡气候宜人，沙东乡流传着产黄金的传说，敏都乡被称为“有水果成熟的汉河口”……其中最特别的是雄松乡，这里至今保留着原始父系氏族部落的一些特征，具有很高的人文研究价值。

和贡觉县一江之隔的，是四川的白玉县。受地质条件限制，贡觉和白玉两县之间没有公路，也没有跨江大桥，如果要到对岸去，需要去位于江达县岗托的大桥才能过江。在贡觉县和白玉县之间，是著名的险滩叶巴滩，莽莽湍流形成的是连续的跌水群，惊涛之下，暗藏巨礁，江涛咆哮如雷，声音轰鸣，让人心惊胆战。1986年，洛阳长江漂流队在此漂流时遭遇意外，两名队员遇难。很多年后的今天，这里正在建设我国海拔最高的双曲拱坝电站——叶巴滩水电站。该站属于国家“十四五”规划中的102项重大工程之一，已建成的水电站大坝极大降低了叶巴滩的危险性。

莫洛镇是贡觉的县府驻地，建在海拔3640米的金沙江支流马曲河的河谷地带。马曲河边有藏东高原最美丽的湿地——拉妥。拉妥湿地海拔4288米，总面积约30平方千米。在这里，湖泊星罗棋布，溪流和草原美不胜收，形成得天独厚的人间仙境。拉妥湿地向东滋养着金沙江水系，向西润泽着澜沧江的支流，一方面对当地气候有重要的调节作用，另一方面具有强大的生态净化作用。拉妥湿地生活着藏原羚、岩羊、藏狐等高原野生动物，是牛羊钟爱的高原牧场，也是黑颈鹤等诸多珍稀鸟类的迁徙栖息地。

## 茶马古道上的芒康

和江达、贡觉两个县比起来，面积1.158万平方千米的芒康县似乎受澜沧江影响更大，因为县内两大著名景点都在澜沧江沿岸，包括曲孜卡乡的温泉和纳西民族乡的盐田。但是，金沙江同样深刻塑造了芒康。从北向南的金沙江，流过芒康的戈波乡、朱巴龙乡、索多西

▶ 孜珠寺位于昌都市丁青县著名的神山“孜珠山”，海拔4800米左右，是西藏海拔最高的寺院之一。在藏语中，“孜珠”意为“六座山峰”。静言/摄

▶ 莽措湖位于昌都市芒康县中部莽岭乡，是典型的高原淡水湖泊，因形似藏式围裙，被当地人奉为“神湖”。胡王光/摄

▶ 芒康盐井在藏语中称“擦卡洛”，意为“有盐巴的地方”，晒盐历史可追溯至唐代。2008年，“井盐晒制技艺”被列入国家级非物质文化遗产名录。胡王光/摄

乡，出西藏，进云南。江水奔流过程中，江面的海拔随着山势一降再降，到达芒康之后，最低的江面海拔只有2000多米，山势也同样如此。所以站在芒康南望，肉眼可以看到的地方，都是莽莽山原，没有特别突出的山峰。

在金沙江流经的昌都三县中，只有芒康境内有大湖，那是来自金沙江水系的莽措湖。细究起来，莽措也是金沙江支流措龙门曲的源头。作为横断山脉区域重要的高原湖泊，地处沙鲁金山断陷盆地最低洼处的莽措，被当地人视作神湖。传说中，莽措是女性神湖，是西藏三大圣湖之一羊卓雍措的女儿。当地人有转莽措的习俗，到了节庆日，人们会穿戴华丽服饰，在湖边草地上载歌载舞。

藏语中，芒康的语义是“善妙地域”，这里是“茶马古道进藏第一站”，有着巨大的区位优势。历史上，芒康是多民族交汇之处：汉朝，羌人经过这里南下；隋朝，统治芒康的是纳西族先民建立的白狼国；唐朝，芒康归属吐蕃；明代，这里的一些区域由纳西族管辖，不久又被蒙古和硕特固始汗统辖；清代，芒康回归西藏……由此可见，芒康历来都是政治家关注之地、兵家争夺之地，更是各民族交往、交流、交融之地。经过千百年的历史积淀，芒康境内生活着藏、汉、回、白、纳西等民族，多元一体，和谐共处。

从地理和水系角度来说，在芒康大地上，澜沧江和金沙江越走越近。江流来到芒康南部，其实已经接近云南，抵达横断山脉北段，进入著名的“三江并流”最窄处。在这里，芒康的东面与四川省巴塘县隔江相望，南面与云南省德钦县接壤，成为藏、川、滇三省（区）的交界处，甚至在芒康境内，也有了滇金丝猴的保护区。

千百年来，芒康是极其重要的交通要地，古时的滇藏川茶马古道必须经过这里，现在的国道318线、国道214线、国道215线，也全都经过县城。当318线横穿芒康县，在朱巴龙乡跨金沙江，与215国道垂直相交之后，有趣的事情发生了：江对面四川境内的村落竹巴龙乡，在没有桥的时代是四川入藏的重要渡口，而四川的“竹巴龙”和西藏的“朱巴龙”，都是藏语音译，意为“船夫居住的地方”。一条江的两个渡口拥有一样的名字，印证着金沙江两岸民众的紧密联系。在今天的朱巴龙乡，建有“西松贡战斗遗址纪念馆”，1950年10月，十八军打响西松贡战斗，藏军第九代本（藏语，意为一个团）起义，芒康成为西藏解放第一县，在西藏和平解放进程中具有重要意义。

竹巴龙的金沙江大桥，是奋进精神的最好代表。早在1964年，竹巴龙的老桥就已建成，但却在1989年的巴塘地震中受损，经过几天抢修后恢复通车。2003年，竹巴龙金沙江大桥新桥建成通车。遗憾的是，2018年，金沙江白格堰塞湖洪峰过境，导致金沙江上包括竹巴龙大桥在内的7座大桥被严重损毁（其他6座位于川滇之间）。然后时间来到2021年，最新版本的竹巴龙金沙江大桥再次通车，国道318线再度连通。从第一座老桥通车开始，川藏两个村落的人不再以摆渡为生，联系频繁亲密，还纷纷在

# 在芒康大地上，澜沧江和金沙江越走越近。江流来到芒康南部，其实已经接近云南，抵达横断山脉北段。

旅游热潮中找到了新的定位，一个是“国道入藏第一村”，一个是“进藏第一村”。

从朱巴龙乡沿318国道去往县城嘎托镇的路上，风光无限。首先是著名的海通石林，这片石林和喀斯特地貌结合，形成极其独特的天然石林、石门、石洞、石桥。继续前行，过嘎托镇走国道，迎面而来的是拉乌山，这是澜沧江和金沙江的分水岭，整体海拔特别高，垭口海拔就有4000多米。天气晴好的时候，站在拉乌山往下俯瞰，会发现下面的大地是典型的干热河谷地貌，海拔越低的地方，植被反而越稀少。

在芒康，有一条路线散落着文成公主的各种故事：由南向北，包括纳西乡、徐中乡、帮达乡，最后到达县城中心嘎托镇。纳西乡和徐中乡都有与文成公主传说相关的寺庙，帮达乡还传说，公主曾在这里居住一晚。这里有座朗巴郎增寺庙，当地人称之为“汉人庙”，由吐蕃时期的汉藏工匠合力建造，因怀念文成公主，寺庙由公主随从所建的说法广为流传。寺庙里的石雕集“藏汉之长”，雕工精细、造型精美，是唐蕃古道上汉藏文化交融的代表性艺术。

其实帮达乡在近代史上是大有来头的，一代巨商邦达昌正是从这里走出……故事要从“汉人庙”朗巴郎增讲起，民国时期的县志称之为关帝庙，说寺庙西面有个巨大的广场，是当地用来交易马匹的跑道。县志还记载芒康当时是“川滇藏交易之所”，盛时“万商云集”。这些记录，都和在芒康起家的西藏巨商邦达昌家族的历史背景契合。20世纪初，从帮达乡发展起来的邦达昌家族，生意遍布国内外。抗日战争时期，日军战略封锁，致使西南地区严重缺乏战略物资。在邦达昌的策划、实施下，一条从印度经中国西藏，再通往川滇的物资流通线路建立起来。很多抗战大后方急需的物资，正是通过邦达昌家族和昌都百姓的力量，穿越金沙江、澜沧江，源源不断地输入到西南地区，为抗战作出了杰出贡献，在西藏历史上留下浓墨重彩的一笔。

黑龙潭位于云南省丽江市古城区城北象山脚下，又名玉泉公园，旧名玉泉龙王庙。 蒋秉祚/摄

泸沽湖位于四川省凉山州盐源县与云南省丽江市宁蒗县交界处，川滇共辖。 杜晓宇/摄

# 两进两出云南省
# 大横断大并流和长江第一湾

长江以“金沙江”之名，别过西藏芒康县之后，与澜沧江、怒江一起，延续着在横断山脉峡谷中奔腾而下的态势，一路向南，进入云南西北部海拔4000~4500米的云岭。

一种有意思的说法是：金沙江的水，是顺着“牦牛角尖”流入云南省的。金沙江流进云南的第一站，是迪庆藏族自治州德钦县的羊拉乡，从地图上看，羊拉乡像极了牦牛的犄角尖。

金沙江走完芒康段，与西藏告别，进入羊拉乡之后，陪伴在金沙江右岸的地域，变成了云南省。

## 从“牦牛角尖”流入云南省

羊拉，是云南省迎接金沙江的第一个地名。这里山高谷深、地广人稀，当地人说羊拉“人在云上走，鹰在脚下飞”，可见其高险。羊拉乡东通四川，西连西藏，是真正的“鸡鸣三省”之地，也是德钦县的虫草采挖地。

羊拉乡所在的德钦县，位于迪庆藏族自治州的西北角，整个迪庆的形状，就像是云南西北方向的一对犄角，而德钦县就是西边的“犄角”。在德钦窄长的县境里，挤挤挨挨地纵向排列着四个发光的名字：怒山、澜沧江、云岭、金沙江。远处，一条名叫东旺的河流，由东北从四川方向来，在横穿了云南省迪庆州东边的“犄角”香格里拉市之后，流去了四川省甘孜州的得荣县，最后才再次来到云南，从德钦对面流入金沙江。

在香格里拉东旺河的南方，有一条名叫翁水的大河，几乎与东旺河平行，自东北向西南汇入金沙江。翁水河是从大雪山垭口和小雪山垭口中间流出来的，同样被两个垭口夹在中间的，是翁水村。和香格里拉的许多村落一样，翁水的村民平日种植青稞、马铃薯，每年7月下过第一场雨后，每家每户都会上山捡松茸。翁水村的海拔达到3000多米，正好是松茸喜欢的高度。采摘季节，村民会在凌晨出发，一直往上爬升寻觅，仿佛神话故事中往巅峰处找仙草的人。香格里拉的松茸闻名天下，每一位普通的村民，都是技艺超群的“松茸猎人”。

整个香格里拉地区，大小河流上百条，全部属于金沙江水系。每一朵香格里拉松茸的馥郁香气，全都顺着泉涧溪流，流进了金沙江里。

尽管迪庆州的地形像两个犄角，但金沙江更以一种劈开两个犄角的气势，从中间奔子栏镇的位置，纵向穿流而下，将迪庆州分成东西两半。西边是德钦县和维西傈僳族自治县，东边是香格里拉市。金沙江流出维西傈僳族自治县后，立刻成为了丽江市玉龙纳西族自治县和香格里拉市的分界线。

奔子栏镇，地处白马雪山脚下，曾经是金沙江畔茶马古道上的重要节点。奔子栏在藏语中意为“美丽的沙坝”。很多年后，茶马古道已远，国道214和国道215却在这里连通。

从奔子栏镇往北，一直到西藏昌都市的邓柯乡，都属于金沙江的“深谷河段”。如果旅行者从南往北，沿江而上，会在奔子栏发现：开阔的江面骤然变得汹涌，上游景观陡然变得“锐利”起来。奔子栏往南，一直到丽江市玉龙县最北端的玉龙湾，有近400千米长，这是云南省“独享”金沙江的第一段。在这段行程中，金沙江笔锋凌厉，写出一个深深的V字形：左边一笔，和澜沧江、怒江延续横断山脉“三江并流”的滚雷之势；右边一笔，金沙江毅然决然地独自掉头而去。而它掉头的地方，正是丽江市石鼓镇。这个湾，是金沙江的重要节点，被人们称之为“长江第一湾”。

关于金沙江上游，通常来说，人们将青海省玉树市巴塘河口认定为起点，而将云南省丽江市石鼓镇的长江第一湾认定为终点。

## 地球史诗：大横断，大并流

在讲述长江第一湾之前，我们首先要讲述的，是一部恢宏的地球史诗——三江并流。

发源于青藏高原的三条大江：金沙江、澜沧江、怒江，从滇西北高原自北向南并行奔流了上百千米，与自西向东平行排列的四条山脉：高黎贡山、怒山、云岭、沙鲁里山，联手形成了著名的“四山三江”并行的纵向平行岭谷地貌。这个地球上罕见的奇特自然景观，最大特点是：江水并流而不交汇。其中，澜沧江与金沙江的最短直线距离为66.3千米，澜沧江与怒江的最短直线距离为18.6千米。

从行政区划看，这一奇观跨越了云南的丽江市、迪庆藏族自治州、怒江傈僳族自治州的9个自然保护区、10个风景区，著名的香格里拉便与三江并流的核心区域大部分重叠。藏语中，香格里拉的意思为“心中的日月”，既是县级行政区域名，更是集雪山、峡谷、草原、高山湖泊、原始森林和民族风情为一体的景观体系。在这里，自然生态和民族传统文化几乎完美融合。

从地理角度看，广泛意义上的三江并流地区，其实包含了藏东南的一部分，那是青藏高原东南部向云贵高原过渡的广阔区域，也是横断山脉的纵谷地带，地处印度板块和欧亚板块碰撞、缝合的地质遗迹区。区域内高差极大，海拔最高点6740米，来自云南最高峰梅里雪山；海拔最低点738米，位于怒江河谷的泸水段。与此同时，由于一系列巨型山脉的纵向排列，恰好对印度洋暖湿气流形成层层遮

▶奔涌的江水在云南省丽江市石鼓镇来了个接近120度的急转弯，“写”下一个巨大的V字，形成著名的“长江第一湾”。杜晓宇/摄

挡，所以在三江并流区域，从怒江峡谷开始，由西向东的降水量逐次明显降低：到了金沙江峡谷，平均年降水量不到怒江峡谷的一半，约在600~800毫米；到了包括奔子栏在内的干热河谷地带，加上“焚风效应”影响，局部地区年降水量仅有400毫米。降水稀少和蒸发强烈，给这些地区带来的问题是：冬春是干旱季节，夏季又容易因为“短时强降水”引发山洪。

三江并流区域是大横断区域的重要部分。中国的地势，大致是西高东低，主要的山脉与河流都是东西走向，只有在藏东南、川西南、滇西北这片区域，陡然出现几条南北向的大山脉。山脉间的每一条纵向深谷中，都夹带着一条奔腾南下的江河，三江并流正是其中最为紧凑、精彩的部分。从广义上看，大横断区域包含了更多元素，比如“大横断七脉六江”，就是在之前的基础上，加上了三条重要的长江支流和江侧的山脉，包括岷江、大渡河、雅砻江和岷山、邛崃山、大雪山。而金沙江站在大横断区域的核心位置，成为六条江之中最为声势显赫的一条。

之所以出现这样“特立独行”的地貌，目前的主流说法是：因为青藏高原的隆升。亿万年前，印度大陆板块和欧亚大陆板块相撞，形成高大的喜马拉雅山脉的同时，有一块陆地被这神灵般的冲击力扭曲、旋转，于是形成了这一系列充满“反骨”的山脉群落。但也正是因为这与众不同的走向，在第四纪冰期的大灭绝中，三江并流区域凭借独特的地形地貌，成为许多孑遗动植物的避难所。直到今天，这片区域也是欧亚大陆生物南北交错、东西会合的核心地带。

从历史角度来看，三江并流区域属于地貌复杂的横断山区，拥有众多隐秘的河谷，而南面的云贵高原更是气候宜人，所以不管是因为战乱还是因为气候，千百年来，不断有生活在北方的族群沿着峡谷一路向南，寻找生存的乐土。那些容纳大江的峡谷，同时也容纳了人类的迁徙、繁衍，所以这里是江，是峡，更是生活的走廊。

这个过程中，金沙江峡谷必然是一条非常重要的地理通道、民族走廊。尤其是江水入滇之后，沿岸的气候和水土条件，相较于北地就更为适宜，所以在这条峡谷中，世代繁衍生息着汉、藏、彝、傣、白、纳西、傈僳、苗等众多民族。在过往千年的历史长河中，这些民族在金沙江峡谷谱写了太多灿烂的故事。

## 不敢假设“长江没有拐弯”

金沙江流过云南省德钦县的奔子栏镇、塔城镇，来到丽江市黎明傈僳族乡后，支流镇兰河汇入。

在这一段，和金沙江相伴的是353国道。在玉龙县，搭上行驶在这条路上的200路公共汽车，仅仅8站路，就能来到长江最传奇的地方，位于丽江市石鼓镇的长江第一湾。在这里，金沙江告别了澜沧江和怒江，几乎是整体掉了个头，转向角度接近120°，彻底改变了自己的流向！从地图上看，金沙江在这里“写”下一个巨大的V字，V字的夹角内，是迪庆藏族自治州的香格里拉市；夹角外，是丽江市的玉龙纳西族自治县，而V字的顶点石鼓镇，则是金沙江上段和中段的分界点。

对地理稍有研究的人，都会为长江第一湾的重要性惊叹。当金沙江和怒江、澜沧江携手从青藏高原奔流到北纬26°附近的时候，金沙江立刻脱离了之前三江保持一致的流向，开始巨大的拐弯。倘若没有这惊天动地的一次拐弯，金沙江极有可能会和另外两条江一样，一路向南，最终奔出国境，成为一条国际河流。

“倘若长江没有拐弯？”这个假想话题会让无数人倒吸一口凉气。如果真是这样，长江或许就不会成为中国南方的母亲河，而中国南方也绝对不会有今天这样适宜居住、耕作的地理环境。纵观全球，如果北纬26°附近的陆块上，没有像长江这样大的河流经过，极大可能会成为终年燥热的沙漠地区，类似于北非、西亚等地。简单地说，如果没有长江，中国南方的很多地区或许会变成荒漠。正是长江在石鼓镇的惊天一拐，改变了中国南方的地理和气候条件，改变了中华文明的走向。

但是，长江为什么会在这里拐弯呢？这个问题，科学界至今没有给出定论。我们只能找到一些相当有趣的猜想。首先是今天人们能目睹到的最直观的景象：长江流到这里，被玉龙雪山“拦住”，只得北上。这是一种简单的、流于视觉化的看法。还有一种猜想是“古金沙江和古川江连通说”，许多地理学者认为，原本，古金沙江在此处也是向南流的，后来因为青藏高原不断隆起，使得石鼓以南剑川地区的山脉不断升高，堵塞了古金沙江南流的道路，于是在石鼓地区形成了一个不断扩大的沼泽湖泊。

有意思的是，今天金沙江从石鼓镇北上，一直到三江口（宁蒗水洛河三江口）段，流淌的正是古金沙江的一条支流，方向从北向南，注入金沙江——和今天金沙江从南向北的流向刚好相反。正是在三江口，这条支流一度被古川江“抢”过去，并且改变了水流的方向。随着青藏高原的隆升，古金沙江在石鼓附近形成的湖水不断溢流，最终又重新连上了那条被古川江抢走的支流——借由这条支流的河道，古金沙江和古川江终于连通，组合形成了今天的长江。但问题是，经过石鼓南流的古金沙江故道又在哪里呢？有人猜想是漾濞江连通洱海，也有人说是今天的红河……

但不管成因到底如何，从今天的地理人文来看，长江第一湾的确是中国最为宝贵的地理奇观之一。

## 虎跳峡和大江的第一次北上

虎跳峡是世界上最深的峡谷之一，以“险”闻名天下。山与江的共同力量，造就了这不可复制的奇迹。湍急的金沙江在经过石鼓镇的惊天一转之后，立即北流，以不可阻挡之势，硬生生从哈巴雪山和玉龙雪山这两座极高的山峰之间穿过，形成了地球上最壮观的大峡谷。

海拔5396米的哈巴雪山，位于云南省迪庆州香格里拉市，和它隔江相望的，是位于丽

# 倘若没有这惊天动地的一次拐弯，金沙江极有可能和另外两条江一样一路向南，最终奔出国境，成为一条国际河流。

江市玉龙纳西族自治县的玉龙雪山，海拔5596米。一条名为冲江河的支流，向南汇入北上的金沙江，一起浩荡地穿群山而过，向东北方向流转……人们站在虎跳峡畔，能够直观感受到金沙江的力量，江水以雷霆之力切割山体，形成狭长险峻的峡谷。

虎跳峡全长约17千米，滚滚而来的金沙江从两座雪山间的窄谷穿过之后，江面宽度仅30~80米，江面与两座雪山的海拔高差达到3700~3900米。进峡口，江面海拔约1820米；出峡口，江面海拔约1600米。滚滚江流涌过，在峡内连续下跌数个陡坎，落差达到 220米。峡谷中的很多地方，岩壁90度垂直切下，形成壁立千仞之势。江面的两壁之间，相隔极近，最窄处只有十几米——传说中的老虎，正是从这极窄处一跃而起，穿峡过江。

金沙江流过虎跳峡之后，一路北上，沿途接纳着各种河流，包括香格里拉市的格吉河、洛吉河，玉龙纳西族自治县的大具河。从香格里拉流出来的河流，源头处有美丽的高原、湖泊、湿地。从玉龙县流出的大具河，经过著名的大具盆地之后，与金沙江汇合。这里需要特别强调一下大具盆地。面积约25平方千米的大具盆地是小型山间盆地，紧邻虎跳峡之北，被人们生动地形容为“躲”在玉龙雪山后的小盆地，这个盆地被认为是由史前洪水造成的，它或许是人类远古洪水记忆的地理印证。

这之后，金沙江的北上之路，来到丽江市玉龙县最北端的奉科镇，这里有一个村落，叫作棋盘地，和它隔江而望的地方，名叫四川坪子，归属于四川省凉山州木里县俄亚纳西族乡。这一带的道路，属于传奇越野线路泸亚线（西线）的一部分。走这条线路，从泸沽湖到稻城亚丁，会在玉龙县的北端奉科镇两次经过金沙江：一次是经过由北向南流的金沙江；另一次是经过由南向北流的金沙江。原因很简单，奉科镇的西、北、东三面，全都被金沙江环绕。而浩荡的金沙江来到这里，又转了个

▶ 梅里雪山有广义和狭义之分。广义上的梅里雪山指云南省迪庆州德钦县境内的四蟒大雪山；狭义上的梅里雪山仅指广义梅里雪山的北段。静言/摄

▶ 玉龙雪山是云南省丽江市境内的雪山群，因十三座雪峰连绵不绝，如同巨龙，得名玉龙。在纳西语中，玉龙雪山又被称为“欧鲁”，意为“天山”。施扬/摄

▶ 玉龙雪山全长75千米，被纳西族人奉为神山。杜晓宇/摄

▶ 滇池位于云南省昆明市的昆明坝子中央，又称昆明湖、昆明池、滇南泽、滇海，湖面海拔1886米，面积330平方千米，是云南省最大的淡水湖。施扬/摄

大弯，掉了次头，重新开始往南流，从而完美地将整个玉龙山脉拥在怀中。于是，这个湾，就被称为玉龙湾。被环抱在湾中的奉科镇，东面和西面与同省的宁蒗彝族自治县、香格里拉市相邻，北面与四川省木里县隔江相望。而从四川省木里县南流而来的支流水洛河，正是在此处汇入金沙江。需要说明的是，玉龙湾之东，是云南省丽江市宁蒗彝族自治县，泸沽湖的湖西部分归它管辖，而湖东部分，则归四川省凉山州盐源县管辖。

## 金沙江水系占据云南九大湖三席

云南有九大湖泊，其中三个属于长江金沙江段流域，从北向南依次是：泸沽湖、程海、滇池。泸沽湖和程海属于丽江市，刚好处于金沙江在石鼓镇掉头后南下的道路上。

著名的泸沽湖是云南和四川的界湖，位列中国十大深水湖之一，整个湖面约50平方千米，湖面海拔2685米，湖水平均深度约40.3米，湖西属云南省宁蒗县。云南境内湖泊的最深处达73.2米。从容积来看，泸沽湖是四川第一大湖，在云南则排第五，水源主要是降水、河流水、冰雪融水和地下水，周围有十来条小河流入湖中，湖泊水从草海湿地流出，汇入雅砻江后注入金沙江。虽然从直线距离来看，泸沽湖距离金沙江主干更近，但中间却被一座名叫“绵绵山”的山脉阻隔，所以湖水需要“绕远路”才能与金沙江汇合。

金沙江在石鼓镇完成掉头后，沿着丽江市的宁蒗县和永胜县南下，一路冲到可以和大理隔江相望的永胜县涛源镇，之后向东转向，流经丽江市的华坪县，出云南，进四川。在这条路上，有一个重要的大湖——程海。

程海也是由地壳断裂形成，湖水补给主要来自周围的山泉。古时候，有一条程河和程海相连，可以直通金沙江，后来地壳断裂下陷，程河干涸，导致程海湖水不再外泄，慢慢成为内陆湖。因为地处金沙江干热河谷地带，程海的湖水蒸发量是降水量的三倍，加上没有大的河流补给，沿湖人口稠密，水位持续下降。近年来，通过环保治理和“程海应急补水工程”，程海的水质和水位都在逐渐恢复。需要强调的是，程海是我国唯一天然生长螺旋藻的淡水湖泊，也是滇中著名的银鱼养殖基地。每年夏季，程海会开启银鱼专项捕捞。夜晚，渔民们采用灯光诱捕的方式捕鱼，渔灯和天上的星光交相辉映，形成程海湖最有看点的“程海渔灯”景象。

离程海几百千米外的滇池，也属于金沙江水系。滇池是云南最大的湖泊，有盘龙江等河流相继注入，湖水从西南海口泄出的地方，称为“螳螂川”，是金沙江支流普渡河的上源。滇池的湖泊总面积达到330平方千米，号称“五百里滇池”。2013年建成的“牛栏江—滇池补水工程”，把牛栏江这条金沙江的一级支流和滇池连通，有效改善了滇池的水质、水循环、周边的生态环境。牛栏江古称“涂水”，在古代是连接昭通和昆明的通道，也是汉武帝时期修建的“南夷道”延伸到云南省曲靖市的重要支线。

## 丽江是金沙江最眷顾的地方

金沙江最眷顾的，或许是丽江。滔滔江水来到丽江，斜着走了一个W形，将丽江的每一个区域仔细勾勒了一番。金沙江转向的三个重要节点都在丽江，包括长江第一湾、玉龙湾、永胜湾。

跟随金沙江，可以游遍丽江的每一个区。丽江核心地带的古城（又名大研镇），是中国历史文化名城中唯一没有城墙的古城，和四川阆中、山西平遥、安徽歙县并称“保存最为完好的四大古城”，属世界文化遗产。在古城的西南隅，有丽江世袭土司的衙署，始建于元代，称为“丽江木府”。丽江城北，有一座古老的小镇叫白沙，是纳西族在丽江坝最初的聚居地，也是丽江木氏土司的发祥地。

金沙江从北向南贯通了丽江市后，在永胜县又拐了一个直角，止住了继续向南的步伐，流向变为往东，这又是一个大湾，称为永胜湾。入湾之前，金沙江短暂地流过大理白族自治州北部的鹤庆县，出湾后，擦过大理州宾川县的东北角。之后，江水沿着永胜县和华坪县的南缘、楚雄彝族自治州的北缘，一路向东略偏北的方向前行，在华坪县石龙坝镇出云南省界，进入四川省的攀枝花市。这，是金沙江第一次出云南省。

在四川省攀枝花市兜了一个半圈后，金沙江又擦着云南省楚雄州永仁县的最东端，进入楚雄州的元谋县，这是它第二次进入云南。元谋县的元谋人遗址，是金沙江流域最为重要的文物保护单位之一，金沙江的支流龙川江贯穿整个元谋县，而元谋人遗址，就在龙川江流经的元谋盆地边缘。不难想象的是，170万年前，金沙江的水脉为元谋人提供了丰富的水资源。元谋人在彩云之南繁衍生息，留下生活痕迹，才会让百万年后的我们找到中国最早直立人的证据。

金沙江从四川省攀枝花市兜了一圈后再回到云南，已经是金沙江下游。江水在元谋县兜了一个小圈子，向东流入同在云南省楚雄州的武定县。从武定县己衣镇开始，一直到云南省昭通市的县级市水富，江水出滇，这一段金沙江成为川滇两地的界江。在这部分行程中，金沙江流过楚雄州、昆明市、曲靖市以及昭通市，各种支流包括勐果河、普渡河、小江、以礼河、牛栏江、横江等纷纷加入，似乎是在为金沙江入川准备充足的水量。

金沙江在流过楚雄州武定县时，紧邻著名的滇中大裂谷——己衣大裂谷。排名中国第四、世界第七大水电站的乌东德水电站蓄水后，在元谋、武定等地形成的金沙湖，与滇中大裂谷的联系更为紧密，它们共同组成了极为壮观的高峡平湖美景。

当金沙江流过武定，来到昆明最北端的禄劝彝族苗族自治县的时候，居然从禄劝的“头顶”路过。而昆明城中，滇池从唯一出口流出的湖水形成小河，叫作螳螂川。螳螂川河道宽，流速缓，非常温和，两岸分布有许多温泉疗养院、油菜花田。当更多细小的水脉汇入之后，螳螂川水量增大，开始湍急，也有了新的名字——普渡河。最终，普渡河也在挨着禄

▶元谋土林是一种土状堆积物塑造的、成群的柱状地形，从远处眺望，形似森林，因而得名。早彦铭/摄

▶捞渔河国家湿地公园位于云南省昆明滇池国家旅游度假区，有“滇池之肺”的称号。施扬/摄

蓝月谷位于云南省丽江市，谷中可远眺玉龙雪山。蒋秉祚/摄

猪槽船即独木舟，摩梭语称“日故”，是摩梭人在泸沽湖上的重要交通工具。蒋秉祚/摄

# 长江第一湾、虎跳峡、皎平渡、元谋人……长江金沙江段造就的地理奇迹、人文景观，实在令人叹为观止。

劝县的昆明市东川区汇入金沙江。

在禄劝县，值得铭记的还有金沙江皎平渡。皎平渡位于云南省禄劝县和四川省会理市的交界处，自清代起就是金沙江流域的重要渡口和川滇之间的交通要道，也是茶马古道等贸易线路上的关键节点。古时候，满载食盐、白银、皮革、粮食的马队，从四川进入云南北部，必须从皎平渡过江，而从云南运出的，则以黄金和贵重的金银丝绣品为主。

1935年5月，红军长征的队伍来到皎平渡，这里成为红军摆脱国民党军围追堵截的关键地点。当时，中革军委把夺取皎平渡的任务交给了军委纵队干部团。最终，干部团圆满完成任务，一举歼灭敌军，控制了皎平渡两岸渡口。在37名船工7天7夜的奋力摆渡下，红军主力2万余人，仅靠6条小船，顺利渡过金沙江，成功跳出敌人的包围圈，这便是历史上著名的“巧渡金沙江”。从此，皎平渡成为中国革命史上的重要地标。今天的皎平渡，已建立起红军渡江纪念碑、纪念馆，是重要的爱国主义教育基地和红色旅游景点。

金沙江从昆明市禄劝县流过之后，进入云南省辖地级市曲靖。不过，偌大一个曲靖市，只有会泽县和金沙江轻轻地“握了一下手”。会泽背靠乌蒙山系的西南脉，面朝金沙江，因为境内的小江、牛栏江都与金沙江相汇，所以得名会泽。需要指出的是，乌蒙山系地域极广，它分开了金沙江各支脉和属于珠江水系的北盘江。正是在乌蒙山系的“支持”下，金沙江最终稳住了向东而去的大方向——其中“出了力”的山头，包括三台山、拱王山、五莲峰等。

## 金沙江在云南的最后告别

金沙江流过云南的最后一个市，是地处云贵高原与四川盆地过渡带的昭通。在这里，金沙江成为川滇两省的界河。以金沙江为界，昭通以西是四川省凉山彝族自治州，以北是四川省宜宾市。战国时期的“五尺道”和汉朝的“南夷道”在这里交会，昭通成为南方丝绸之路的要地，有着“锁钥南滇，咽喉西蜀”之名。昭通地处昆明、成都、贵阳、重庆四大中心城

虎跳峡位于云南省迪庆藏族自治州香格里拉市虎跳峡镇，南岸为玉龙雪山，北岸为哈巴雪山，是世界上最深的峡谷之一。杜晓宇/摄

滇池形似人胃，是昆明市的“母亲湖”。施扬/摄

丽江古城由大研古城、白沙民居建筑群、束河民居建筑群三部分组成，建于宋末元初，盛于明清，迄今已有近800年历史。静言/摄

市辐射的交会地，被称为“云南北大门”。

乌蒙山脉的北麓也延展到了昭通境内，山脉间溪流纵横，汇聚成横江，自西南向东北在水富市注入金沙江，成就了云南最大的内河港口：水富港。而金沙江，正是从水富流出云南之后进入四川，并在四川省宜宾市的岷江口汇入长江——这之后的下一段长江，被称为“川江”。

在昭通境内，金沙江依次流过巧家县、昭阳区、永善县、绥江县、水富市。

金沙江流过的巧家，一直是连接四川和云南的重要通道。但是，这里河宽谷深，水流湍急，从山上下到江边坐船，又慢又危险。二十多年前，聪慧勇敢的巧家人建造了十一座过江溜索：一江两岸之间，挂上两根承重钢索，钢索的滑轮上挂好钢制的溜筐，通过发电机联动牵引钢索。就这样，金沙江特有的过江索道就做好了，著名的“鹦哥溜索”就是其中一座，它的名字来自溜索所在的鹦哥村。鹦哥溜索横跨金沙江两岸470米，离金沙江江面260米，有“亚洲第一高溜”之称，一直是鹦哥村2000多名村民出行的重要工具。2019年，鹦哥溜索旁的金沙江大桥到村庄的引桥竣工，从此，溜索不再是主要交通方式，成为了老时光的纪念。

江水冲出巧家县，过昭阳区，继续流淌，很快遇见一个庞然大物——世界排名第四的溪洛渡水电站，它就建在云南省永善县和四川省雷波县交界的金沙江上。从溪洛渡沿金沙江往北走是绥江县，金沙江在这里调整角度，向东转过来，一改劈波斩浪的姿态，悄然慢下脚步。自古以来，绥江都是川滇交会的水陆口岸，如今随着溪洛渡水电站和另一巨型水电站向家坝水电站（世界排名第十一）的建成，绥江的水陆交通更为便捷。

流过绥江县不久，金沙江接纳了自己最后一条支流——从南向北而来的横江。两江相拥，勾勒出来的夹角地带，就是今天的水富市。这里的水富港，拥有“万里长江第一港”的称号，是长江航运的起点之一，也是云南唯一能够实现3000吨级以上船舶停靠的港口。

站在水富回望金沙江，从上游峡谷造就的康巴文化，到长江第一湾、虎跳峡、皎平渡、元谋人……长江金沙江段造就的地理奇迹、人文景观，实在令人叹为观止。而金沙江段的故事就此结束，接下来，大江面朝东方，将真正开始以长江之名，走向更为辽阔的通往大海之路。

# 只有一条长江

The Yangtze River:
There's But One

# 卷三

# 四川

## 以天府之国的名义
## 河流们在长江得名的地方

在天府之国四川省境内，纵横驰骋的长江主要包含两大部分：一是长约1561千米的金沙江四川段，二是长约227千米的川江宜宾至泸州合江县段。实际上，长江的四川故事和西藏、云南一样，都得从金沙江讲起。如果说西藏、云南的故事是金沙江右岸的故事，那么四川的故事就是金沙江左岸的故事。

金沙江这个伟大的名字，自从在青海省玉树藏族自治州称多县直门达村诞生开始，之后的流程中，长期扮演着天然的地理分界线角色，四川、西藏、云南三地的省界，基本都是沿着金沙江干流展开。当然，作为分界线的金沙江，并非完全与川滇藏的行政分界线重合，毕竟行政区域划分不能完全以地理因素来决定，而是涉及传统习惯、聚落归属等更多因素。

在地图上，你会看见金沙江像一匹左冲右突的野马，大有偏离三地省界之势。这个过程中，金沙江多次进出四川省，其中最明显的有三次。最早是在青海省称多县的直达门村，金沙江正在向东南夺路而行，顺流进入了四川省甘孜藏族自治州石渠县真达乡，这是它第一次流入四川，随后，江水向南穿行在四川和西藏边界。南流的金沙江从德钦县东北进入云南，在玉龙县石鼓镇转过举世闻名的“长江第一湾”，经过向东北、向南，再向东三次大转向后，再次进入四川，抵达攀枝花市。但进入攀枝花的金沙江很快再次出川，又进入云南，并在四川云南两省的边界上穿行。再往后，转向东北的金沙江一路滚滚而去，取道四川省宜宾市的新市镇，最后一次进入四川，并在成为长江后，最终从四川省泸州市合江县离开四川境内。

大河的使命之一就是接纳。在长江四川段，金沙江来到攀枝花市东区倮果大桥时，接纳了自己最大的支流——全长1670千米的雅砻江，流量倍增。发源于青海省玉树州巴颜喀拉山南麓的雅砻江，也是一条有故事的河流，它在流经四川的甘孜、凉山二州之后，拥抱金沙江进入长江。接下来，金沙江继续流淌，抵达四川省宜宾市著名的“三江口”，和发源于青海省果洛州达日县、全长1279千米的岷江交汇相融。从这里开始，金沙江被称为“长江”，宜宾也因此成为著名的“万里长江第一城”。到这里，金沙江这个名字的使命结束，全新的长江汇聚了更为磅礴的力量，浩浩荡荡向东奔流。而地理学上另一个著名的名字“川江”，也正式从这里开始。

长江流出宜宾，取道西北部进入四川泸州的时候，旁边有两条河流奔腾，前来相汇：一条是发源于川西北九顶山南麓、全长712千米的沱江；另一条是发源于云南省镇雄县豆戛寨山箐、全长444.5千米的赤水河。接纳了沱江和赤水河的长江，水量更加充沛，气势更加磅礴，之后长江离开泸州市东北部的合江县，浩浩荡荡进入重庆市江津区。

长江在四川省宜宾市正式成为长江之后，我们首先要弄清的一个非常重要的地理名词是：川江。作为一个流域概念，川江存在狭义与广义之分：狭义的川江，专指四川省宜宾段、重庆段、湖北省宜昌段的长江干流区域，因为大部分河段位于原四川省境内（彼时重庆尚未直辖），所以称为“川江”；广义的川江，则要包含嘉陵江、岷江、沱江、乌江、赤水河等重要支流。

按地貌形态，川江大致划分为上、中、下三段。四川省宜宾市到重庆市万州区段主要为丘陵地貌，地势平坦，河水相对平缓，河面开阔，大多数河段的宽度为500~1000米，被视为川江上段。川江上段中，重庆市江津区以上，河谷较宽，重庆市江津区至重庆市万州区一段，河道弯曲，河幅较宽，在重庆市涪陵区珍溪场一带，河幅宽度可达2000米。川江上段除在重庆形成的黄草峡、明月峡、铜锣峡三个小峡道外，几乎并无险途。重庆市万州区到重庆市奉节县段，称为川江中段。这一带地势开始增高，多为较高的丘陵和山地混合地貌，河岸逐渐陡峭，水流逐渐变急，河道宽窄相间，河床中有很多漫滩和碛坝，水文情况渐为复杂。重庆市奉节县以下，川江进入川东各山脉汇集而成的高山峡谷地区，包括由瞿塘峡、巫峡、西陵峡组成的长江三峡。峡谷中江水收束，三峡段的河面宽幅仅在 150~450 米之间。历史上，由于这一河段山体多为石灰岩、砂岩，岩体经雨水冲刷后，容易出现崩塌和滑坡，常有巨石落入江中，形成险滩。有道是："两岸高山紧束，面窄而水深，峡滩之险最多，水位高低之差最大，水流亦是最速。"之后，川江在湖北省宜昌市南津关出峡，进入丘陵地带，江面逐渐开阔，这一河段就是川江下段。

民国时期的《视察四川灌县水利及川江航运报告》中，对川江水文情况进行过小结："扬子江（长江）自宜昌以上，水道情形，与中下游迥异。盖两岸多山，水行峡谷中，坡岸既大，流速因增，而水位涨落之差度亦甚可观。又以滩礁碛石等险，均为（长江）中下游所无者，故航运之困难，远非（长江）中下游所比，尤以宜渝间滩险最多，航行最危。"

实际上，川江"三段论"之外，人们习惯以重庆为节点，把川江分为两段。四川省宜宾市至重庆市段称上川江，长约384千米；重庆市至湖北省宜昌市段称下川江，长约660千米。

简单地说，长江在四川境内的故事，就是由金沙江和上川江两个部分构成的，流向也很简单，线路可以简略为四川省攀枝花市到四川省宜宾市，然后是四川省宜宾市到四川省泸州市再到重庆市。但汪洋恣肆的河流是错综复杂的。首先，一不注意就会纵贯三省，比如我们谈到金沙江，那么必然会谈到西藏、云南、四川，而我们谈到川江，必然就会谈到四川、重庆、湖北。其次，河流也是有众多头绪的，水系密布，水网纵横。在长江四川段，主干作为大方向很重要，但各种前来相汇的支流也很重要，无论是雅砻江、岷江，还是沱江、赤水河，都是长江文明的重要部分，更是长江四川故事中重要的一环。

从古至今，天府之国的先民们依偎着长江及其众多支流繁衍生息。他们巧妙地利用长江丰富的水资源，辛勤耕耘，发展起繁荣的农业，也借助长江便利的水运条件，驾驶商船，穿梭于江河之上，开展往来贸易……他们在长期的生产生活中，孕育出独特而璀璨的巴蜀文明。

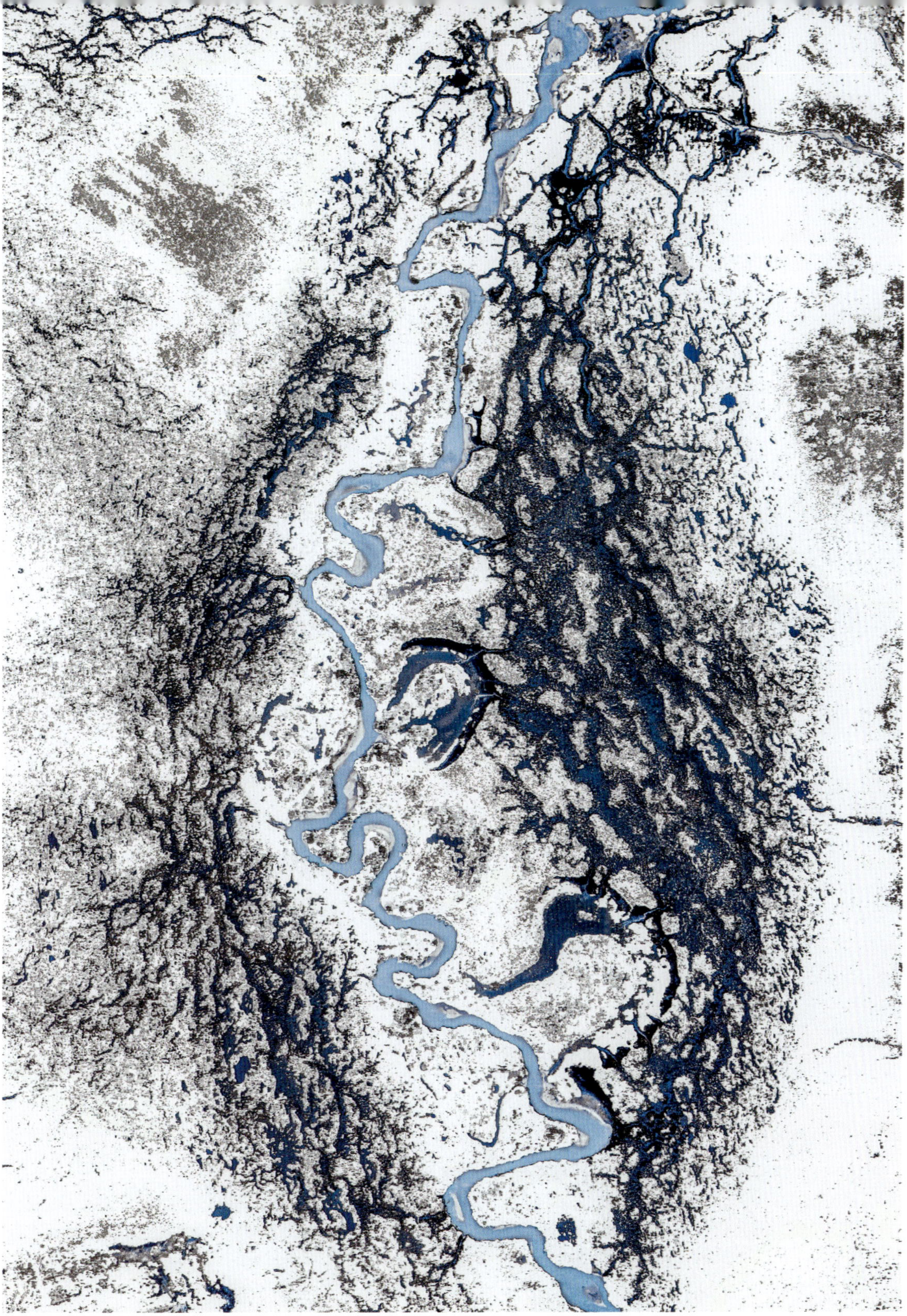

▶位于青藏高原东缘的阿坝州松潘县，是长江一级支流岷江的发源地。蒋人可/摄

宜宾市是著名的万里长江第一城，金沙江、岷江、长江三江交汇于此。静言/摄

酒城泸州境内，赤水河和沱江分别从南北两岸汇入长江，造就了四川第一大港。穆仁强/摄

天府之国的省会成都市，孕育于岷江分水河道府河（锦江）的怀抱之中。蒋人可/摄

# 藏彝走廊上的史诗
# 长江最长支流雅砻江叙事

根据河流的流向，长江四川段的故事，要从金沙江开始，而金沙江的四川故事，则要从雅砻江开始。从卫星上看，横断山脉和青藏高原，以雄浑之姿在中国西南部相拥，其间，雅砻江如银色绸带般蜿蜒流淌，勾勒出一幅震撼人心的壮丽地理画卷。

雅砻江，古名若水，又称泸水，俗称打冲河、小金沙江，藏语称“尼雅曲”，意为多鱼之水，是长江上游金沙江的一级支流。2013年，经中国科学院遥感与数字地球研究所测定，雅砻江全长约1670千米。这之后，雅砻江取代汉江（1577千米），成为长江最长支流。四川省境内，雅砻江的干流长约1445千米。

作为典型的高山峡谷型河流，雅砻江流域东、西、北三面较高，整体向南倾斜，较狭长。雅砻江支流众多，呈树枝状，均匀分布于干流两岸，较大的支流包括鲜水河、理塘河、安宁河等，干流91.5%的流域面积属于四川省。

从发源地青海省玉树州称多县巴颜喀拉山南麓开始，雅砻江携带大量雪山融水与泥沙，一路向东南奔袭，来到四川省甘孜藏族自治州石渠县，正式进入四川，再经过甘孜、凉山二州，穿越横断山脉的高山峡谷，最终在攀枝花市东区倮果大桥注入金沙江。

需要说明的是，因为雅砻江上、中、下游的划分说法众多，仅上游分界，便有四川省甘孜州新龙县乐安乡、石渠县呷衣乡等不同说法，而且上、中游分界多有混淆，为便于阅读，本书不再强调各段的具体分界。

## 阿须草原上的格萨尔王

蜿蜒的雅砻江从青海省玉树州流来，在四川省甘孜州西北部的石渠县进入四川，之后向东南流淌，抵达藏族英雄格萨尔王的故乡——甘孜州德格县。

地处青藏高原东南缘的德格县，和西藏的江达县隔金沙江相望。关于格萨尔的传说，德格是最为集中的地区，这里几乎每个地方都有格萨尔的英雄典故。位于德格县东北部的阿须草原山青水美，海拔4000米左右，是格

# 经中国科学院遥感与数字地球研究所测定，雅砻江全长约1670千米。雅砻江取代汉江（1577千米），成为长江最长支流。

萨尔王出生、成长、开始统一150多个部落的地方。从德格县北部“格萨尔藏戏”发祥地竹庆寺（汉语意为大圆满寺）出发，前行数公里，就能看到一个名为“三岔河”的岔路口，右行，可以进入阿须草原腹地；沿公路走，过浪多乡，逆雅砻江而上14千米，可以抵达格萨尔王纪念堂所在的阿须乡。世界上最长史诗《格萨尔王传》就诞生在这里。

过德格县后，雅砻江斜贯甘孜州甘孜县92千米，抵达甘孜州中部的新龙县。有一种说法是，新龙县乐安乡以上的河段，是雅砻江的上游。依据是：乐安乡以上河段，流域地形以丘状高原为主；以下河段，则进入横断山脉的高山峡谷地区。

绵延175千米的雅砻江大峡谷，正是位于新龙县境内，这是一个以“奇、幽、险、峻”著称的大峡谷。雅砻江大峡谷之美，是雅砻江流域的地形、气候塑造的。

在雅砻江流域，由于峡谷地形的阻挡和狭管效应，这里的气候呈现出显著的垂直差异：谷底地带，气候相对温暖湿润，各种亚热带、温带植物繁茂如海；随着海拔逐渐升高，气温逐渐降低，植被逐渐过渡为针叶林、高山草甸等类型；到了海拔较高的部分山区，冷杉、云杉等针叶林挺拔矗立，树下厚厚的松针铺成松软的地毯；再往上，高山草甸在蓝天白云下铺展开来，五彩斑斓的花朵点缀其间。

雅砻江流域丰富多样的生态环境，给众多珍稀动植物提供了栖息繁衍的乐土。据不完全统计，在雅砻江流域，分布着包括大熊猫、金丝猴、雪豹等在内的众多国家一级保护动物，以及珙桐、红豆杉等国家一级保护植物。

由四川省盐源县与云南省宁蒗县共同管辖的泸沽湖，属雅砻江支流理塘河水系。蒋小翼/摄

▶ 西昌市大石板古村始建于明代，是古代南方丝绸之路和茶马古道上的重镇。张坤琨/摄

## 从“世界高城”到“女儿国”

离开新龙县乐安乡，雅砻江继续在甘孜州河道向东南流，成为新龙县、雅江县的界河。

理塘县平均海拔4133米，县城驻地海拔4014米，有“世界高城”之称。藏语中，理塘称作“勒通”，“勒”意为青铜，“通”为草原，合起来就是平坦如铜镜的草原。这个名字源于县城以西的毛垭大草原。理塘美丽的风景，给六世达赖仓央嘉措留下了深刻印象，他曾写诗抒怀：“洁白的仙鹤，请把双翅借我。不会远走高飞，到理塘转转就回。”

与理塘县隔江相望的是雅江县，藏语名为“亚曲喀”（意为河口）。之所以更名“雅江”，是因为县治地处雅砻江边。这里是著名的中国松茸之乡，当地的松茸鲜品、松茸干品、黑虎掌、黄虎掌、木耳等菌类，都是获得了国家地理标志认证的产品。

在雅江县两河口，雅砻江接纳了同样发源于巴颜喀拉山南麓的鲜水河（古称州江），之后转向南流，陆续成为康定市与雅江县，凉山州木里县与康定市，木里县与九龙县的界河。

在藏语中，康定被称为“打折多”，意为打曲（雅拉河）、折曲（折多河）两河交汇处。作为甘孜藏族自治州首府，历史悠久的康定，自古就是康巴藏区政治、经济、文化、商贸的中心以及交通枢纽。康定地处四川盆地到青藏高原、云贵高原之间的过渡地带，向来以“藏卫通衢”“川藏要冲”著称，更因一曲《康定情歌》扬名于世，被称为“情歌故乡”。

雅砻江流过甘孜州的康定市、九龙县之后，陆续流过凉山州的木里县和盐源县。在盐源县北部，雅砻江干了一件重要的事情：接纳全长500千米的理塘河。

流域面积达到19114平方千米的理塘河，发源于理塘县禾尼乡射鹿山麓（另两种说法是：西沙鲁里山中段雪山垭口、巴塘县北夏塞雪峰南坡），又名无量河、勒曲、木里河等，是雅砻江流域水系的重要组成部分。每到汛期，当理塘河水量大幅增加时，雅砻江相应河段的水量、流速会产生变化。著名的泸沽湖，正是通过包括理塘河在内的河流，汇入雅砻江。

泸沽湖被称为“女儿国”，是四川省凉山州盐源县和云南省丽江市宁蒗县的界湖，湖泊由川滇两省共同管辖：四川省盐源县管辖东部29.6平方千米（含沼泽湿地5.8平方千米），云南省宁蒗县管辖西部27平方千米。

在纳西族摩梭语中，“泸”为山沟，“沽”为里，“泸沽湖”就是山沟里的湖。泸沽湖的古名包括勒得海、鲁枯湖。泸沽湖属于高原断层溶蚀陷落湖泊，湖泊面积50.1平方千米，湖水库容量达到22.52亿立方米，沿岸约1.3万人居住，包括蒙古族、彝族、汉族、纳西族（摩梭人）、藏族、普米族、白族、壮族等多个民族。其中名声在外，被归入纳西族的摩梭人，有着自己的语言，但没有文字。他们被称为“中国最后的母系社会”，因实行“男不娶，女不嫁”的“走婚”制度而备受关注。

接纳水流充沛的理塘河之后，雅砻江从东南向急转为东北向，很快成为凉山州盐源、冕宁二县的界河。地处攀西大裂谷地带的冕宁县，是著名的革命老区和国家粮食生产大县，就是在这里，朱德总司令在《中国工农红军布告》中首次对外公布了“长征”的概念；也是在这里，刘伯承元帅和彝族首领小叶丹“彝海结盟”。

## 二滩水电站的世界之最

过冕宁县西部，奔腾的雅砻江再次转向，开始南流。沿着盐源东部的边界线，从攀枝花市米易县北部，蜿蜒进入攀枝花市区内，继续向南，进入攀枝花市盐边县东部。在盐边和米易两县交界处，著名的二滩水电站傲然屹立。

作为一条典型的高山峡谷型河流，巨大的落差赋予了雅砻江丰富的水能资源。据测算，雅砻江流域的水能，理论蕴藏量高达3800万千瓦，可开发装机容量约3000万千瓦，在全国各大河流中名列前茅。得天独厚的优势使雅砻江进入中国十二大水电基地榜单。

2000年，二滩水电站建成投产，取得亮眼成绩：从大坝承受980万吨的水压力，到双曲拱坝的坝顶长度、坝身泄洪量，都是世界之最；从330万千瓦的装机容量，到55万千瓦的单机容量，都居国内水电站之首。二滩水电站是20世纪中国建成投产的最大水电站，更是雅砻江水能资源高效利用的标志性成果。

除二滩水电站之外，雅砻江上陆续建成了一系列大型水电工程，包括两河口、锦屏一级、锦屏二级、官地等。这些水电站，共同构成中国西南地区重要的水电能源基地。在发挥能源优势的同时，这些水电工程还对生态保护、智能化运营等领域进行持续探索。其中，两河口水电站注重生态环境保护，采用先进的鱼类洄游通道设计，减少了对水生生物的影响；官地水电站在智能化运营方面取得突破，提高了电站的运行效率和管理水平。

除了丰富的水电资源，雅砻江流域内还有风能、太阳能资源，是世界最大的绿色清洁可再生能源基地。根据规划，该流域将建设8座抽水蓄能电站、16个风电场、40个光伏电站，建成后年均发电量约2000亿度，约等于两个成都市一年的用电量。

## 安宁河流过凉山州

雅砻江进入攀枝花之后，金沙江的涛声已经很近了。在攀枝花的米易县，雅砻江最重要的工作，就是接纳安宁河。

全长320千米、流域面积11150平方千米的安宁河，发源于四川省凉山州冕宁县菩萨岗，自北向南流经冕宁县，进入西昌市。作为凉山彝族自治州首府，西昌自古就是通往西南边陲的要道，也是古代“南方丝绸之路”的必经之地。1935年5月，中央红军经过西昌市礼州镇，召开著名的礼州会议，确定“通过彝区和强渡大渡河”的军事战略，首次正式提出“长征”一词。会后，朱德以“中革军委”名义，发出“万万火急”的改道电令……

安宁河的干流在纵贯凉山州西昌市和德昌县之后，进入攀枝花市的米易县，最终在米易县得石镇注入雅砻江。这个过程中，安宁河流过凉山州，冲积出一片广袤肥沃的平原：安宁河谷。这里地势平坦，土壤肥沃，水源充足，

# 费孝通先生提出著名的“藏彝走廊”概念，地域主要包括川、滇西部及藏东横断山脉高山峡谷区域。而整个雅砻江流域恰好位于藏彝走廊的核心地带。

是四川除成都平原之外的第二大平原。作为重要的农业产区，安宁河谷温暖湿润，四季分明，适宜水稻、玉米、小麦、油菜等各种农作物的生长，被誉为“四川第二大粮仓”。这里交通便利，铁路、公路纵横交错，连接州内外的各个地区，众多城镇、乡村分布在平原之上，构成了繁荣的城乡景象和人间烟火。

1980年前后，费孝通先生提出著名的“藏彝走廊”概念，地域主要包括川、滇西部及藏东横断山脉高山峡谷区域。而整个雅砻江流域恰好位于藏彝走廊的核心地带。

在历史上，奔腾不息的雅砻江，不仅是地理上的天然分界线，更是文化交流与融合的黄金桥梁。包括藏族、彝族、纳西族、傈僳族在内的民族，都曾经沿着雅砻江的峡谷通道南迁。雅砻江四川段主要流经的甘孜地区，习惯上被称为康巴地区或康区。在藏语中，甘孜意为“洁白美丽”。全州常住人口110.74万人，包括藏、汉、回、彝等41个民族。雅砻江四川段主要流经的另一地区凉山州，有彝、汉、藏、回、蒙古等14个世居民族，约552.61万人，是四川省民族类别和少数民族人口最多的地区。

在雅砻江流域，多民族聚居的小镇上充满民族融合之美：藏族的碉楼、彝族的土掌房、纳西族的合院……全都错落有致地排列在一起；集市上的特色手工艺品琳琅满目，藏族的唐卡、彝族的漆器、纳西族的东巴纸……一切都展现出民族文化融合的独特魅力。

当雅砻江在攀枝花市米易县和金沙江水乳交融之后，立即开始新的旅程，因为长江虽然近在咫尺，但目的地大海还十分遥远。

西昌唐园以盛唐文化为基底打造文旅融合街区，展现古巂州风貌。张坤琨/摄

位于雅砻江与金沙江交汇地的攀枝花，是全国唯一以花命名的城市。周步国/摄

# 带着奇迹和传奇流淌<br>曾经被当作长江正源的岷江

毫无疑问，长江的四川故事中，岷江是重中之重。

全长约711千米的岷江，是长江上游的一级支流，因出自岷山而得名。关于岷江江源，早期有“三源说”。《山海经》记载，岷江分别发源于岷山、崃山、崌山。《蜀水经》也有类似记载：“源有三支，正支自浪架岭南流，东支自弓杠口至漳腊营，合正支；西支自杀虎塘至黄胜关，合正支。”而《四川通志》和《水道提纲》则记载岷江有两个源头。虽然说法不一，但“两源说”最后逐渐取代了“三源说”。在后世对岷江源头的叙述中，基本上都是延续“源东出自弓杠岭，源西出自浪架岭”的说法。

岷江的东西两源，蜿蜒曲折，最终在四川省阿坝藏族羌族自治州松潘县虹桥关汇合，然后流过阿坝州的茂县、汶川县，到达成都市的都江堰市。在都江堰，岷江被分为内江和外江，外江为岷江干流，又称金马河，流经成都市温江区、崇州(县级市)、双流区后南下，经过新津区、彭山区、眉山市、青神县、乐山市、犍为县、屏山县，最后在宜宾市与金沙江汇成川江。内江则主要为都江堰灌区供水，在不同河段有不同称谓，主要有蒲阳河、柏条河、走马河、江安河。

按自然地貌，岷江可分为上、中、下游三段。上游为江源到都江堰市，长约341千米，因为高山谷地众多，上游河道多呈V字形，河道狭窄，坡高水猛，不易航行；中游从都江堰市到乐山市，长约215千米，地势平坦开阔；下游从乐山市到宜宾市，长约155千米，到了这一带，由于大渡河、青衣江在乐山注入，流量陡增。

有意思的是，在相当长一段时间里，岷江一直被视作长江的正源，加上河道开阔，水量丰沛，开发较早，航运发达，早期甚至有“岷江之水利航运，远非金沙江之所能及”的说法。《尚书》中曾有“岷山导江，东别为沱”的记载，说明至少在先秦时期，岷江是长江之源的观念已经深入人心。直到明末，在徐霞客所著的《江源考》中，才正式对岷江为长江之源的说法进行否定，并指出金沙江才是长江源直到明末，在徐霞客所著的《江源考》中，才正式对岷江为长江之源的说法进行否定。

头。但徐霞客的观点在当时并未受到主流认可，金沙江真正被认定为长江正源，时间已到民国。

不同河段，岷江有不同的别称，包括汶江、导江、渎江、都江、皂江、外水等。较大的支流包括大渡河、青衣江、黑水河等，构成了岷江复杂、庞大的水系网络。其中，发源于青海省果洛州境内阿尼玛卿山脉的大渡河，以汹涌澎湃的气势闻名，河流一路南下，在乐山与岷江交汇。大渡河巨大的水量对岷江水情有着重要影响。它们的交汇，不仅形成了壮观的水文景象，也在一定程度上改变了岷江下游的河道形态和水流特性。事实上，大渡河在河源学中更符合岷江正源，只是岷江的两源说已成为水文水利界的历史习惯，所以更多时候仍以两源说为主要表述。大渡河之外，青衣江是岷江另一重要支流。青衣江发源于四川省雅安市宝兴县境内的巴朗山，在乐山市草鞋渡汇入大渡河，再入岷江，为岷江带来丰富的水源补给。

## 从阿坝到超级水利工程都江堰

关于阿坝州名字的由来，一直有着许多说法。较为普遍的观点是：阿坝得名于唐朝贞观年间。当时，吐蕃第三十三任赞普松赞干布占领松州（今松潘县）部分地区后，一些吐蕃人从吐蕃腹地“阿里”迁徙到此，自称“阿里娃”。随着时间推移，“阿里娃”简化为“阿娃”（指阿里人开发的地区）并逐渐成为当地的地名，汉译为“阿坝”。“阿”是“阿里”的简称，“坝”可以译作“者”或“人”。

在阿坝州东北部的松潘县，岷江的东西两源于这里汇合。之后南流，经茂县，进入全国四个羌族聚居县之一的汶川县。2008年5月12日，汶川县境内发生里氏8.0级地震，震中在映秀镇西南方。发源于汶川县卧龙镇西南的渔子溪（也称二河），全长约89千米，即从映秀镇汇入岷江。接下来，岷江向西南流，从汶川县漩口镇离开阿坝州，进入位于成都西北部的都江堰市。

成都，别称“蓉城”“锦城”。作为四川省

从成都市眺望远方幺妹峰的雪顶。幺妹峰属于四姑娘山，有“蜀山皇后”之称。蒋小翼/摄

▶九眼桥始建于明万历二十一年（1593年），如今是“成都八大绝美夜景打卡地”之一。蒋小翼/摄

省会，成都不仅是国务院批复确定的中国西部地区重要的中心城市，还是国家历史文化名城、国际性综合交通枢纽城市。成都位于四川中部偏东，地处四川盆地西缘，整体地势西北高、东南低，所以境内的河流多为西北—东南流向。历史上流经成都市的两条河，都在城南，并列东流，汉代扬雄《蜀都赋》云："两江珥其市"。到了晚唐，高骈挖掘人工河道，改变了二江流向，才形成两江抱城的格局。也就是说杜甫写"锦江春色来天地"时，"两江抱城"的格局都还没有形成。

成都平原四周群山环绕，地势相对低洼。在著名水利工程都江堰建成之前，每当岷江洪水泛滥，平原地区就会沦为泽国，到了枯水期，又面临干旱缺水困境，农业生产和经济发展受到严重制约。战国时，秦国蜀郡太守李冰肩负起治理水患的重任，在深入考察岷江流域的地形地貌、水文特征之后，率领民众历经多年，建成了举世闻名的都江堰。

建成后的都江堰，由鱼嘴分水堤、飞沙堰溢洪道、宝瓶口引水口三大主体工程，以及众多附属工程构成。横卧在岷江江心的鱼嘴分水堤，巧妙地把岷江分为内江和外江：外江负责船只航运、汛期排洪；内江河流众多，在成都平原形成密集河网，主要起农业灌溉作用，兼及部分航运。根据季节变化、岷江水位高低，鱼嘴分水堤能够自动调节分水比例：枯水期，内江引入岷江约六成水量，满足成都平原用水需求；洪水期，外江能分流部分水量，减轻洪水对成都平原的威胁。都江堰水利工程的"安全阀"，是飞沙堰溢洪道，当内江水量超过宝瓶口的引水能力时，多余的水就会溢出飞沙堰，排入外江。飞沙堰还具有排沙功能，能够利用弯道环流原理，将岷江水中携带的大量泥沙排至外江，确保河道畅通，减少泥沙淤积对灌溉系统的影响。宝瓶口是内江进入成都平原的咽喉要道，经过精心设计，通过人工开凿而成。宝瓶口严格控制着内江进入成都平原的流量，当进水量饱和后，无论岷江发生多大的洪水，宝瓶口都能拒之门外，确保成都平原的农业、灌溉、防洪和运输等活动的顺利进行。

凭借都江堰水利工程精妙绝伦的设计，岷江之水被合理分配到成都平原的广袤农田。都江堰建成后，成都平原逐渐摆脱水旱灾害困扰，成为沃野千里、物产丰富的"天府之国"，农作物一年两熟甚至三熟，水稻、小麦、油菜等作物的丰收，催生了繁荣的手工业、商业。成都平原的丝绸、蜀锦、茶叶等特产，经由川江水网航道远销国内和海外，极大推动了区域经济社会的发展。

## 三江汇流处的乐山大佛

离开都江堰之后，岷江开启了自己的中游之旅，经成都市新津区南流，进入眉山市北部。眉山因地处峨眉山而得名，古名眉州，历史上是著名的进士之乡，有"千载诗书城""人文第一州"的美誉。不过真正使眉山扬名的，还是苏洵、苏轼、苏辙父子三人。从眉山市青神县进入乐山市之后，岷江迎来重要的交汇时

▶都江堰水利工程全景。天气晴好时，在都江堰能够看到远方的雪山。蒋小翼/摄

▶俯视宝瓶口。岷江内江就是从这里流向成都平原。巫栎鸿/摄

▶ 大渡河、青衣江和岷江三江汇流处的乐山大佛是中国最大的一尊摩崖石刻造像。李海洲/摄

▶ 宜宾三江口，又称合江门，是长江、金沙江、岷江交汇之处。蒋小翼/摄

作为长江的上游河段，“川江”一词在很长时间里甚至被用来代指长江。而宜宾，也就当仁不让地成为“万里长江第一城”。

刻，大渡河和青衣江两条支流，正聚集着丰沛的水力在前方等待。

古称嘉州的乐山，地处岷江、大渡河、青衣江三江汇流处，地理位置重要，自古就是交通要冲和军事重镇。当岷江、大渡河、青衣江三条汹涌的河流汇聚时，水面变得宽阔湍急。因为三条江在流量、流速、含沙量等方面存在差异，所以交汇时产生了复杂的水流现象：时而相互冲击，时而相互交融……导致三江汇流处的水文环境显得极为独特。

三江汇流的后方，屹立着举世瞩目的文化奇观——乐山大佛。大佛开凿于唐代开元元年（713年），历经90年的艰辛雕琢，到唐代贞元十九年（803年）终于完工。开凿大佛的初衷是为了镇住三江水患，保佑过往船只与沿岸百姓平安。佛像依山凿成，坐落在岷江东岸凌云寺侧，濒临三江汇流处，通高71米，头高14.7米，宽10米，发髻1051个，耳长7米，头与山齐，足踏大江，双手抚膝，神色肃穆。

在古代，乐山三江汇流处的水情很是复杂，时常出现洪水泛滥与船只倾覆事故，给当地人的生命财产安全带来巨大威胁。于是在海通禅师的倡导下，众多工匠汇聚于此，在陡峭的山崖上，一锤一凿地雕琢出这座宏伟的佛像。

因为岷江的滋养，乐山成为有名的美食之都，乐山美食以麻、辣、鲜、香为主要特点，诞生了包括钵钵鸡、跷脚牛肉、甜皮鸭在内的众多著名美味。

## 万里长江第一城

浩荡的岷江，从乐山市犍为县折入宜宾

市西北部之后，抵达旅程终点。在这里，成都平原的母亲河终于和远道而来的金沙江相遇，汇成川江。长江，在此得名。实际上，作为长江的上游河段，“川江”一词在很长时间里甚至被用来代指长江。而宜宾，也就当仁不让地成为“万里长江第一城”。

从宜宾开始，川江（包括其支流）流经四川、重庆、湖北，总长约1030千米。由于沿途经过各种不同的自然地貌单元，包括成都平原、川中丘陵、川东平行岭谷、鄂西高山峡谷等，所以川江各段水文情况呈现明显差异。四川省宜宾市到重庆市万州区段是川江上游，地貌以丘陵为主，地势平坦，河水相对平缓，大多数河宽达500~1000米，为宜宾的航运发展创造了条件。

因为地处岷江、金沙江、川江交汇处，宜宾被视为川江航运的起点，被称为长江干流航运西部第一站。三江中，岷江与川江自古就因水道宽阔、水量丰沛，形成发达的航运；金沙江通航条件较差，仅有云南省蒙姑镇至四川省宜宾市段是“滇铜京运”的重要水道。

川江来到四川省泸州市，与全长638千米的沱江交汇。作为川江的重要支流，岷江连接的是四川省会成都市和乐山市五通桥盐区，沱江连接的是自流井盐区（四川省自贡市井盐核心区）和“内资”（四川省内江市、资阳市）产糖区。而川江宜宾至泸州航段则把岷江、沱江两大流域串联起来，加速了整个四川盆地的物资流转。此外，这段水路向南，还有南广河、长宁河、永宁河等支流汇入，使四川的物资可以顺畅进入云南、贵州两省。

宜宾三江交汇的地理优势，为商业发展带来极大便利。秦汉时期，宜宾就是西南地区重要的交通要道和商业城市。那时候，宜宾的僰道地区（今宜宾市珙县一带）是中原和西南地区进行贸易往来的重要场所：中原的丝绸、铁器等商品，经过僰道运往西南各地；西南各地的茶叶、马匹、药材等特产，也通过僰道销往中原。唐宋时期，宜宾成为重要的茶叶集散地，川茶经过这里运往全国各地，而茶马古道的兴起，更是进一步促进了宜宾与周边地区的经济交流。明清时期，宜宾的酿酒业蓬勃发展，众多名酒崭露头角，通过岷江与长江的水运网络，远销国内外。民国时期，宜宾被视为“川南重镇之一”“川滇交通之要道”。

作为交通枢纽，宜宾吸引了来自不同地区的人群汇聚，形成独特多元的文化景观。当地的建筑，融合了川南民居与外来文化元素，既有传统的小青瓦、穿斗式结构，又有湖广移民建筑的一些装饰特色；宜宾的方言别具一格，在保留四川古老方言“岷语”基本特征的基础上，融入了一些云南、贵州方言的词汇与发音，颇具特色。

篇三·

# 河水流过三星堆
# 沱江的往事和两岸的味道

在汉代被称为“湔水”的沱江，全长约712千米，流域面积达2.79万平方千米。整条江地处四川盆地腹心地带，是长江北岸的一级支流。岷江、沱江、涪江被称作内、中、外三江，沱江居中，称中江。历史上，在不同河段，沱江有着不同称谓。如四川省简阳市至资阳市这一段称为雁江，到四川省内江市资中县又称资江、珠江。到清代，河道名慢慢统一，各支流在上游汇合后，都称为沱江。

沱江的发源地，是四川盆地西北缘的九顶山，又名茶坪山。这座山里的东、中、西三处分别流出许多溪流，逐渐汇成三条较大的支流：西边一条湔江，长139千米；中间一条石亭江，长141千米；东边一条绵远河，长180千米。它们汇合在金堂县赵镇附近，才正式成为沱江干流。因为绵远河最长，所以现在把它定为沱江的正源，另外两条上源支流就算旁支。沱江干流经金堂县赵镇继续南流，过简阳、资阳、内江、自贡等地，最后从泸州市汇入长江。

成都市金堂县以上河段，为沱江上游；中游是金堂县到内江市的河段；从内江市到泸州市汇入长江的河段，是沱江的下游。由于上游河段支流较多，基本上都流经成都平原，加上多年来众多水利工程的修建，形成了复杂的河网。当众多支流在金堂县赵镇附近汇入干流之后，上游河段的散漫和繁复方才结束。离开赵镇，沱江干流穿过龙泉山脉，进入金堂峡。至此，沱江干流正式进入四川盆地腹地，这时候，地势逐渐平缓，干流曲度增多，甚至出现许多S形河曲，这种情况，一直要持续到汇入长江。

沱江流域四季分明，雨量充足。全流域平均气温为17.1℃，年平均降水量达1010毫米，非常适合种植甘蔗，所以沱江流域成为重要的产糖区。民国《西南实业通讯录》记载：“沱江流域的糖，产量甚巨，供应着全川及陕、甘、康、青、鄂、湘等省一部分人民的食用。”大批量的糖品生产，带动了沱江流域市镇经济的发展，最终形成以糖业为中心的区域社会经济生活格局，影响至今。

▶三星堆遗址出土的青铜大立人像、青铜神树、青铜面具等珍贵文物。李文博/摄（右上）；蒋小翼/摄（其他）

三星堆的青铜面具因为双目突出、大耳阔嘴的独特造型引发激烈讨论，而高达 3.96 米的青铜神树，则以奇幻造型展现出超越时代的青铜铸造技术。

## “重装之都”的古蜀青铜

在四川的工业版图中，沱江流域占据举足轻重的地位，是四川工业最为集中的区域之一。沱江的三大源绵远河、石亭江、湔江，全都流经德阳市境内。德阳以强大的装备制造业闻名，被誉为中国“重装之都”，重型机械、大型成套设备，特别是水电、火电、风电和核电设备制造等产业，支撑着德阳的经济发展。

三源各自流淌，在德阳的广汉（县级市）三水镇易家河坝交汇，称北河。著名的三星堆遗址，正是位于广汉。1929年，当农民燕道诚淘沟时偶然发现一坑玉器之后，神秘的古蜀面纱就被揭开了。经过多次大规模考古发掘，三星堆的大量珍贵文物重见天日。其中的青铜面具因为双目突出、大耳阔嘴的独特造型引发激烈讨论，而高达3.96米的青铜神树，则以奇幻造型展现出超越时代的青铜铸造技术。三星堆遗址主要分布在鸭子河、马牧河两岸的脊背形台地，东城墙和西城墙横跨鸭子河、马牧河，以鸭子河为天然屏障，南城墙筑在马牧河的几字形弯道上，防御体系是非常典型的城垣与河流、壕沟有机结合的形式。也就是说，曾经，这是一座依水而生的古老城市。

这之后，河水东南流，来到有着“沱江第一镇”之称的金堂县赵镇，与毗河、青白江汇合，形成沱江干流。之后，河流由北向南抵达以羊肉汤闻名的简阳市。在这里，沱江接纳了两条支流——绛溪河、索溪河，随后向南流出成都。

尽管成都市区属于岷江流域的覆盖范围，但成都的东北和东南部却大多属于沱江流域，两江近在咫尺，以龙泉山脉为分水岭。作为西南地区的经济、文化和科技中心，成都的辉煌成就离不开沱江的支持。

## 三座城的味道和航运往事

沱江离开成都之后向东南进发，抵达内江市资中县球溪镇。从球溪镇开始，沱江流经内江市的资中县、东兴区、市中区，最终在市中区龙门镇出境。内江段全长约154千米，水质优良，风景优美，沿岸的景色令人陶醉。这里有国画大师张大千纪念馆和拥有3千米滨水绿道的谢家河湿地公园。

地处川中腹地的内江，在公路、铁路尚未建设之前，物资运输主要依靠沱江水运。抗战初期，因为陆路交通受阻，大量的米、油、黄麻、生猪等物资，都是通过沱江水运抵达内江后，再分发各地。那时候在四川，内江是仅次于重庆、万县（现万州）的第三大水运交通要冲。依托沱江东渡码头繁忙的水上运输，河坝街商贾云集，木船制造、内河运输、行帮活动、盐市糖市、银行钱庄等各种行业蓬勃发展。重庆、綦江、江津、合江、泸州等地也纷纷在内江设立商号。

沱江流域是中国重要的产糖区，内江更长期享有“甜城”美誉。由于气候温润宜人、土壤肥沃疏松，内江特别适宜甘蔗种植。早在唐代，内江人就开始种植甘蔗并掌握制糖技术，经过千百年传承发展，内江制糖工艺日臻完善。历史上，内江的蔗糖通过沱江水运，运往全国各地，出口欧洲、东南亚。随着制糖业的发展，内江形成完整的糖业产业链，从甘蔗种植到蔗糖生产、糖制品加工，一应俱全，成为中国糖业的重要基地之一。

从内江市市中区龙门镇，沱江流入自贡市大安区牛佛镇。自贡的母亲河，是全长约73.2千米的釜溪河。釜溪河贯穿千年盐都，进入有着“巴蜀才子之乡”和“豆花之乡”美誉的富顺县，最后从富顺李家湾汇入沱江。因为盐运，自贡在釜溪河修建了众多码头、船闸等设施，整条航线曾是通往川、黔、湘、鄂等地的主要运盐通道，釜溪河因此赢得盐井河的声名。

西秦会馆是自贡盐文化的重要见证。会馆建于清代，建筑风格融合南北特色，会馆里有众多精美的木雕、石刻，是当时盐商财力雄厚和文雅追求的证明。自贡的盐文化，不仅体现在物质层面，更体现在长期发展过程中衍生出的丰富的民俗文化中。盐工号子（盐场号子）就是盐场工人长期劳作的结晶，是盐工们用来表达内心的情感语言，更是一个时代盐都人文风情的再现。流传至今，多数盐场号子都失传了，只留下辊工号子、抬工号子、采卤号子、采石号子、凿井号子、板车号子等种类。

告别自贡，沱江转向东南，从泸州市龙马潭区小市街道汇入万里长江。

在泸州境内，赤水河、永宁河等众多河流都在跑步汇入长江，于是泸州港顺理成章成为四川第一大港口。2024年，泸州港全年货物吞吐量超过900万吨。酒城泸州气候温暖湿润，四季分明，沱江水清澈甘洌，为酿酒创造了良好条件。在泸州，酒厂遍布城乡的各个角落，空气中弥漫着浓郁的酒香。酒文化深深融入当地人生活，成为泸州独特的文化标识。

篇四·

# 赤水河的丹霞地貌 砂岩与流水的千年博弈

赤水河是长江南岸一级支流，发源于云南省昭通市镇雄县场坝镇豆戛寨，流域面积2.04万平方千米，全长约444.5千米（另有524千米和436.5千米之说），四川省内干流长约229千米。

河流由西南流向东北，在云南省昭通市威信县纳入铜车河后，始称“赤水河”。随后赤水东流，经贵州省毕节市的七星关区、金沙县，四川省的叙永县、古蔺县，进入贵州仁怀市、习水县、赤水市，最后在四川省合江县汇入长江。

赤水河四分之三的流域都在大山中，河水清澈透底，两岸陡峭，险滩急流较多。每当云贵高原迎来丰沛降水，大量的雨水迅速汇聚，河道水位迅速上涨，因两岸红色砂岩风化形成的大量红色土壤顺流而下，河水颜色变得赤红，赤水河因而得名。

但是，红色砂岩结构松散、容易崩裂，导致赤水河航道出现了许多险滩，加上河道狭窄，水流湍急，赤水河极难航行。在清代，赤水河只能用分段通航的方式进行物资运输。到民国，赤水河得到治理，最终实现合江县到茅台镇段“全年可航”，但受水文条件所限，行船仍然只能以木船为主。

## “鸡鸣三省”之地和红色砂岩

在云南省威信县纳入铜车河之后，赤水河东流，进入贵州省西北部的毕节市，成为贵州与四川的界河，接着流到遵义市仁怀（县级市）著名的茅台镇，河流转向西北。茅台镇以上的河段，就是赤水河上游。

上游流经的云南省镇雄县、威信县，四川省叙永县，贵州省毕节市七星关区，四地紧密相邻，是著名的“鸡鸣四县”和“鸡鸣三省”之地。1935年2月，中央红军长征抵达这里，召开了著名的“鸡鸣三省”会议。

由于地处云贵高原，地势起伏剧烈，高山峡谷纵横交错，赤水河上游形成了极为壮观的峡谷景观。最具代表性的是谷深壁峭的“鸡鸣三省大峡谷”，峡谷最深处超过千米，两岸的岩石经河水冲刷、风雨侵蚀，被逐渐雕琢成各种奇特的造型，堪称这一景观的代表。

离开上游，从茅台镇向西北，赤水河流经遵义市西北部的习水县、赤水市。赤水市内的丙安镇，是河流的中下游分界点。

进入中游，就进入了四川盆地和云贵高原接合处的赤水市和习水县境内，这里诞生了著名的地貌——“赤水丹霞”。高原的剧烈抬升和流水的强烈下切，造成地形的巨大反差，发育出最为典型的丹霞阶梯式河谷和最为壮观的丹霞瀑布群。作为“青年早期高原峡谷型丹霞地貌”的代表，“赤水丹霞”成为世界自然遗产“中国丹霞”的重要组成部分。

这种独特的地貌，不仅具有极高的观赏价值，还为赤水河的生态环境提供了独特的土壤和水源条件。红色砂岩富含矿物质，经过风化，给土壤带来丰富养分，促使植被生长，形成生物种类的多样性。独特的岩石结构，影响了地表径流和地下径流的渗透、汇聚，对酒文化发展产生了深远影响。

在赤水市西部的大同镇，河流转向北流，成为赤水市与四川省泸州市东部合江县的界河。这之后，赤水河经过赤水、合江边界的九支镇截角垭，最终在合江县南面汇入长江。

下游地区，赤水河河道逐渐开阔，水流趋于平缓，形成众多河漫滩与江心洲。同时，部分地区出现大片湿地，吸引着众多鸟儿栖息繁衍，成为许多珍稀物种的避风港。在四川省合江县的“长江上游珍稀特有鱼类国家级自然保护区”，中华鲟、白鲟等珍稀鱼种在河水中穿梭游弋，白鹭、苍鹭等鸟儿在天空翱翔盘旋，构成一幅和谐的生态画卷。实际上，作为目前长江上游唯一仍然保持自然流态的大型一级支流，赤水河是长江鲟、胭脂鱼等珍稀鱼种以及45种长江上游特有鱼种的重要栖息地。

## 河流是怎样长出酱香因子的？

赤水河是中国当之无愧的“美酒河”，流域内的白酒酿造业呈集群态势。茅台、董酒、习酒、郎酒、望驿台、潭酒、怀酒等数十种蜚声中外的美酒，让这片土地沉浸在浓郁的酒香之中。

历史上，产自四川省自贡市的井盐顺着长江与赤水河进入贵州，赤水河道诸口岸被称为“仁岸”。之所以有这样的称谓，是因为赤水河通航的中游河段，在历史上大部分属于以现今贵州省赤水市复兴镇为县城的古代“大仁怀县”，从宋代到清代中叶，今天贵州省的赤水市、习水县和仁怀市，其实都是一个县，名为“仁怀”。

盐运带来的不仅是川渝的货物，还有随之而来的巴蜀及中原文化、习俗和移民，比如酒。当酒成为一种货物和船工必备饮品，在赤水河中游流行，中原汉族的白酒酿造技术就与赤水河中游古老的土著濮人的酿酒土法结合，成就了赤水河“美酒河”之名。

从水文地貌来看，赤水河水质堪称一绝，河水中富含钙、镁、铁、锌在内的多种矿物质和微量元素，为酿酒微生物的生长繁殖提供了温床。赤水河两岸的土壤，以紫红色土壤为

▶ 赤水丹霞旅游区以丹霞地貌、瀑布群、竹海、桫椤、原始森林为主要特色。穆仁强/摄

主，这种土壤具有良好的渗透性、保水性，能够有效过滤掉水中的杂质，使水质更加纯净。紫红色土壤里栖息着的丰富微生物，在酿酒过程中能够发挥极为重要的作用，为美酒增添风味。

气候方面，赤水河流域属于亚热带湿润季风气候，四季分明，雨热同期，为酿酒提供了得天独厚的气候条件。夏季气温较高，湿度较大，这种温暖潮湿的环境有利于酿酒原料的发酵。冬季气温相对较低，气候干燥，有利于酒的陈酿和老熟。

赤水河沿岸的小气候环境多样，不同区域具有不同气候特点，为多种类型的美酒酿造提供了广阔的舞台。以茅台镇为例，这里冬暖夏热，少雨少风，高温天气持续时间长，形成了独特的微生物群落。这些微生物为茅台酒独特的酱香风味奠定了坚实的基础。

早在汉代，赤水河一带已经有酿酒活动的记载。历经数千年传承和发展，沿岸酒坊逐渐形成各具特色的酿造技艺。董酒采用“百草入曲”的独特工艺，将130多种中药材用于制曲，带来独特的药香风味；郎酒采用“两次投粮、九次蒸煮、八次发酵、七次取酒”的工艺，结合天然溶洞的独特环境进行洞藏陈酿。

▶ 赤水河的支流习水河，流经地处赤水市东部的官渡镇。穆仁强/摄

## 赤水河流域的红色记忆

赤水河是一条承载着厚重红色文化的英雄之河。

从1935年1月19日红军离开遵义开始，到5月9日胜利渡过金沙江为止，历时3个多月，红军采取高度机动的运动战方针，根据军情多次当机立断改变计划，四渡赤水河，获取有利战机，化被动为主动，使红军乘隙实现渡江北上的战略目的。

很多年后的今天，在赤水河沿岸，依然留存着许多与四渡赤水战役相关的历史遗迹和纪念场所。遵义市习水县土城古镇是“一渡赤水”的重要渡口，至今保存着大量红军长征时期的遗址、文物，包括红军总司令部旧址、毛泽东旧居、红军医院旧址等。土城古镇还建有四渡赤水纪念馆，馆内通过大量的历史图片、文物展品和多媒体展示，全方位、多角度地生动再现了四渡赤水战役的全过程。此外，著名景区娄山关、遵义会议会址等，都与四渡赤水战役紧密相关，共同构成了赤水河红色文化的重要组成部分。

这条英雄的河流一路流淌，和金沙江、岷江、沱江一起，携带着磅礴的水量滚滚向前，要去下一站看望著名的山水之城——重庆。

# 只有一条长江

## The Yangtze River: There's But One

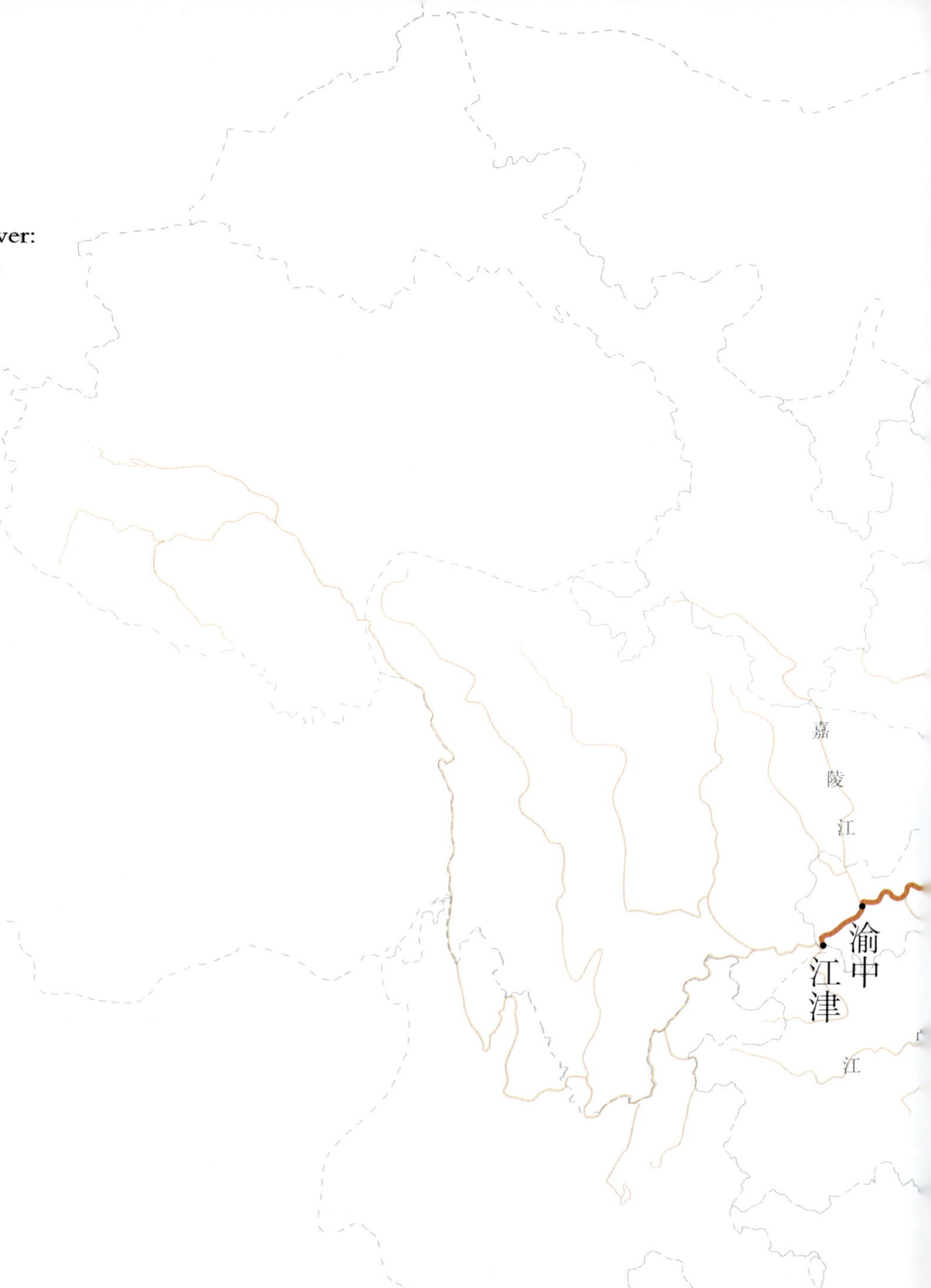


{ 篇一 }

嘉陵江的奔赴　只为在朝天门的伟大遇见

{ 篇二 }

乌江从高原来　穿过喀斯特的万种风情

{ 篇三 }

长江引路　山水大城的良宵和远方

# 卷四

## 重庆

江和山的巨著

8D 城市的美学奇遇记

浩荡的长江一路东流，波锋所及，势不可挡，行至四川盆地，切割出了在历史上以“峡高浪急、险滩恶水”著称的长江川江段。

地理意义上的川江，起于金沙江在四川省宜宾市与岷江的汇合点，之后江水东流横贯重庆市域，到湖北省宜昌市的南津关收尾。川江的得名，是因为大部分河段位于当时的四川境内，那时，以“江城山城不夜城”名动全球的重庆，还属四川辖区，尚未升级为雄鸡版图上最年轻的直辖市。川江全长1030千米（另有1020千米和1040千米之说），分“上川江”和“下川江”，传统说法将重庆以上称上川江，长约370千米；重庆及以下称下川江，长约660千米。而实际上，长江重庆段全长就691千米——已经超过了传统说法下川江定义的总长度。

长江从重庆市江津区石蟆镇入境，一路蜿蜒奔腾，先后流经重庆18个区（县），沿途造就无数让天下人神往的奇观，之后沿著名的三峡走廊，经过在渝的最后一站巫山县培石乡，进入湖北省巴东县。

这个过程中，有两条著名的河流，为了加入长江早已等得急不可耐。一条是发源于陕西秦岭北麓的嘉陵江，一条是贵州第一大河乌江。嘉陵江从陕西出发，奔腾1345千米的目的，就是在重庆的朝天门被长江接纳；乌江从贵州乌蒙山东麓滚滚而来，疾流1050千米，就是为了迅速抵达重庆市涪陵区，加入长江。而长江在接纳了嘉陵江和乌江之后，水流更充沛、波涛更汹涌，在润泽万物的同时，更是将两岸美景刻画得动人心魄，令人叹为观止。

除了嘉陵江和乌江两条著名河流，长江重庆段的主要支流约有20条，倘若加上流域更小，或者季节性的溪流，总数可能超过50条。其中，流经綦江区的綦江，是影响重庆南部的重要河流；从巫山县汇入长江的大宁河，更是以“小三峡”景观闻名天下。另外还有从奉节县汇入的梅溪河、从云阳县汇入的小江（又称澎溪河）等。这些支流对长江重庆段的航运、生态、人文等产生了很大影响。长江与它们联手，赋予了山城重庆“江”的灵魂。

在中国地图出版社的分省地图中，有这样一段文字：重庆辖区内江河纵横，水网密布，统属长江水系。重庆境内水及水能资源十分丰富，水能理论蕴藏总量为1438.28万千瓦，其中长江占80%，嘉陵江占9.9%……全部水能资源可开发量在全国大城市中名列第一。

这个“第一”，是长江给予重庆的。而作为重庆的母亲河，长江馈赠这座城的，远不止这个“第一”。

重庆港是中国中西部吞吐量最大的港口之一。长江入渝后，在山地、丘陵之间镌刻出海陆变迁的地质史诗。长江在重庆的峡谷段，水面宽200~300米；宽谷段，水面宽600~1500米；江津至涪陵段，江面宽逾千米；江津至巫山航道，水深2.7~3.2米……从谷地宽窄到水的深浅，全都适宜航运、航行。三峡大坝蓄水后，高峡出平湖，万吨级巨轮可直达重庆港。重庆的寸滩国际集装箱港，是目前国内内陆航运最大港口，再加上万州港、涪陵港，联手构成了重庆水运体系的重要支撑。

长江到达奉节后，水切割着碳酸盐岩层的险峻群山，形成举世闻名的长江三峡，其中的瞿塘峡、巫峡都在重庆段。两岸青崖，壁立千仞，是地壳运动与河流侵蚀亿万年角力的地质证据，也是“夔门天下雄”“巫峡天下秀”“西陵天下险”等奇观的大自然美学最高表达。著名的三峡库区，有85%在重庆境内，今天已经形成独特的湿地生态系统，包括水位高低不同形成的30米的周期性消落带、常年回水区、变动回水区，构成了长江上游珍稀特有鱼类国家级自然保护区和生态安全体系。

生活在重庆的人们，以长江为精魂，他们被长江定义，被长江偏爱。重庆人勇锐、重诺，在母亲河温暖的摇篮里，创造出个性鲜明的纤夫文化、船工号子，因地制宜修建吊脚楼，依山取势建构水陆码头，还在美食上制作出著名的重庆火锅、重庆小面、重庆江湖菜……

长江不会忘记：抗战时期，重庆和伦敦、华盛顿、莫斯科一起，成为世界反法西斯阵营的四大堡垒。民生公司在“宜昌大撤退”中逆江而上，书写民族救亡的血脉史诗。长江也正在见证：很多年后的今天，长江索道凌空飞渡，单轨出神入化地穿楼而过，山城交通已经成为8D美学传奇。

长江和嘉陵江、乌江、綦江、大宁河等众多支流的重庆故事，既是“江”和“山”相遇的故事，也是一座城市记忆和未来相互激荡的故事。

长江与嘉陵江紧紧环绕渝中半岛，夜色中的江与城相互映照，璀璨夺目。张坤琨/摄

巫山县位于重庆市东部边缘，处三峡库区腹心，素有“渝东北门户”之称，三峡之一的巫峡便起于巫山县城东。朱云平/摄

白帝城位于重庆市奉节县，地处瞿塘峡口长江北岸，因西汉末年公孙述据蜀，自号白帝而得名。蒋小翼/摄

# 嘉陵江的奔赴 只为在朝天门的伟大遇见

长江从青藏高原格拉丹东出发的时候，它的各大支流也在从不同的地方出发，而长江水系中流域面积最大、达到16万平方千米的嘉陵江，已经开始在秦岭之巅发源、动身，它要在流经陕、甘、川三省之后，到重庆的朝天门与长江相汇。

全长1345千米的嘉陵江，是长江的八大支流之一，更是连通长江与西北的主要水道，在流经陕西省宝鸡市的凤县、汉中市的略阳县和甘肃省陇南市的徽县、两当县之后，进入四川。从四川取道广元、南充、广安三市，进入重庆。这个过程中，嘉陵江一路奔流，沿途接纳了不少向往长江的支流，有名的包括八渡河、西汉水、白龙江、渠江等。

重庆的古称是渝州，所以嘉陵江重庆段古时候称为渝水。重庆民间称嘉陵江为小河，长江为大河。嘉陵江从四川省南充市流出，经广安市武胜县，在合川区钱塘镇进入重庆，再依次经过北碚区、沙坪坝区、渝北区、江北区、渝中区。

按地质构造和水系演变特征，嘉陵江在重庆境内可分为两段。上段是从合川到北碚的“嘉陵江小三峡”切割带，这一段的特点是峡泉相接。因为受到云雾山、缙云山、中梁山三条背斜山脉的制约，江水相继深切出沥鼻峡、温塘峡、观音峡。江水两岸，石灰岩溶洞星罗棋布，温泉纵横，甚至绵延出“十里温泉城”。下段是北碚到朝天门的曲流，这一段的河道在“川东平行岭谷”间自由摆动，形成全长约60千米的深切河曲地貌。江水挟带的泥沙在凸岸沉积，形成半岛，看上去如翡翠镶嵌江中，构成绵延百里的山水画卷。

最后，嘉陵江心愿达成，在重庆最大的水码头朝天门汇入长江。是时，朝天门如同一艘巨轮，两条大江在甲板前交汇，共同构成重庆“两江四岸，一城山水”的独特景观。

## 嘉陵江的四川故事

作为长江水系中流域面积最大的支流，嘉陵江流出陕西后进入四川的故事，其实是长江重庆故事的引子。在陕西省凤县，嘉陵江水兵分两路，一路从陕西省凤县两河口奔赴

▶重庆来福士位于渝中半岛，设计理念来自重庆的航运文化，外形酷似船帆，寓意乘风破浪、扬帆起航。
陈亮/摄（上）；张乐/摄（下）

▶阳光穿过云层，洒落在奔流不息的两江之上。张坤琨/摄

▶重庆桥梁（包含立交桥、人行天桥）总数已超过20000座，是名副其实的“桥都”。
陈亮/摄（左）；杨大川/摄（中）；袁雅琨/摄（右）

甘肃，另一路与西汉水汇合，流过陕西省略阳县，然后从宁强县的阳平关来到入川第一站：四川省广元市朝天区。

近年来，有学者研究发现，陕西省略阳县以上的嘉陵江河段，原属汉江水系，西汉水本是汉江源头，而嘉陵江的源头只有白龙江。西汉初年，武都大地震切断了西汉水东流的路径，迫使其改道南下，被嘉陵江袭夺，史称"嘉陵夺汉"。

广元是中国历史上唯一女皇帝武则天的故乡。在这里，嘉陵江依次流过朝天区、利州区、昭化区、剑阁县、苍溪县。三区两县中，最引人关注的首推剑阁县，那是南宋诗人陆游"细雨骑驴入剑门"的地方，也是李白《蜀道难》中"一夫当关，万夫莫开"的地方。

嘉陵江水流到剑阁的时候，山势陡峭，河谷深切，河床狭窄，冷兵器时代从未被攻破的天然关隘剑门关傲然而立。名将姜维曾经以三万之师拒曹魏十万之众，姜维死后墓地位置争议虽多，但当地人都相信剑阁是将军的埋骨之地。从剑门关向北约7千米，7778株古柏绵延三百里，形成著名的"翠云廊古蜀道"，据传，其中有多株古柏是三国名将张飞亲手所植。

从剑阁东南部的鹤龄镇南流120千米，嘉陵江来到四川省南充市的阆中。三国文化的张飞主题，是阆中的标签，除了拥有1800年历史的张飞墓之外，肉质紧实的张飞牛肉、余味无穷的保宁醋等都与张飞有着或多或少的联系。

阆中三面环嘉陵江，四周群山环绕，形成"山围四面，水绕三方"的天然太极图。据说阆中的城市规划，出自唐代风水大师袁天罡的手笔：街巷以中天楼为中心，衍生出"五街九巷"的棋盘格局，形成"天心十道"结构，顺应"北斗七星"天文意象。值得一提的是，西汉天文学家落下闳就是阆中人。公元前104年，由这个"春节老人"参与编制的《太初历》颁行，首次将二十四节气纳入历法，将正月初一定为岁首，称为"元旦""新年"，中国人从此有了"过年"的传统。

从阆中南行，浩浩荡荡的嘉陵江在四川省南充市一路奔腾，流经南部县、仪陇县、蓬安县、顺庆区、高坪区、嘉陵区。古称顺庆府的南充，是"南方丝绸之路的起点"，有"果城""绸都"之名。秦汉时期生产的"黄润"生绢，经西南夷道，远销南亚。南充文脉悠长，写出《三国志》的著名史学家陈寿，就是南充人。

在南充地区，秀美的嘉陵江留下无数景观，其中最有趣的，应该是汉代文学家司马相如故里蓬安县的"百牛渡江"和青居镇的"青居曲流"。

百牛渡江，被誉为"嘉陵江上最壮美的生态奇观"。嘉陵江流到蓬安后，形成两个巨大的江中岛屿：太阳岛、月亮岛。从暮春到初秋，每天清晨，都会有数百头耕牛，成群结队地从嘉陵江岸边游到两座岛上啃食青草，到了黄昏，牛群回游上岸……江水、绿岛、牛群、村落，构成完美的视觉动线。

青居曲流，是被称为"世界第二大曲流"

落日残留的光彩投向长江与嘉陵江交汇的朝天门，拉开了重庆璀璨夜色的序幕。陈亮/摄

阆中市是由四川省南充市代管的县级市，素有“阆苑仙境”“巴蜀要冲”之称，境内的阆中古城被誉为“风水古城”，是中国保存最完整的古城之一。蒋小翼/摄

▶钓鱼城位于重庆市合川区，被誉为“上帝折鞭处”。发生于南宋的“钓鱼城保卫战”持续了36年，改写了整个亚欧大陆的格局。朱美忠/摄

▶重庆市合川区因嘉陵江、渠江、涪江三江汇流而得名。贺景涛/摄

的地质奇观。嘉陵江流到南充以南约20千米的青居镇时，河道九曲回肠，居然生成一个像希腊字母Ω形的大回旋。有意思的是，当地人到青居镇赶场，坐船是顺流而下，赶完场也是顺流而下。之所以往返都是顺水，是因为河道闭合率达359度，近似一个圆圈，而青居镇位于曲流的颈项上。

嘉陵江流出南充后，经四川省广安市岳池县，之后，抵达有“千里嘉陵，武胜最长”之称的武胜县，最终从著名的“上帝折鞭处”合川，进入重庆。

## 钓鱼城下三江交汇的合川

合川地处重庆西北部，嘉陵江来到这里，做的第一件事就是和另外两条江交汇：一条是发源于四川岷山主峰，长达700千米的涪江；另一条是发源于川陕交界米仓山南麓，长达676千米的渠江。三江交汇，美丽壮观，合川也因此得名。

景观上，合川因三江冲积，形成肥沃的冲积平原，三江航道通航里程达到386千米，年过境水量达到891亿立方米，造就了合川“江在城中，城在江上”的罕见山水城市形态。著名的“钓鱼城之战”就发生在这里：公元1259年，钓鱼城之战爆发，之后，当地军民坚守36年，不仅让蒙古大汗蒙哥阵亡城下，还影响欧亚战局，从而改写了世界格局。

嘉陵江的重要支流渠江一路跋涉，来到合川区涞滩古镇的时候，江水温柔平缓，仿佛有了禅意。一幅巨大的“中国第一禅宗古镇”风景画，正在徐徐拉开，画上的元素包括渠江水、古瓮城、明清老街、二佛寺1675尊宋代禅宗造像群。实际上，禅学和理学有共通之处，顾炎武先生断言：宋明的理学，禅学也。早在北宋时期，嘉陵江水就在合川浸润过大儒周敦颐，那时候，周敦颐任职合川，醉心于这里的山水，常在一个叫“养心亭”的地方开坛讲学，并撰写出著名的《养心亭记》，提出“人贵养心”的理念，开宋代理学先河。

在合川的嘉陵江边，民国航运巨头卢作孚开始起家。1926年7月23日，民生公司第一艘轮船“民生轮”的首航，就是从合川嘉陵江下水，驶向重庆……从那时候开始，更多的民生轮船驶出合川、驶出重庆，驶向长江。

合川名扬天下的美食有两个：合川肉片和合川桃片。合川肉片制作复杂、耗时，是川菜中为数不多的以地域命名的百年名菜；合川桃片始于1840年，以糯米粉、核桃片、蜜玫瑰等食材烘焙而成，被誉为“世界第一桃片”。

## 从嘉陵江小三峡到千年古镇磁器口

嘉陵江在合川接纳了渠江和涪江之后，前行约40千米，来到北碚区。

江水从西北向东南来，贯穿北碚全境，其中最美地标莫过于嘉陵江小三峡——沥鼻峡、温塘峡、观音峡。这是三个秀美、袖珍的小峡谷，依次展开，景色仿佛水墨丹青的烟雨画卷。地理学家的评价是：嘉陵江的小三峡，既是在向150千米外雄奇伟大的长江三峡致敬，也是长江最大支流的小三峡对干流长江

▶ 磁器口古镇原名白岩场，也称龙隐镇，始建于宋真宗咸平年间 。作为嘉陵江畔重要的水陆码头，曾经“白日千人拱手，夜半万盏明灯”，繁华一时。李彬/摄三峡的预演或彩排。而正是因为拥有嘉陵江小三峡和长江三峡，重庆才拥有了全球罕见的“双三峡”地理奇观。

嘉陵江小三峡的上峡沥鼻峡，位于合川区盐井镇，全长3千米，江流湍急、幽深，溶洞暗河星罗棋布。知名景点包括巨梁滩、狮子坟、笑和尚、牛鼻洞、磨子沱等。据说杜甫诗歌《闻官军收河南河北》名句“即从巴峡穿巫峡，便下襄阳向洛阳”中的“巴峡”，指的就是沥鼻峡。中峡温塘峡位于北碚区缙云山段，全长2.7千米，因为古时峡口建有温泉池而得名。温塘峡的景色是小三峡之冠，江水来到这里，江面骤然收窄到约200米，两岸峡壁险峻，最大的奇观是：峭壁腰部上涌出的含氡量达到医疗标准的滚烫泉水，遇到一江奔腾的冷水之后，激起仙境般的氤氲水雾。下峡观音峡全长4千米，位于北碚区，因岸边曾经建有观音阁而得名。观音峡江面最狭窄处仅有约140米，峡中曲流的上空，八座大桥密布横跨，是打卡出片的奇观，叫作“八桥叠翠”，包括遂渝铁路桥、兰渝铁路桐子林大桥、襄渝铁路桥、兰渝铁路嘉陵江朝阳桥、212国道朝阳桥、朝阳复线桥、碚东大桥、渝武高速公路嘉陵江大桥。

在北碚地区，街道名背后深埋着历史故事。当时，中国船王卢作孚和四弟卢子英，联手把北碚建设成了乡村建设运动的典范。到抗战时期，卢氏兄弟决定，每沦陷一地，就以其地名命名一条街道，最多时达15条，先后有辽宁路、吉林路、黑龙江路、卢沟桥路、北平路、天津路、广州路、上海路、南京路等。1945年至2000年间，除了吉林路、黑龙江路改路为巷，北平路改为北京路，卢沟桥路改为小区，其余街道名全都沿用至今。

抗战时期，“三千名流汇北碚”。在这里，老舍创作《四世同堂》，梁实秋完成《雅舍小品》，郭沫若留下诗篇“不辞千里抱瓶来”，田汉、曹禺排演话剧《全民总动员》……北碚城虽小，但名流故事却不少。

名流们对北碚的传统美食赞不绝口，尤其是卢作孚创办的兼善餐厅的菜品，以兼善三绝（兼善包、兼善面、兼善汤）、嘉陵三鲜（澄江叉烧江团、怪味鲫鱼、三溪口豆腐鱼）最受欢迎。卢作孚还摆下以活水豆花为主的“豆花宴”，招待过郭沫若、冯玉祥、梁漱溟、梁实秋、晏阳初、老舍等名流。据说，北碚的兼善汤酸辣开胃，用鸡肉、蹄筋、木耳和北温泉富氡水熬制而成。老舍寓居北碚期间，因为胃病困扰难以进食，是喝了兼善汤之后，才在1944年夏天的北碚蔡锷路24号（今天生新村63号），提笔写下百万字大书《四世同堂》的第一句。

从北碚的小三峡南下30多千米后，嘉陵江和著名的沙坪坝区磁器口古镇相遇。

在重庆主城区，背靠歌乐山的磁器口是山水格局街区的代表，总面积32.5万平方米，有着“一江两溪三山四街”的独特地貌：嘉陵江蜿蜒流过；清水溪、凤凰溪环抱；金碧山、马鞍山、凤凰山层峦叠翠；正街、横街、后街、幸福街，街巷相通。

古镇始建于宋真宗咸平年间，据说明代

建文帝曾经在这里隐居，清朝因为盛产瓷器而得名瓷器口，古代“瓷”“磁”通用，后定名磁器口，是嘉陵江下游重要的水陆码头。嘉陵江流到这里，河道曲率达到2.3，是“九曲十八沱”的航运险段。

作为著名的水陆码头，磁器口在清末和民国时期极其繁华，300余家商号、1670余个作坊，形成“白日千人拱手，夜半万盏明灯”的商贸盛景。抗战时期，大量文化机构和高等学府西迁重庆，许多都落户在沙坪坝，“沙（坪坝）磁（器口）文化”在此崛起。进入新世纪，磁器口经过保护性开发，成为重庆主城规模最大，最具巴渝传统民居、民俗、民风特色的古镇。这座千年古镇，最不缺的就是充满传奇色彩的人文地标：建文帝避难的宝轮寺“龙隐禅院”、诺贝尔奖得主丁肇中就读的宝善宫内的嘉陵小学、小说《红岩》中写到的华子良接头处鑫记杂货铺……最不缺的还有活色生香的传统美食：毛血旺、千张皮、椒盐花生，以及有八种口味的陈麻花……

## 朝天门：万里长江第一码头

嘉陵江流出磁器口古镇之后，距离长江只剩下最后15千米。在这一段，嘉陵江先是欢快地穿过数座跨江大桥，然后才从朝天门沙嘴左边的重庆港四码头，一头扎进长江。地势上，嘉陵江从西北高处来，流至海拔约160米的朝天门（也是今天重庆城的海拔最低处），这一带河道宽阔、稳定，两江自古在此交汇，千百年从未改变。

朝天门位于重庆主城渝中半岛东北的尖角地带，三面环水，地形如同一艘军舰向前突出的甲板。从行政区划来看，朝天门辖区尽管不过1平方千米多一点，但因为两江交汇这一盛景，成为全国闻名的旅游目的地，一年四季游客络绎不绝。

朝天门曾经的确是一座城门的名字。公元前316年，秦灭巴国后，秦相张仪主持江州城的修筑，就是从朝天门这个区域开始的。为什么会选择从这里开始？这是因为地形上，渝中半岛被嘉陵江和长江“两江紧束”，形成一个“府会川蜀之众水，控瞿塘之上游，临驭蛮僰”的兵家必争之地，而朝天门，就在此地的最前端。从秦朝开始，经三国、南宋、明清的历代修筑，古重庆城形成了“九开八闭十七门”的城垣格局。到明代，城墙“高十丈，周二千六百六十丈七尺”。这时候，“朝天门”三个字已经清晰地出现在史料当中了。

历史上，朝天门之所以被称为重庆“十七门”之首，不仅因为规制大、最雄伟，更因为它是长江水上交通抵达重庆城的第一门，承接了重要的政治、经济和文化功能。这里坐拥两江交汇，水路功能强大，是“迎宫接圣”的大码头，也是滋养身后城市繁荣经济的大码头。据史料记载，南宋时若有皇帝圣旨、诏谕到重庆，都是走水路，当官船停靠朝天门码头，本地官员就会到此迎接，这便是“朝天门”名字的来历。朝天门毗邻的老地名圣旨街、接圣街就是佐证。

面向长江航运敞开胸膛的朝天门，是长

从千佛寺远望来福士，江城重庆的夜晚如梦似幻。陈浩然/摄

来福士与渝中半岛的地形构成了一艘乘风破浪的帆船形象。李炼/摄

江上游最大的码头，“三江总汇，万商云集”。这种盛况极大地促进了重庆城市商业的快速发展。到清代，重庆城中已有两百多条街巷、二十多个商业行帮。从朝天门开始，一直到储奇门、南纪门等江岸城区，各行各业的商家店铺，鳞次栉比，连街逶迤，多达1478家。抗战时期，朝天门码头发展成为大后方的物资枢纽，是抗战物流生命线上的重要节点。可以说，因水路而兴的重庆城，最早的发展原点便是朝天门大码头。和朝天门紧密相连的，是重庆核心地标、号称“一亿人都在打卡”的解放碑商圈，繁华迷人，沿途的灯火、夜色、涛声，让人沉醉。

朝天门原有的老城门，因为1927年扩建码头、修建道路而被拆除。现在的重庆朝天门广场建成于1998年，是为重庆直辖献礼的作品。广场设有重庆公路“零公里”标志，与旁边79层355米高的来福士大楼上下呼应，新旧共生。如今，从朝天门两江交汇处开始，长江、嘉陵江两岸修建的滨江路，不但将朝天门、沙坪坝、九龙坡等重要区域连接在一起，更是勾勒出著名的城市江岸景观，比如洪崖洞、李子坝单轨穿楼等。

毫不夸张地说，两千年来重庆城的不断发展，到今天成为国际化大都市，一切发端都源于嘉陵江和长江稳定长久的交汇。在时光的长河中，无数人到过朝天门。亲眼见过嘉陵江和长江的血脉相连。其中最让人难忘的，或许是小说《红岩》第四章的开头，那里有江姐（江竹筠）眼中的朝天门。当时，江姐准备在朝天门码头坐民生公司的小火轮溯嘉陵江到合川，转陆路到华蓥山去会“双枪老太婆”。书中写道：“江姐来到浓雾弥漫的朝天门码头附近，四边望望，雾太大，几步以外全是一片朦胧。江姐只好站住脚，理理头上的纱巾。”登船溯江而行，她看见“晨雾初散，嘉陵江两岸炊烟袅袅，才露面的太阳，照着江边的红岩。雄壮的川江号子，从上上下下的船队中飘来，山城渐渐被丢在船后”。红岩文化，就这样和长江、嘉陵江的大河文化，以及航运文化相融交织，交相辉映。

朝天门最精彩的景观，其实来自夏天，那时候，两条大江的交汇处泾渭分明：一江碧水的嘉陵江，欢快地冲入浑黄的长江，两水相击，既青黄分明，又浑然一体，蔚为大观。

嘉陵江进入长江，开始了新的奔腾，因为下一个目的地——大海还很远。

篇二·

# 乌江从高原来 穿过喀斯特的万种风情

嘉陵江之外，在重庆等待汇入长江的另一条著名河流，是贵州省第一大河——乌江。

乌江古称延江、黔江，是长江上游南岸的最大支流，发源于贵州省威宁县乌蒙山东麓，有南、北两个源头。南源三岔河，长322千米，被认为是乌江正源；北源六冲河，长210千米，发源于贵州省赫章县辅处乡兴旺村。一开始，南北两源各自流淌，流到贵州省毕节市黔西（县级市）新仁苗族乡的化屋村（原名化屋基，意为“悬崖下的村寨”）汇合，称为乌江。乌江水横贯贵州中部、东北部之后，在贵州省沿河县洪渡镇向北约15千米处，开始进入重庆市酉阳县，成为贵州与重庆的界河，接着流过重庆的彭水县和武隆区，最后在重庆市涪陵区城东的麻柳嘴汇入长江。

乌江全长1037千米，流域总面积达到8.79万平方千米，水系纵横云、贵、渝、鄂四省（市）数十个县市。重庆境内长度约为 188千米。在贵州省内，乌江先后流经毕节、六盘水、安顺、贵阳、遵义、黔南、铜仁7个地州市。左岸的主要支流包括野纪河、金沙河、湄江、六池河、洪渡河、芙蓉江等；右岸的主要支流包括猫跳河、清水河、瓮安河、余庆河、石阡河、印江河、唐岩河、郁江等。

整体而言，乌江流域地势西南高、东北低，喀斯特地貌广泛发育，地形以高原、山原、中山、低山丘陵为主。由于支流众多，乌江水系呈羽状分布，流域面积广阔，水力资源丰富，全流域水力资源理论蕴藏量高达1042万千瓦，是全国十大水电基地之一。

大体上，乌江可以分为三段：主源三岔河与北源六冲河合流到化屋村之前，称为上游。从化屋村到贵州省铜仁市思南县这一河段，称为中游，中游是乌江非常精彩的部分——中游的上段，河流在苗岭山脉与大娄山脉之间夹行；中游的下段，河流在大娄山脉与武陵山脉之间穿行，峡谷幽深，坡陡流急，落差集中，共有大小险滩148处，著名险滩游塘、天生桥、镇天洞、一子三滩全在这一河段。贵州省思南县到重庆市涪陵区称为下游，河流沿正北

# 长江和众多支流的重庆故事，既是“江”和“山”相遇的故事，也是一座城市的记忆和未来相互激荡的故事。

方向而去，长度344.6千米，这一段峡谷与宽谷相间，河谷开阔，水面较宽，有险滩31处，著名险滩有潮砥、新滩、龚滩、羊角碛等。

## 乌江的贵州故事

在正式得名乌江之前，乌江正源三岔河和北源六冲河有一个双向奔赴的过程。首先是三岔河从贵州省威宁县乌蒙山东麓出发，流出威宁之后，进入六盘水市的钟山区、水城区，然后去毕节市的纳雍县、织金县转了一圈，又回到六盘水市的六枝特区重新出发，前往安顺市普定县、平坝区，再取道贵州省会贵阳市代管的清镇市，抵达黔西市苗族村寨化屋村，与六冲河拥抱。当三岔河出发的时候，六冲河也已经从毕节市赫章县辅处乡的兴旺村开拔，河流一路欢歌，主要在毕节市的五个地方穿梭，包括七星关区、大方县、纳雍县、织金县、黔西市，然后来到苗族村寨化屋村开始等待。

“千里乌江，源于毕节。”河湖水系纵横交错的毕节，有两个重要地标：一是位于纳雍、大方两县交界处，被誉为“中国岩溶百科全书”的九洞天，这里汇集了包括伏流、洞穴、天桥、岩溶、峡谷、瀑布在内的众多景致，最神奇的是河流从地下经过，自然形成九个大天窗，“九洞天”地名由此而来。另一个是位于织金县的织金古城，这是康熙年间的清代建筑群，按《易经》中的五行八卦定位，城内建筑的建造位置要么倚崖傍洞，要么濒水临泉，都是干栏式吊脚楼。晚清重臣丁宝桢是织金人，入仕后喜食故乡的辣子鸡丁，经他改良后流传于世，被称为“宫保鸡丁”。

实际上，乌江的正源三岔河和北源六冲河在化屋村交汇之后，河段的名字为鸭池河，鸭池河往东北方向流，经过毕节市黔西（县级市）和贵阳市修文县地界的时候，在修文县六广段又被称为六广河，之后河水流回毕节市的金沙县、贵阳市的息烽县，开始往遵义而去，直到抵达遵义市乌江镇的乌江渡水库。在地图上，从乌江渡水库开始一直到汇入长江的这段河流，被标注为乌江。

鸭池河是这片流域传统意义上的地理与行政分界线。明代，以鸭池河为界，将贵州宣慰司分为水东、水西两部分，著名的女土司奢香夫人，统治的便是水西地区，地域包括现在的毕节市和六盘水市大部分，而毕节市的大方县，至今仍有奢香镇和奢香墓。鸭池河流经的贵阳市修文县城，以前叫作龙场，明代大儒王阳明被贬之后，职务就是龙场驿丞。当年，王阳明隐居在修文县龙山上的阳明洞，创立“阳

▶ 龚滩古镇被誉为“乌江画廊的核心景区和璀璨明珠”。图片由酉阳文旅提供

明学说”和龙岗书院。抗战初期，张学良将军曾经被蒋介石监禁在阳明洞两年有余。

乌江进入遵义市后，流经播州区、湄潭县、余庆县，接纳了流域面积1489平方千米、河长110.6千米的重要支流余庆河（旧称乐涧江，发源于黔东南州黄平县浪洞镇）。毫无疑问，乌江最动人的故事来自遵义段。1935年1月，长征中的中央红军分三路强渡乌江天险，渡江地点自东向西分别为回龙场渡口（今遵义市余庆县江北路）、江界河渡口（今黔南州瓮安县江界河镇）、茶山关渡口（今遵义市播州区尚嵇镇）。1月6日，中央红军全部渡过乌江天险；1月7日，红军占领遵义。1月15日至17日，著名的遵义会议召开。

乌江离开遵义市区之后，依次进入铜仁市的石阡、思南、德江、沿河四县。这一段乌江风景如画，长300千米，接近乌江总长度的1/3。

在铜仁境内，乌江从一个叫作水口村的地方，进入梵净山东南面的石阡县。石阡县地形复杂、地貌多样，境内1000米以上的山峰就有127座，由于地处乌江水系和沅江水系的分水岭，石阡成为乌江航运从下游向中游延伸的重要港口。离开石阡，乌江进入有大小溪流601条的思南县境内，在流经13个乡镇78千米之后，乌江来到“傩戏之乡”德江县。德江的傩戏也称德江傩堂戏，是集傩戏、傩祭、傩仪、傩面具、傩歌舞、傩技等为一体的原始剧种，被誉为“中国戏剧的活化石”。离开德江后，乌江从一个叫作七里滩的地方，进入世界上最大的黑叶猴种群分布地沿河县，河流由南至北，纵贯沿河县境内的132千米水道，这一段，各种美景和人文交相辉映，有最美的“乌江百里画廊”之称。

最后，在沿河县洪渡镇的苏家村庞滩，乌江对贵州作最后的告别，一往无前地进入重庆市酉阳县万木镇境内……而乌江一生所向往的长江，即将出现在流完重庆段188千米之后的地方。

## 龚滩：悬壁千年的盐道传奇

乌江入渝的第一个著名地标，是坐落在重庆市酉阳土家族苗族自治县的龚滩古镇。在这里一个叫“黑洞子”的地方，乌江接纳了从湖北省恩施土家族苗族自治州赶来的阿蓬江，这是长江流域唯一一条从东向西的倒流之河。两条大水交汇，流往已经越来越近的长江。

龚滩古镇被称为“挂在悬崖上的千年古镇”。很早的时候，古镇就依山就势，凿岩为基，垒石为础，以军事要塞的形象出现，后来历经唐宋盐运的繁荣、明清商贸的鼎盛，逐渐发展为川、黔、湘、鄂四省物资集散枢纽。尤其在清代，龚滩日均转运食盐超过20吨，当时盐利丰厚，得名“钱龚滩”。乌江龚滩古镇段，峡谷深切，江水碧绿，周边风景“险、奇、幽、秀”，是包括吴冠中在内的画家们热爱的写生处。

2006年，因为乌江彭水水电站建设蓄水，龚滩古镇整体搬迁。复建之后，龚滩完整保留了150余堵风火墙、200余座四合院、50余栋吊脚楼……这些建筑沿江而起，美轮美奂。龚滩的写生小镇、非遗小镇、鲜花小镇，在互联网上有很大流量，是龚滩古老而时尚的人文风景。龚滩的美食，以土家族风味为核心，兼具盐商文化遗存和乌江生态特色：龚滩绿豆粉用绿豆、糙米手工制作，口感酸辣绵密；龚滩烧白肥瘦相间，入口即化；乌江鱼用野生鲢鱼烹煮，肉质细嫩；土家腊肉以柏树枝熏烤，腊香浓郁。

龚滩也是“乌江画廊”的重要组成部分。纵贯贵州省黔西市和重庆市酉阳、彭水、武隆、涪陵四区县的乌江画廊，是著名的峡谷景观带，也是千里乌江最精华的河段。其中贵州段62千米，重庆段163千米，总长225千米。重庆段以奇山、怪石、碧水、险滩、廊桥、纤道、悬棺著称。重庆段的峡谷景观美不胜收，著名的包括龚滩峡、土坨子峡、斧劈峡、白芨峡、荔枝峡等。这些峡谷要么山势险峻、纤道遍布，要么悬棺高挂、土家族吊脚楼群耸立，被盛赞为“山美水美甲天下”。

地理成因上，是奔腾的江水深切“川东平行岭谷”褶皱带的喀斯特地貌，从而形成了两岸峭壁千仞、有着壮观V形峡谷的乌江画廊。同时，沿途的石灰岩（碳酸盐岩）经过亿万年的溶蚀作用，塑造出峰丛、天坑、溶洞、地下河等景观。而水中含碳酸钙，与广西桂林的漓江水质相似，在险峻的山势中呈现出一江碧绿，从而构成“山似三峡而水胜三峡，水似漓江而山胜漓江”的独特风貌。

## 武隆：喀斯特地貌的戏剧性

乌江从龚滩古镇自西南向东北流淌，经过彭水苗族土家族自治县。这里有著名的人文景点蚩尤九黎城，城体依山而建，亭台楼阁恢宏壮观，前来观光打卡的游客络绎不绝。

穿过彭水，乌江进入重庆著名的旅游大区：武隆。这时候，一条叫作芙蓉的江已经等在武隆的江口镇。发源于贵州省绥阳县石瓮子的芙蓉江，全长231千米，是乌江最大支流，它的得名很浪漫：芙蓉江和乌江交汇处的江口镇，沿岸种植了很多芙蓉树，芙蓉花开，一江斑斓。

作为世界自然遗产和喀斯特地貌的经典代表，武隆旅游资源丰富，拥有仙女山国家森林公园、天生三桥、龙水峡地缝、芙蓉洞和芙蓉江等核心景区，以及“懒坝大地艺术”等200多处网红打卡景点。

天生三桥包括天龙桥、青龙桥、黑龙桥三座天然石拱桥，经历了上千万年风雨，是亚洲最大的天生桥群，有着雄、奇、险、秀、幽、绝等特点。天龙桥下，是青瓦灰墙、古色古香的“天福官驿”，始建于唐武德二年（619年）。龙水峡地缝形成于几千万年前的造山运动，全长4千米，垂直深裂超过350米，景区内的高山、峻岭、峡谷、流水、瀑布，共同构成一幅层层有景的山水画。仙女山风景迷人，有30万亩原始森林和10万亩高山天然草场，被誉为“东方瑞士”。芙蓉洞是世界三大洞穴之一，70多种石晶花琳琅满目，有“斑斓辉煌的地下艺术宫殿”之称。

一直以来，武隆深受中外导演青睐，这个神奇之地，天生就是一个自带电影元素的巨大片场：好莱坞大片《变形金刚4》中，天生三

▶天生三桥是武隆喀斯特地貌的典型代表，堪称“喀斯特杰作”中的“点睛之笔”。图片由中共武隆区委宣传部提供

桥成为未来的机械恐龙战场；张艺谋导演作品《满城尽带黄金甲》里，无数武士从天而降，奔赴天龙桥下的天福官驿；湖南卫视的著名综艺节目《爸爸去哪儿》，把外景拍摄地放到天坑寨子……2011年10月1日，由张艺谋担任艺术顾问的实景歌舞剧《印象武隆》开演，至今长盛不衰。剧中的武隆山水，成为川江号子、哭嫁歌舞的背景和舞台，打动和迷醉了太多游客。

武隆的传统美食首推汤醇肉嫩、鲜辣暖胃的“碗碗羊肉”。此外还有麻辣筋道的羊角豆干、散发着醇香的羊角老醋等。值得一提的还有位于石桥乡境内的禅山酒庄，这里山水清幽，建筑独具特色，布局精巧雅致，网友常年打卡，被称为“重庆最美酒庄”。禅山酒庄是南派清香型白酒的发源地之一，所产的“百年乌江”酒，绵软回香，是小曲清香型白酒的典型代表。

## 乌江最后一站

千里乌江的最后一站，是有着两千多年建城史的涪陵。

在涪陵境内，著名的武陵山大裂谷距离乌江直线距离仅十来公里，附近的武陵山乡角帮寨村，位于乌江畔的高山之巅，地势险要，被称为“千里乌江第一寨”。这之后，乌江流入富有神秘色彩的白涛镇，这里藏着著名的“816工程遗址”，有“深埋山间的绝世和氏璧”美誉。新中国“三线建设”时期，这里是秘密建造的地下核工厂、世界最大人工洞体，现在是国家4A级旅游景区、爱国主义教育基地。在“816工程遗址”对面的乌江西岸，一条名叫小田溪的支流汇入乌江，两江交汇处有著名的“小田溪巴王墓葬群”，印证了《华阳国志》中关于“巴国先王陵墓多在枳（今涪陵）”的记载。

自古以来就是川东水运枢纽的涪陵，以“中国榨菜之乡”闻名。涪陵境内独有的紫色土壤，由侏罗纪时代的紫色岩层风化而来，含有磷、钾、硫等微量元素，为榨菜食材“青菜头”的生长提供着独特养分，而长江、乌江两岸的山脉阻挡了江面蒸腾的水汽，形成最适宜青菜头生长的温度、湿度和光照度。1898年，涪陵商人邱寿安把用“三腌三榨”工艺制成的咸菜，命名为“榨菜”，销往各地。1915年，涪陵“大地牌”榨菜在巴拿马万国博览会获得金奖。

事实上，33千米长的乌江涪陵段，是乌江画廊最精彩的一段。走完这一段，乌江结束了1037千米的奔流，在涪陵城敦仁街道和江东街道之间汇入长江。两江汇流的时候，乌江青绿，长江浑黄，水面上青黄相接，很是好看，复现了长江和嘉陵江在重庆朝天门交汇时的景观。

需要说明的是，尽管乌江落差巨大的水道不宜航运，但却特别适合发电。从20世纪80年代乌江渡水电站打破“喀斯特地貌分布地区不能建高坝”的论断开始，到今天，乌江干流上已建成9座电站，总装机容量超1000万千瓦，年发电量约400亿千瓦时，占贵州总发电量的三分之一，为长三角、珠三角输送绿色电能，堪称西南能源心脏。

篇三·

# 长江引路
# 山水大城的良宵和远方

告别四川省泸州市合江县之后，长江干流从江津区石蟆镇入境，正式抵达重庆。随后，江水调皮地前往重庆市永川区兜了一圈，再返回江津，开始向重庆主城进发。从这里开始，长江干流自西向东贯穿重庆，长约691千米，流域面积达到8.2万平方千米，共流经18个区县。

需要说明的是，现在的重庆主城都市区，由中心城区、渝西地区和渝东新城三部分组成，共含22个区县。但重庆当地人所说的主城区，通常是指以前的主城9区，包括渝中、大渡口、江北、沙坪坝、九龙坡、南岸、北碚、渝北、巴南。

长江在重庆的具体流向是：首先取道九龙坡区进入主城，然后在重庆分为左岸和右岸，左岸流过大渡口、渝中、江北、渝北，右岸流过巴南、南岸；结束主城9区旅程之后，长江依次流经长寿区、涪陵区、丰都县、忠县、石柱县、万州区，之后从云阳县转向西流，经过奉节县，在巫山县培石乡告别重庆，东流进入湖北省恩施州巴东县官渡口镇。

长江在重庆段的奔腾精彩绝伦，沿途景观常有神来之笔。如果说举世无双的长江三峡是长江进行曲的华彩或高潮部分，那么长江此前在重庆境内的所有行程，则是烘云托月般的前奏和序曲。

## 万里长江第一要津

长江离开四川省泸州市合江县后，抵达有“万里长江第一要津”之称的重庆市江津区，具体地点是石蟆镇。石蟆镇和四川省合江县的白鹿镇、榕山镇、望龙镇相邻，因为境内有一个大石包，形状如蛤蟆，所以得名。值得关注的是，石蟆镇羊石社区里的中坝岛，是长江“入渝第一岛”。

随后，江水继续北流，右岸仍在江津，左岸则抵达永川区朱沱镇、松溉镇。朱沱坐落在江流回旋处，由于江边有一个回水沱，加上清代“湖广填四川”移居这里的朱姓众多，得名朱家沱，后来简化为朱沱。朱沱在历史上属于江津县（今江津区），因为地处县域边缘，中间

# 长江在重庆段的奔腾精彩绝伦，沿途景观常有神来之笔。

隔有永川县（今永川区）松溉镇，很像江津的“飞地”，于是在1979年，朱沱被划给永川。一直以来，朱沱都被誉为重庆长江上游第一镇，尽管江水在镇内只留下15千米足迹，但历史上的朱沱却是著名的港口大镇。很多年后，这里建起重庆港永川朱沱港区深水码头，成为长江上游川、渝、黔交界河段唯一能停靠千吨级船舶的港口，年吞吐能力达到250万吨。

和朱沱相邻的是永川区松溉镇。清光绪《永川县志》记载，松溉因为境内的松子山和溉水得名，原名松子溉，后来简称“松溉”。松溉境内的中国历史文化名镇“松溉古镇”，保存有大量明清建筑，包括罗家祠堂（西南地区最大的罗氏宗祠）、陈家大院、樊家祠堂等。历史上，松溉古镇名人辈出：南宋经学大师陈鹏飞曾在此设馆教学；宋美龄曾经到此指导创办“新运纺纱厂”；中科院院士陈文贵和弟弟陈文镜都出生在松溉，陈文镜是外科专家，担任过叶挺独立团军医，孙女是著名演员陈冲。

这之后，长江在永川流淌21.5千米，过松溉镇，回到江津区。

在江津，长江干流全长约127千米，长度为重庆各区县之最。江津城西的鹤山坪，号称“天下第一坪”，20世纪30年代，陈独秀先生逝世前一直在这里居住。登上鹤山坪主峰鹤岭，可以远眺“长江九曲”：第一曲位于长江进入石门峡口前的河口弯曲江段，第二曲位于白沙东海沱，第三曲位于油溪金刚沱，第四曲位于油溪镇边的华盖山主峰，第五曲位于龙门滩，第六曲位于德感兰家沱，第七曲位于五举沱，第八曲位于贾坝沱，当长江冲出位于白沙沱的第九曲，大江东去，告别江津。

江津人杰地灵，明代重臣江渊、“联圣”钟云舫、爱国诗人吴芳吉，都是喝着这里的长江水长大的。包括邓稼先、周光召在内的18位两院院士，也是从这里的读书声和涛声里出发，奔赴远方。

1899年，开国元帅聂荣臻诞生于江津区吴滩的石院子。1919年11月，他离开家乡，乘船赴法国勤工俭学，后参加革命，直到36年之后的1955年，他才回过江津，但只短暂停留两天，没有回到出生地石院子。晚年（1986年），聂帅提及此事很是感慨，说：“那次算不得真正回家，人一旦上了年纪，对家乡的思念就越发浓烈。”

在网络时代，大多数人对江津最深的印象，或许来自“小曲清香型”白酒“江小白”。江小白和梅见、果立方等著名时尚品牌，属于

▶ 迎龙门是磁器口古镇的标志性建筑，在这里可俯瞰嘉陵江水。张坤琨/摄

▶ 千年古镇龚滩以石板街、吊脚楼、坡屋面、小青瓦为风貌特征。张坤琨/摄

▶ 松溉古镇在历史上是商贾云集之地，水路有三个码头，陆路有繁荣的马帮。陈云元/摄

▶ 涞滩古镇始建于晚唐时期，兴盛于宋代，境内的涞滩瓮城为石筑古瓮城的代表作。张小刚/摄

刚刚更名的“瓶子星球”酒业。“江记酒庄”酿酒基地和风景如画的“江小白农庄”，都位于江津区白沙镇。这是一座拥有数百年酿酒历史的小镇，自古盛行高粱酒，知名品牌包括白沙烧酒、江津老白干。

在江津，一条名为綦江的河流从仁沱镇顺江村汇入长江。这条长约234.7千米的河流，为了和长江相会，日夜奔流，在路过綦江区的时候，还赋予了这块土地同样的名字。关于綦江的源头，曾经众说纷纭，直到2015年才最终确认，源头在綦江区石壕镇万隆村大垭口。

## 长江在重庆主城的左岸故事

在重庆主城，长江常常成为各区县的界河，喜欢在相邻区县间穿梭。比如进入江津之后，长江突然转向，前往永川，然后再回到江津。来到重庆主城也是如此，江水先进入九龙坡区西彭镇，随后从铜罐驿镇前往大渡口区拜访，然后再回到九龙坡，取道九龙坡区谢家湾前往渝中区。

在明朝年间，九龙坡因为境内江中有滩，“九石翘首若龙”，得名九龙滩，之后建成码头，改名九龙铺。1945年8月，毛泽东主席赴重庆参加国共和谈，飞机在九龙铺机场降落，《新华日报》记者报道时笔误，将“九龙铺机场”写成“九龙坡机场”，九龙坡的叫法于是扬名。到1955年10月，九龙坡正式成为行政区域名称。

20世纪30年代，汉阳兵工厂西迁，为九龙坡的现代工业奠定了基础。此后多年，九龙坡历经包括“三线建设”在内的多个历史发展阶段，成为重庆军工重镇、工业大区。历史上，九龙坡涌现出众多名人，包括明正德年间文渊阁大学士刘春，清乾嘉时期书画家龙为霖、龚有融，中国共产党早期革命家周贡植等。

现在提起九龙坡，最为人们熟知的应该是四川美术学院。作为中国八大美院之一的“川美”，这里先后走出包括罗中立、何多苓、高小华、张晓刚、庞茂琨在内的一大批杰出艺术家，在中国美术史上影响深远。川美老校区所在地黄桷坪街道，古朴与现代并存，历来是文艺青年打卡的重要目的地。

取道九龙坡区铜罐驿镇，长江进入大渡口区，在留下全长约28.7千米的身影后，从李家沱长江大桥返回九龙坡。清道光年间到清光绪年间，民间和官方先后两次在大渡口设立义渡，用于搭载过江民众。到清末，长江以南称南大渡口，以北称北大渡口，北大渡口规模为沿江数十里渡口之首，所以直接称大渡口。1965年，设立大渡口工业区。1968年，改称大渡口区。

大渡口有一个著名的别称——钢城。1938年，也就是抗日战争全面爆发的第二年，东部城市相继沦陷，中国重工业被迫西迁，著名爱国实业家卢作孚组织了战略意义重大的“宜昌大撤退”，将汉阳铁厂设备经民生轮船公司运输，从宜昌艰难抵达大渡口马桑溪码头，组建了重庆钢铁厂的前身“大渡口钢铁厂”。

江水离开大渡口，回到九龙坡，之后北流，进入著名的渝中区，先后流经菜园坝街道、南纪门街道至解放碑沿线，抵达朝天门后纳入嘉陵江，全长约9千米。渝中区地处长江、嘉陵江交汇处，两江环抱，形似半岛，有“重庆母城”美誉。1955年称市中区，1995年更名为渝中区。全区面积约23平方千米，是重庆市平均海拔最低的行政区。

如果要找一个区域来体现整个重庆的特征，答案一定是渝中。而著名的解放碑，在很长一段时间内基本取代了渝中的概念，因为在老重庆人心中，这块区域才是真正的主城区范围，过去重庆人说的“进城”，其实指的就是去“解放碑”及其繁华的周边地区。解放碑有一块著名的碑——人民解放纪念碑，前身为“抗战胜利纪功碑”，碑名由时任西南军政委员会主席的刘伯承元帅题写。

长江从渝中的菜园坝离开，向东北奔流的过程中，冲积形成渝中水域左岸最大的沙洲——珊瑚坝。每逢夏季洪水期，珊瑚坝常被淹没；到枯水期，再从江水中露出。作为重庆重要的景致之一，珊瑚坝在历史上常常出现在文人墨客笔下。明代著名学者曹学佺在《蜀中广记》中说：“江横大洲曰珊瑚坝。舟子曲折行乃达彼岸。雨余月际，遥睇江烟苍茫间，舴艋往来，飘如一叶，亦佳趣也。”很多年后的今天，珊瑚坝经过改造，成为重庆的绿岛和生态岛。

长江在朝天门和嘉陵江交汇之后，离开渝中，来到左岸的江北区江北嘴，一路东流，开启全长约49.5千米的旅程，先后经过江北城街道、寸滩街道、铁山坪街道、郭家沱街道、鱼嘴镇，最后在五宝镇新三村纳入御临河（发源于四川省大竹县四方山系）。江北区的江北嘴和渝中区的朝天门隔江相望，同为两江环抱之地。元末，农民起义军领袖明玉珍占领重庆，于1363年称帝，国号大夏。三年后明玉珍病故，葬于江北嘴。如今，经过改造的江北嘴已是重庆著名的金融中心。

离开江北之后，长江进入渝北区洛碛镇太洪岗，奔流16.7千米，结束长江重庆主城的左岸故事。整个长江渝北段都处于三峡库区范围，是变动回水区河段，其间有寸滩河、朝阳河、长堰溪等支流汇入。需要强调的是，重庆北站和江北机场两大交通枢纽，全都位于渝北。

## 长江在重庆主城的右岸故事

长江从江津区珞璜镇灌子溪离开后，抵达巴南区莲花街道，开始重庆主城的右岸故事。

全长59千米的长江干流巴南段，水域面积1823平方千米，河床平均宽800米，沿途纳入众多支流，包括五布河、花溪河、一品河、鱼溪河、双河、鱼藏溪、黄溪河、孝子河等。

在重庆当地，有一种说法是：八百年重庆，三千年巴县。这里的巴县，指的就是今天的巴南区。巴南历史悠久，西周至战国时期属巴国。北周武成三年（561年）设巴县。此后，县境虽有变化，但“巴县”之名沿用至20世纪末。1994年12月17日，国务院批准撤销巴县，设立重庆市巴南区。巴南承袭“巴县”历史符号，因地处重庆市中心以南而得名，成为重庆市唯一带“巴”字的行政区，象征巴文化的传承。

长江离开巴南，进入南岸区南坪镇。南岸的命名，是因为地处重庆市中心城区的长江南岸。江水在南岸一路自西向东流淌，沿途风光旖旎，先后经过铜元局街道、南坪镇、海棠溪街道、龙门浩街道、弹子石街道、鸡冠石镇、铜锣峡、峡口镇，到广阳镇新六村时，结束重庆主城的南岸故事。沿途河段全长约37.3千米，落差约4米。

这个过程中，当长江流过有“东陲屏障”美誉的铜锣峡，立刻在江心冲积出著名的沙洲——广阳岛。被江水环抱的广阳岛，植被覆盖率超过90%，枯水期面积约10平方千米，是长江上游最大的江心绿岛。《华阳国志》记载，广阳岛原名“广德屿”，因三国时期上游铜锣峡设有阳关，于是取“广”“阳”二字，命名为广阳岛。明代《蜀中广记》记载，广阳岛又名广阳坝、广阳洲。其中，“广阳坝”是重庆人对其亲切的俗称。

1929年，广阳岛诞生了重庆首个机场，即由时任四川军务督办刘湘主持修建的广阳坝机场。1938年，国民政府“征集12县民工1.2万人”，将其扩建为军用机场，成为保卫重庆上空安全的重要门户。1939年，当时的中国空军第四大队（志航大队）进驻广阳坝机场，在重庆“五三”“五四”大轰炸期间，第四大队的英雄们在大队长董明德、副大队长郑少愚的率领下，多次驾机升空迎战，击落日机3架，飞行员张明生、张哲壮烈牺牲……那时候的广阳岛，还先后驻扎着苏联援华志愿航空队和美国志愿援华航空队，长空比翼，共同参战。现在的广阳岛机场抗战遗址群，保留有机场遗址28处，包括碉堡、士兵营房、美军招待所、油库、防空洞、发电房、通往广阳岛的钢筋混凝土桥梁等。

新中国成立后，广阳岛先后成为国营农场（20世纪50年代至80年代）、国家曲棍球训练基地（20世纪80年代）。2019年，广阳岛开始“护山、理水、营林、疏田、清湖、丰草”，动植物种类显著增加，记录在册的有植物627种、动物458种（含新增鸟类25种），包括黑鹳、乌雕等国家一级保护动物。2020年，广阳岛被命名为全国“两山”实践创新基地，入选联合国《生物多样性公约》生态修复案例，成为“长江风景眼”和“重庆生态岛”。

长江在拜访完南岸区之后，再次回到巴南区，最后从巴南区双河口结束在重庆主城的故事，前往下一站长寿区。

## 从长寿到云阳：三峡的精彩前奏

长江从重庆主城左岸的渝北、右岸的巴南，蜿蜒流出重庆主城，前往三峡。这个过程中，长江从长寿区到云阳县的400多千米流程，一直被认为是三峡的精彩前奏。

江水东行，进入现代武侠小说之王还珠楼主（原名李善基，后更名李寿民）的故乡长寿区。和重庆其他区相比，长江流经长寿的行程不算太长，只有20多千米，但意义非常重大，因为重庆市内最大的两个湖泊——长寿湖和大洪湖，都位于长寿区。这是两个在20世纪50年代建成的人工湖，所有流经它们的河

▶经护山、修水、营林等生态保护措施后，如今的广阳岛风景如画。张坤琨/摄

**1200年来，白鹤梁先后记录了72个枯水年份的水位。梁上刻有18尾石鱼，这是古代的水位标志。**

流，最后全都汇入长江。

首先是水域面积30平方千米的大洪湖。形成大洪湖的河流叫大洪河（又叫东河），发源自四川省达州市大竹县，在流经四川省广安市邻水县之后，进入重庆市长寿区。1958年，人们拦河蓄水，修建大洪湖水电站，形成了大洪湖。大洪湖绝大部分水域在长寿，极小部分在四川省邻水县。接下来是长寿湖，湖水来自发源于重庆市梁平区的龙溪河（长江一级支流）。1954年，人们拦截龙溪河，修建狮子滩水电站，形成65.5平方千米的长寿湖，这是西南地区最大的人工湖，湖中有上百个小岛星罗棋布。湖水经过龙溪河下游，在长寿区凤城街道附近汇入长江，与此同时，一条名为“桃花溪”的河流也在这里汇入长江。

江水流过龙溪河，在汇入长江的河口不到十公里远的地方，江面变窄，两岸紧束，进入著名的黄草峡。黄草峡和铜锣峡、明月峡一起，称为重庆东部的“巴东三峡”。整个黄草峡长约3千米，有石嘴伸入江中，河宽由上游的600米，缩窄到130米。黄草峡枯水期水流平缓，涨水期水流湍急、水势紊乱强劲，形成长江著名的急流险滩。

从狭窄的黄草峡出来，水面豁然开朗，长江进入重庆段非常重要的一个区：涪陵。说它重要，一方面是乌江在这里和长江相汇，另一方面是流经涪陵的长江主干上，有一座“世界第一古代水文站”——白鹤梁。

从长寿流来的长江，在遇到乌江之前，先和白鹤梁相逢。

白鹤梁是一座长约1600米、平均宽约15米的巨型天然石梁。在三峡大坝建成之前，白鹤梁夏隐冬现：每年12月至次年3月枯水期，石梁部分露出水面，与江流平行；到来年丰水期，石梁完全隐入江底。白鹤梁上，刻有18尾石鱼，这是古代的水位标志，其中最著名的是唐代刻的“双鱼”，鱼眼位置和长江常年枯水位的平均水位线高度一致（约海拔137.91米）。当江水退到鱼眼以下，预示来年丰饶；当江水过低，石鱼完全露出，则预示来年干旱。最有意思的是，石鱼的鱼腹、鱼背等部位，对应着不同的水位，古人通过观察石鱼露出的程度，判断江水涨落。1200年来，白鹤梁先后记录了72个枯水年份的水位，为研究长江流域气候变化和水文规律提供了极为珍贵的实证资料。

从地质构造看，涪陵地处“川东褶皱带”和“川鄂湘黔隆起带”交会处，长江在此接纳乌江后水量骤增，江水对石灰岩的溶蚀作用历经千万年，最终塑造出这道横卧江心的巨大石梁。从艺术角度看，古代文人们来这里观水、游览，在石梁上题刻，最终形成蔚为大观的艺术碑林，著名的包括黄庭坚的墨宝“元符庚辰涪翁来”、蒙文题刻“阿弥图土萨塔”（生命的意义在于荣誉）、唐代农谚“石鱼出水兆丰年”等。

三峡水库建成后，中国工程院院士葛修润先生以“无压容器”技术，构建出世界首座水下博物馆。从此，白鹤梁沉入水底，被一个潜水艇式的椭圆钢体罩盖，罩内与江水连通，内外水压相同，游客可以乘自动扶梯进入水下廊道，透过22个双层玻璃窗近距离观看白鹤梁上的石鱼。

告别白鹤梁，长江干的第一件大事就是接纳著名的乌江，然后波涛滚滚，流往涪陵区珍溪镇，在这里接纳长江北岸支流渠溪河，之后流出涪陵，去往著名的“鬼城”丰都。

已有近2000年历史的丰都，地形呈“四山夹三槽”格局，由黄草山、蒋家山、方斗山、七曜山平行岭谷构成。蜿蜒而来的长江，从蒋家山和方斗山之间穿过。据说自古以来，行船到丰都的人都要祭鬼神，以此表达对激流险滩的敬畏和对生命的尊重。实际上，从南宋《夷坚志》首次记载“鬼城”之名到现在，丰都的幽冥文化长盛不衰，尤其每年农历三月初三的“鬼城庙会”，更是吸引了上百万游客前来。除了鬼城文化，长江水系的神秘文化遗存也是丰都境内重要的旅游资源，长江一级支流龙河纵贯164千米，最后在丰都县三合街道一个叫龙河口的地方注入长江，而在龙河沿岸的峭壁上，至今仍留存着很多崖棺——先民们在悬崖峭壁上开凿龛穴，进行墓葬。仅丰都县龙河镇境内，就有崖棺两百多处，被考古界誉为“崖棺博物馆”。

长江流出丰都县龙孔镇，抵达中国唯一以“忠”字命名的县份：忠县。1400年前，唐太宗因为巴蔓子将军“刎首留城、舍身保国”的壮举，为这里赐名“忠州”。唐代诗人白居易担任过忠州刺史，在任一年零二十天，他喜欢在忠州城东山坡种植花木，也喜欢把京城宫廷的烤饼技艺改良后传授给当地居民——这就是现在忠县的传统名小吃香山蜜饼。后来，白居易奉命还京，顺江而下过三峡，之后很多年里一直写诗怀念，著名的包括“时时大开口，自笑忆忠州”“巫峡中心郡，巴城四面春”“最忆东坡红烂熳，野桃山杏水林檎”。

长江在即将流出忠县的时候，遇见著名的“江中盆景”石宝寨。石宝寨始建于明朝万历年间，在清朝康熙、乾隆年间得到完善，占地面积5.4万平方米，建筑面积3486平方米。整个建筑群依山就势，飞檐展翼，最大的看点是12层穿斗式木构楼阁，通高56米，全都是榫卯结构，没有用一枚铁钉。登顶石宝寨，可以看见江对岸西沱镇的灯火。西沱属于重庆市石柱土家族自治县，长江在石柱擦边而过，流过三个乡镇：沿溪镇、黎场乡、西沱镇，流程约20千米。西沱古称“西界沱”，意为“巴州之西界”，历史上曾是巴盐古道的起点，是“巴盐销楚”网络中重要的水陆转运中心。

▶ 云阳滨江新城位于澎溪河与长江交汇处。王家福/摄

▶ “峡里云安县，江楼翼瓦齐。两边山木合，终日子规啼。”杜甫诗中的云安就是云阳县。谭仁军/摄

在石宝寨和西沱镇的注目下，长江水奔腾远去，抵达地处三峡库区腹地的万州区。

一个“万”字，说的是万州的富庶。但无论是“万川毕汇”还是“万商云集”，万州的繁华都离不开82.6千米长江黄金水道的托举。万州的位置相当重要，几乎是重庆主城区和湖北省宜昌市的中点。在万州，直接汇入长江的河流有七条，其他小河溪流加起来超过两百条。涪溪口、麻柳沱、密溪沟、黄柏溪、聚鱼沱……仅这些名字，就可见证万州水系的繁茂。到魏晋南北朝，万州改名“鱼泉”，更佐证了当地依水为生的生活方式。到唐贞观八年（634年），万州因“大江至此，万川毕汇”而改为现名。

在漫长的长江航运史中，万州极具特殊性。曾经，从万州到云阳段航道中的巴阳峡暗礁丛生，水流湍急，导致千年不夜航。那时候，从重庆去宜昌的船只，耗时一整天抵达万州后，必须停泊过夜，次日才敢续航。20世纪50年代，每晚停泊在万州的客货轮，多达20余艘，坐实了万州港“川东第一码头”的名号。一直到三峡工程完工前，巴阳峡依然是川江上最长的控制河段：船行至此，必须听从3个信号台的指令，单行上下。2003年6月，随着三峡蓄水的推进，巴阳峡水面变宽，水流变缓，船舶航行畅通无阻。

万州因江而生，因港而市，因市而城，极其繁华。万州西山公园的钟楼威严耸立，和黄浦江畔的上海海关钟楼、武汉的江汉关钟楼，合称“长江三大报时钟楼”。这座高51米的七层砖石钟楼融中式楼阁与西洋钟塔于一体，由川军师长王陵基募款修建于1930年（一说由万县商界集资修建）。钟楼顶部安装的德国进口亨得利机械钟，在1997年被改为电子钟报时系统，每日准点报时，让万州港的百年风云在江畔钟声里回响。如今的万州号称“中国烤鱼之乡”。万州烤鱼的千年烟火，甚至可以追溯到万州武陵镇东汉墓群遗址出土的东汉灰陶烤鱼庖厨俑。夜晚的万州滨江路上，数十家烤鱼店灯火通明，以泡椒、豆豉等二十多种秘制酱料经炭火烤制出的麻辣烤鱼，外焦里嫩，麻辣鲜香，吸引着众多游客。

接下来，沿着已经变成坦途的巴阳峡，长江出万州，抵达云阳县。江水一进云阳，右岸迎来张飞庙，江对岸就是云阳县城。

民间自古就有张飞被杀后“身在阆中，头在云阳”的说法。据学者推断，云阳张飞庙可能修建于三国蜀汉末期，是巴渝地区较早修建的张飞庙之一。巴渝人民热爱张飞的人物形象，历史上曾修建过二十来座祠堂庙宇，但大多因为年久失修而消失。现存的张飞庙中，云阳张飞庙被认为是布局最巧妙、景观最秀丽、结构最精巧的庙宇建筑，历史学家用八个字形容：用料讲究，精致严整。庙内藏有岳飞手书《前后出师表》，苏轼《赤壁赋》等木刻碑帖600余件。因为具有极高的建筑艺术价值和人文价值，三峡蓄水前的2002年，在文物专家组织下，张飞庙被整体搬迁到32千米外的盘石街道龙安社区狮子岩，成为共和国成立后搬迁距离最远、单项投资最大的文物迁建项目，史称“三峡库区文物第一搬”。张飞庙搬迁后，10万件建筑构件按编号进行复原，126棵古树按原址布局移栽。

长江流过张飞庙和云阳县城的时候，太多的大河小溪加入长江的队伍，其中最大的四条支流包括澎溪河（又称小江）、汤溪河、磨刀溪、长滩河。四条河流联手长江主干，在云阳大地形成“一江四河”的水文格局。曾经，汤溪河岸边是云阳老县城所在地，1999年，因为三峡工程，县城整体迁至上游三十多千米外的双江镇，成为三峡库区首个全迁县城。今天的双江镇，已经改名为双江街道，而所谓双江，指的就是长江和澎溪河。有意思的是，磨刀溪流过龙角镇、普安乡，在新津乡汇入长江，长滩河在故陵镇注入长江，而这两条河流蜿蜒流过的四个乡镇，正是云阳地质公园的核心区。2025年4月，总面积1124.05平方千米的云阳地质公园，被联合国教科文组织批准为世界地质公园，拥有“中侏罗世恐龙化石群”和“天下第一缸”龙缸天坑两大世界级奇观。

关于恐龙化石问世的故事，要回到2015年。那时候，云阳人周政放牛时发现一块奇怪的“石头”，经专家鉴定，被确定为恐龙化石，从而拉开云阳恐龙化石发掘工作的序幕。事实证明，云阳是目前世界上恐龙化石资源最丰富的地方之一。经过发掘，形成了长150米、高6~10米，表面可见5000余块化石的恐龙化石墙——这是目前世界上最大的“侏罗纪单体恐龙化石墙”。发掘过程中，古生物学家发现不少新的恐龙种类，其中一种恐龙被命名为普安云阳龙，以纪念发现地云阳县普安乡。

## 魔幻三峡之旅正在开启

长江流出云阳，进入奉节县康坪乡石院子，依次流经安坪镇、永安镇，之后从长江右岸的永乐镇和左岸的白帝镇流出，前往重庆最后一站巫山。长江奉节段全长41.5千米（一说43千米），是三峡库区核心区域，沿途风光壮丽，历史文化深厚。

奉节有2300多年建置史，是中国历史上最古老的县城之一。春秋时期，称夔州；战国时期的秦国，设鱼复县；到唐贞观二十三年（649年），为了表彰诸葛亮“临大节不可夺”的品质，改名奉节，沿用至今。奉节有“诗城”之名，李白三次途经瞿塘峡，和奉节结缘，写下名句“朝辞白帝彩云间，千里江陵一日还”。杜甫从55岁到57岁在奉节的两年间，创作出430余首诗歌，占其传世作品总量的三分之一。49岁的刘禹锡在奉节任夔州刺史三年，留下诗文58篇，其中仿当地民歌写出的《竹枝词》，成为“天下第一情诗”。

奉节最著名的地标白帝城，得名于西汉末年公孙述在此称帝的故事，据说公孙述看见一口古井常有白雾升腾，以为是“白龙献瑞”，于是筑城，自称白帝。公元223年，三国故事里的著名桥段在这里上演：刘备伐吴兵败，退守白帝城，托孤诸葛亮……实际上，白帝城是长江流域的战略要地，见证着历史变迁、文化交融。城中拥有多座城门，包括东门、小北门、大北门、皇殿台瓮城门、小西门、西门等，这些面

瞿塘峡西起奉节白帝城，东至巫山。郭沫若曾发出“若言风景异，三峡此为魁”的赞叹。刘杰/摄

三峡之巅景区位于奉节县县城以东10多千米处，乘坐景区索道，可以俯瞰整个瞿塘峡。每年10月初，绚烂的红色开始从山顶向下蔓延。陈亮/摄

对长江涛声的城门，构成复杂的防御体系，展示出强烈的军事堡垒元素。在今天的白帝城景区内，保存有白帝庙、观星亭等古迹，人们从白帝庙山顶的观景台上看见的夔门，就是第五套10元人民币背面的图案，此观景台如今是人们手持人民币合影的网红打卡点。

长江从白帝城东流不远，进入著名的夔门。夔门是长江三峡的起点，由赤甲山、白盐山夹江对峙而成。赤甲山因为岩层含氧化铁，呈赭红色；白盐山因为碳酸盐岩风化，灰白如盐。两山隔江相望，呈现出“赤甲晴晖，白盐曙色”的独特景观。两岸崖壁如刀削斧劈，形成“天开一线”的险要地势，自古有“夔门天下雄”之誉。

江水流过夔门，抵达长江三峡第一峡——全长8千米的瞿塘峡。这是三峡中最短、最窄的峡谷，以雄奇险峻著称于世，河道平均宽度约150米，最窄处仅约50米。在三峡工程蓄水之前，瞿塘峡口最大流速达每秒7米，汛期流量超过5万立方米每秒。狭窄的河道、湍急的水流，引来杜甫写诗感叹：“众水会涪万，瞿塘争一门。”

夔门的江心，曾经矗立有一尊天然礁石，名叫“滟滪堆”，长约40米，宽约20米，高约30米，得名于船工行船到此不可“滟滪”（犹豫）的说法。秋冬枯水期，滟滪堆露出江面，如巨兽横阻；夏季洪水期，滟滪堆仅顶部露出，仿佛水怪隐现。船工只能根据礁石露出的体量，判断行船风险度，于是有民谣：“滟滪大如象，瞿塘不可上；滟滪大如马，瞿塘不可下。”1958年冬，为通航安全，滟滪堆被炸除，残骸现存于重庆中国三峡博物馆。

瞿塘峡北岸绝壁上的风箱峡，因岩壁裂隙形似“风箱（古代巴人的悬棺）”而得名。20世纪70年代，考古人员攀岩探查，发现了战国至西汉时期的巴人悬棺，棺内遗骨、青铜剑等文物现藏于重庆中国三峡博物馆。悬棺距今约2000年，至于古人是如何将棺木安置在百米高的绝壁上，至今成谜（有推测认为古人根据水位变化用栈道、绳索辅助完成）。后来，因为三峡大坝蓄水，部分悬棺遗址沉入水下，但高处棺木仍清晰可见。人们乘船经过瞿塘峡时，能够仰望到岩壁上的裂隙和残留的棺木痕迹。

长江告别雄奇险峻的瞿塘峡，抵达重庆境内的最后一站——巫山县，之后流经曲尺乡、巫峡镇，进入全长46千米的巫峡，再过建坪乡，从培石乡下庄坪离开重庆，奔赴湖北。

巫山之名最早见于《山海经》，传说是上古巫师的居住之地。巫山县在春秋战国时期隶属楚国巫郡；到汉代，设巫县；到隋朝开皇三年（583年），改巫县为巫山县，沿用至今。由于宋玉《高唐赋》中“巫山云雨”的典故（楚王与巫山神女的传说），巫山很早就声名远播。毫无疑问，巫山不仅是自然奇观的代表，更是长江文化的重要符号，兼具神话、历史和地理多重意义。

长江巫山段全长55.8千米，沿途接纳了包括大宁河、官渡河、抱龙河、三溪河、大溪河在内的9条支流和54条溪流，水系纵横，水网密布。这些支流里的重中之重，是发源于重庆市巫溪县北部大巴山南麓的大宁河。

大宁河全长约162千米，流域面积达到4200平方千米，分为上、下游，上游巫溪段水流湍急，峡谷深切，原始生态保存完好；下游巫山段河道宽阔，因为水质清澈、富含矿物质，所以颜色碧绿，有“翡翠支流”美誉。著名的大宁河“小三峡”，在此惊艳亮相。

大宁河小三峡南起巫山县城，北至大昌古镇，由龙门峡、巴雾峡、滴翠峡组成，全长约50千米。前峡龙门峡是小三峡的入口，峡口两侧峭壁高耸，因形似长江夔门，得名“小夔门”。龙门峡长约3千米，最窄处仅几十米，岸边密布绵延300多千米的古栈道方形石孔，据考证古栈道修建于唐代以前。江心处有高约40米的九龙柱石峰，旁有灵芝状奇石相伴。中峡巴雾峡全长10千米，以悬棺和天然石雕闻名，两岸石灰岩经过水流侵蚀，形成龙、虎、马等形态各异的钟乳石，绝壁4~5米高处有黑色悬棺，经考证是战国至明代的巴人葬。后峡滴翠峡是小三峡中最长的一段，约20千米，因植被覆盖率高达90%而得名，滴翠峡水质清澈，常有鸳鸯、猴群自由出没。

有意思的是，沿着滴翠峡支流马渡河前行，会遇见全长15千米的“小小三峡”：三撑峡、秦王峡、长滩峡。滴翠峡口有座“袖珍古城”——大昌古镇，城内的建筑多为青砖黛瓦、白墙飞檐，常见坡屋面、木门窗、风火墙、天井院落和双层屋檐等元素。三峡工程蓄水后，在西堡岭复建的大昌新城，南门正对大宁河，门旁有一棵百年黄葛树，号称“库区第一树”，是大昌古城的风景树，也是当地百姓的祈福树。

长江从小三峡出口蜿蜒下行，抵达长江三峡中的第二峡：幽深秀丽的巫峡。

当船只在柔美的江水里驶到中流，著名的“巫峡十二峰”便开始从南北两岸陆续惊艳登场。江北六峰（乘船可见）包括神女峰、松峦峰、集仙峰、朝云峰、圣泉峰、登龙峰；江南六峰（部分需徒步或换视角观看）包括翠屏峰、聚鹤峰、净坛峰、起云峰、飞凤峰、上升峰。这十二座气势峥嵘、姿态万千的山峰，是长江三峡的标志性景观，也是徒步和乘船观赏的绝佳去处。三峡工程完成后，水位上升80米，巫山段的江面宽度从150米扩展到230米，原有的很多险滩被淹没，但海拔在800米左右的十二峰主体并未受影响。

与千年神女峰隔江相望的，是一条叫作“神女溪”的清澈支流。溪流两岸奇峰耸立，传说神女曾在此沐浴，沐浴完后，在月光和涛声里，慢慢站成了神女峰。1980年，上海电影制片厂拍摄的电影《等到满山红叶时》和《巴山夜雨》，重点取景于巫峡，片中的神女烟云、巫山红叶、一江迷雾，全都纯美深情，成为长江三峡最好的宣传片。

在巫山让人目眩的红叶色彩和沿途秀美迷离的景观中，长江在巫山县培石乡的下庄坪最后回望了一下山水重庆，之后波澜翻涌，开始了下一站湖北的旅程。

# 只有一条长江

The Yangtze River:
There's But One

# 卷五

# 湖北湖南

## 江河的盟约
## 从九曲回肠到大江东去

著名的长江三峡，包括重庆段的瞿塘峡、巫峡，湖北省宜昌段的西陵峡。百转千回的江水迤逦远来，经过雄奇险峻的瞿塘峡和幽深秀丽的巫峡之后，流进湖北省恩施州巴东县官渡口，往西陵峡滚滚而去。从这一刻起，长江正式告别重庆，进入湖北。

全长66千米的西陵峡，是三峡中的最后一峡，独属湖北省宜昌市，是三峡的收官之作。位于西陵峡东口的南津关，地势险峻，悬崖峭壁耸立，江面狭窄，有“长江至此穷”的说法。当奔腾的长江从南津关冲出之后，浩荡江水如脱缰野马涌来，在宜昌城下舒展成一汪巨大的翡翠。这是长江流出三峡后的第一次铺陈，这之后，江水在荆楚大地上肆意挥洒、纵横，中国最富诗意的地理长卷就此展开……

在长江湖北段，自西向东的江水，依次流过恩施州巴东县、宜昌市、荆州市、武汉市、鄂州市、黄石市、黄冈市等。这个过程中，荆州河段的出现堪称奇观。以藕池河口为界，分上、下荆江：上荆江从宜都市枝城镇到藕池口，河道相对顺直；下荆江却骤然蛇行，从藕池口到湖南省岳阳市城陵矶，直线距离仅80千米，但江水兜兜转转，迂回240多千米，终于在江汉平原上绘制出“九曲回肠”的奇特地貌。

荆江的特殊地貌，是江水和湖沼千万年角力的产物，见证了长江和云梦泽的纠葛与演变。云梦泽，是一个存在于古诗词意象中的地名，秦汉时期尚存有万顷碧波，但岁月沧桑，终究让它在淤积、围垦中逐渐消逝，只留下湖泽遗址与历史回响。

由于河道弯曲，荆江一带泥沙淤积严重，水流不畅，再加上汛期水量激增，历史上曾屡次引发洪水灾害。三峡水利枢纽工程的诞生解决了这个问题，这是世界上最大的水利枢纽，位于三峡门户，是长江防洪体系的核心，承担着防洪、发电、航运等多重功能，通过科学的水利管理，重新塑造了长江流域的水资源平衡局面。

在三峡大坝下游，长江通过包括松滋口、太平口、藕池口、调弦口在内的四个自然分洪口，注入著名的洞庭湖。洞庭湖横跨湖北、湖南两省，丰水期水面面积达2625平方千米，枯水期则缩至不足1000平方千米，这呼吸般的涨落，孕育出独特的湿地生态系统，成为候鸟们的黄金驿站。

除了接纳长江四口的来水，洞庭湖还汇聚了众多的支流，包括湘江、资水、沅江、澧水、汨罗江等，形成复杂水网。尽管众多古镇环绕洞庭湖，并因为洞庭湖在历史上留名，但湖南的实际情况是：整个湖南省，只有岳阳一个地级市濒临长江。但这已经够了，遥想宋朝，范仲淹虽然未曾亲临岳阳，却以《岳阳楼记》闻名千古，其名句“先天下之忧而忧，后天下之乐而乐”，至今仍激荡在洞庭湖的水面。

位于岳阳的长江中游第一矶“城陵矶”，是洞庭湖的出口，也是长江干流继续东流的起点。滚滚长江尽管中途对湖南进行了拜访，但江水一直未曾离开过湖北境内，因为城陵矶的北岸流域，一直属于湖北荆州。离开城陵矶之后，江水裹挟着洞庭湖的灵气继续前进，带着历史的记忆与未来的期许，奔腾进入武汉。

在武汉，长江迎来重要的支流——全长1577千米的汉江。汉江从陕西省宁强县的嶓冢山而来，抵达武汉的两江交汇处之后，形成泾渭分明的“龟蛇锁大江”景观，使晴川阁与黄鹤楼隔江相望，造就出九省通衢的天下枢纽。在这里，长江展现出母亲河的博大胸襟，用黄金水道串联起码头文化、商贸传统和工业文明。

流过武汉之后，长江继续穿行在鄂州、黄石、黄冈的南北两岸之间：南岸的鄂州古城，曾见证三国时孙权筑坛称帝，北岸黄冈东坡赤壁赭红的崖壁下，惊涛拍岸之声和苏轼“大江东去”的豪迈词章共鸣……这之后，长江在鄂赣交界的西塞山前稍作盘旋，带着楚地的文脉，向着鄱阳湖和东海的方向奔涌而去。

夏日的洞庭湖，远处湖水广袤无垠，近处货船往来穿梭。张浩奇/摄

宜昌南津关位于西陵峡东口，是三峡尾端的天然门户，两岸陡壁直立，江面狭窄。刘杰/摄

长江与支流汉江的交汇，塑造了武汉三镇。汉江湾桥是武汉市第十座跨汉江通道。冯光柳/摄

# 最后的三峡和荆江之险

浩荡的长江穿过雄奇险峻的瞿塘峡和幽深秀丽的巫峡，直扑长江三峡的最后一峡——西陵峡。西陵峡位于湖北省宜昌市，又称“宜昌峡”，是长江三峡中最长、最险峻的峡谷，西起秭归县香溪河口，东至南津关。历史上，西陵峡是三峡航行中最危险的一段，三峡工程蓄水后，西陵峡水位上升约100米，峡谷变宽，险滩消失，但高峡平湖的景观依旧壮丽。

在宜昌段，长江有几次很精彩的相遇。它首先流过诗人屈原的家乡、地处川鄂咽喉的秭归县，随后立即和举世闻名的三峡工程相遇。这是全球规模最大的水利枢纽工程，万吨巨轮在这里来来往往，水流和雾气形成的“长江之虹”美得无与伦比……

这之后，江水从宜昌顺流而下，当蜿蜒东去的长江抵达平原和丘陵的交界处，江面变得宽阔、悠长。这时候，江水开始进入长江中游的特定河段：荆江。需要强调的是，荆江从名字看很像一条独立的河流，经常被误认为是长江支流，但实际上它只是长江干流中的一段。关于荆江的故事很多、很神秘，比如，荆江的前世——云梦泽，便是一段和消失有关的遥远传说；而荆江的今生故事更是惊心动魄，因为有一句老话流传了多年：万里长江，险在荆江。

## 长江三峡的最后一峡

在长江三峡中，西陵峡一直以“险”著称。

清朝末年，英国人立德乐游历三峡，从宜昌乘船前往重庆，后来在《长江三峡及重庆游记》一书中，记录了对西陵峡的深刻印象：“岩石的形状奇特，高耸入云，大山在这里被劈开。小溪从狭窄的山谷流进江里，山谷两岸都是绝壁，每个拐弯处都是直角……”

立德乐笔下的西陵峡，全长66千米，西起湖北省秭归县香溪河口，东达宜昌市夷陵区南津关，给人粗犷、凶险的“鬼门关”印象。在这里，峭壁上尽是裸露的岩层，几乎没有任何植被遮掩；江水不断切割坚硬的花岗岩，峡谷变得狭窄、深邃；水流和山崖对峙，山水互不相让，碰撞得波涛汹涌……在一些狭窄的水道上，航行的船只需要万分小心，才能避开暗礁和涡流，稍不留神就可能陷入困境。实际上，以前的西陵峡，山崩和滑坡是两种常见的、典型的地质灾害，曾经多次造成长江断流。

所以民间有歌谣唱道："西陵滩如竹节稠，滩滩都是鬼见愁。"

之所以说是"鬼见愁"，主要因为这一带峡谷多、险滩多、水流急、船难行。只不过，这一切都是旧时代的往事。现在的西陵峡，因为多年的川江治理和三峡大坝的建设，航道得到改善，水势趋于平缓，唯一没有改变的，是那永远绮丽如昨的景观。

西陵峡上最著名的景观，是包括兵书宝剑峡、牛肝马肺峡、黄牛峡、灯影峡在内的"西陵四峡"。地势险峻的兵书宝剑峡，峡谷两岸的岩壁极为陡峭，但高处有一个天然洞穴，洞内岩石层叠，远望如同书卷。峡名由来至少有两种版本，都与诸葛亮相关：一是刘备伐吴，诸葛亮藏兵法于峡谷中，希望刘备读后能够改变战局、时局，但兵书未现，刘备就已经兵败、忧愤身亡；二是诸葛亮忧虑蜀汉命运，将兵书宝剑藏进峡谷，等待有缘人。

两个传说都流传了上千年，引来无数探秘者。最后，在三峡大坝蓄水前的抢救性发掘工作中，考古队揭开了谜底：洞内所谓的"兵书"，其实是一排层层叠放的悬棺，埋葬着两千多年前的古巴人贵族。宝剑的确有，但并非诸葛亮所留，而是一柄青铜柳叶剑。考古还发现了战国时期的兵器、玉器、织品，这些文物为研究古代巴文化提供了珍贵资料。

兵书宝剑峡之后，是长约4.5千米的牛肝马肺峡，位于西陵峡中段新滩到崆岭滩一带。这段峡谷江面狭窄，峰峦陡峭，峭壁间钟乳石林立，北岸崖壁有两团黄色钟乳石的形态酷似牛肝、马肺，所以得名。遗憾的是，清光绪年间，因为英军军舰炮击，"马肺"部分被毁，"牛肝"尚存。

接下来是以险滩闻名的黄牛峡，因形似黄牛而得名，位于西陵峡中段偏东。有一句谚语描述古代船只通行黄牛峡的艰难："朝发黄牛，暮宿黄牛，三朝三暮，黄牛如故。""西陵四峡"之尾是位于最东端的灯影峡，也称明月峡，在江流南岸的马牙山上有四块巨石，形似《西游记》中的唐僧师徒，夕阳映照下，远看如同皮影戏，因而得名"灯影峡"。

## 三峡工程和"来电"宜昌

位于长江三峡西陵峡畔的秭归县，地处川鄂咽喉，是三峡库区的门户。秭归境内的长江长达64千米，江水自西向东蜿蜒穿过，峡谷地貌鲜明。三峡工程蓄水后，秭归老县城已经被淹没，新县城迁至茅坪镇，距离三峡大坝仅1千米。

秭归是诗人屈原的诞生地。滚滚江水见证了屈原的才情，也见证了他的孤独和悲愤。屈原名作《离骚》，正是诞生在巫术礼仪和神话传说盛行的长江流域。建于唐代的屈原祠，多次迁址，最终落定在俯瞰三峡大坝的绝佳位置：凤凰山。每逢端午，人们会聚于此，祭拜屈原、吟诵诗篇。明清时期秭归成立的“三闾骚坛诗社”，是我国最早的民间诗社之一（也称“中国第一农民诗社”）。端午前后，秭归要举行庄严的“游江招魂”仪式：龙舟划入江面，船队沿江而行，到达江心后一人领唱、众人应和，江面歌声回荡，场面壮观。

长江继续东下，江水进入三峡库区的核心地段：宜昌市夷陵区三斗坪镇。这一带山高谷深、地势险峻，是理想的蓄水区域，举世闻名的三峡大坝就因地制宜建在这里。

横跨长江干流的三峡大坝，堪称震撼世界的现代建筑奇观，其规模之宏大、设计之精密、气势之磅礴，令所有参观者叹为观止。若从坛子岭观景台上俯瞰，只见巨坝横江，高峡平湖，尤为壮观：大坝如一道巨型闸门，横断长江；坝顶上，车辆如蚂蚁般穿行；水面上，船舶汽笛长鸣。泄洪的时候，江水从22个表孔喷涌而出，形成百米宽的瀑布，轰鸣声震耳欲聋，水雾冲天，在阳光下形成被称为“长江之虹”的百米彩虹，让人惊叹不已。

始建于1994年的三峡工程，2003年6月1日蓄水发电，2009年主体工程全部完工。核心建筑三峡大坝全长约2335米，最大坝高为181米，正常蓄水位175米（汛期145米），大坝按照7级地震设防标准建设，坝体可抵御6级地震直接冲击。作为全球规模最大的水利枢纽工程，三峡工程拥有221.5亿立方米防洪库容，可抵御万年一遇洪水。世界最大水电站——三峡水电站，总装机容量2250万千瓦，年发电量约1000亿千瓦时；拥有双线五级船闸，可以通过万吨级船队……

经过三峡大坝之后，江水继续东行，抵达南津关，这里是长江中游和上游的分界线。南津关两岸悬崖刀锋般锐利直立，江面狭窄，既是天堑，也是历史上兵家必争之地。自三国以来，各朝都在这里修建城垒、驻扎重兵。对往来的船工和商贩来说，这里既是水路咽喉，也是生计关口，所有进川出峡的货物，都需要在此缴税通关。

位于南津关以下约2.3千米处的葛洲坝水利枢纽工程，是三峡工程之前的重要试验性工程，距三峡大坝约38千米，建成于1988年，承担着流量调节、防洪、改善航运等多重功能，是长江流域水资源调控的关键节点。穿越葛洲坝之后，长江出峡，进入江汉平原西缘，河道明显开阔，水流趋缓。

在宜昌，长江穿城而过，形成“半山半水半城”的地貌。宜昌的两条重要河流——全长30千米的下牢溪和全长162千米的黄柏河，先后汇入长江，流经云集、伍家岗等繁华城区。河流沿岸的夷陵长江大桥、宜昌港、西坝滨江等地标，见证着城市和江河的亲密联系。

有意思的是，漫步宜昌街头，“来电”一词随处可见，其实这是宜昌的城市口号——凭借优越的地理和水资源条件，宜昌建有水电站四百余座，为全国输送大量清洁能源，是全国最重要的水电基地之一，拥有“世界水电之都”的美誉。

接下来，长江从宜昌市枝江（县级市）流出，抵达平原和丘陵的交界处。江面变得宽

▶三峡大坝部分泄洪孔开闸，激流乍出，气势恢宏。郑坤/摄

阔、悠长，就意味着江水开始进入长江中游的特定河段——荆江。

## 古云梦泽消亡史

长约337千米的荆江，是长江出三峡后的第一段平原河道，分为上荆江和下荆江。上荆江起于宜昌市枝江，主要流经荆州的荆州区、沙市区、公安县、江陵县；下荆江从藕池口开始，主要流经湖北省荆州市的石首、监利两个县级市，以及湖南省岳阳市的华容县、君山区、云溪区，最后在城陵矶和洞庭湖交汇，从而结束荆江段，继续东流进入长江下游。

上荆江流过的荆州主城区，是荆江防洪的核心区域，著名的荆江大堤就位于这里。下荆江的河道蜿蜒率居亚洲之最，这里地势低洼，水流回旋，蜿蜒曲折，被称为“九曲回肠”。因为河道摆动频繁、弯曲度大，每当洪水宣泄不畅，就容易溃堤成灾。历史上，荆江洪患频发，甚至有过“十年九淹”的悲壮。尽管如此，险峻之下依旧孕育着勃勃生机，几百年间异常艰苦的人工围垸，造就了江汉平原的沃野千里。

荆江的故事，首先应该从一个充满浪漫意象的地名云梦泽开始。

尽管岁月漫长，云梦泽已经消失无踪，但它却以荆江“母体”的身份存在过。据说，曾经的云梦泽是一片横跨在长江和汉江之间的巨型湖泊，所以人们关心的是：它为什么会从地理版图上消失？

《尚书·禹贡》《周礼·职方》记载，云梦泽为古代九州之一的荆州所辖。据《史记·河渠书》所载，战国时期，楚国开凿运河，将云梦泽和长江、汉水相连，而楚都郢（今湖北省荆州市）正处在这片广袤水域的边缘。据《子虚赋》描述，云梦泽广袤无垠，“方九百里”，含有丘陵、湖泊、沼泽、平原。

尽管确定了大致区位，但历代学者在探讨云梦泽的具体范围时，依旧众说纷纭。郦道元在《水经注》中列出四种不同的说法，包括“西至江陵东界，东至云杜”的传统定义。明代地理学家胡渭甚至大胆提出，云梦泽“东起蕲州，西抵枝江，京山以南，青草以北”，范围几乎覆盖整个江汉洞庭平原及周边山区……而现在能够确定的是，这座巨湖的确存在过，但轮廓始终在历史烟云中变幻不定。

实际上，作为长江上的一个地理传说，云梦泽的形成、演化和最终消亡，历经了近三千年时间。先秦时期是云梦泽的兴盛期，彼时的长江，尚未形成稳定的荆江河道，只是以漫流的形式淌过江汉平原，云梦泽就是它的天然蓄水池。当时，楚国的疆域就在这片水泽间延展，广阔的湖泊在把这一带变为丰饶之地的同时，也孕育出楚文化的浪漫。

到秦汉时期，江汉平原的地貌开始发生显著变化，随着长江泥沙的淤积，荆江逐渐形成，云梦泽的水域慢慢被切割成无数小湖泊、沼泽。到西汉，陆地三角洲的扩张使云梦泽的南缘、北缘出现新的县城，包括华容（今潜江市西南部）、竟陵（今天门市）、云杜（今京山市）、安陆（今孝感市安陆）等县。这些行政建制的出现，意味着云梦泽大片大片的水域，已经转变为可以居住的陆地。

进入魏晋南北朝，云梦泽逐渐走向消亡，主体水域向东收缩，并持续淤浅。到唐宋时期，由于荆江和汉水带来的泥沙长期淤积，古云梦泽水域被淤填殆尽。北宋初年，朝廷在今天的监利县设立玉沙县，用来管理新形成的陆地，这标志着曾经壮阔的九百里云梦泽正式消失。

应该说，云梦泽的消失并非突然发生，而是江汉平原地貌演化的必然结果。长江的泥沙不断堆积，促使三角洲扩张、湖泊面积缩小，导致原本的湖泊逐步变成陆地。后期，水流改道，荆江稳定成型，云梦泽的消失就成了不可逆转的事实。

云梦泽的故事，是一个沧海变桑田的故事。在时间的长河里，滚滚东去的长江，也许埋藏着更多和云梦泽一样的故事，只是那些故事，暂时不为人知而已。

## 为什么万里长江，险在荆江

云梦泽消失后，代之而来的是稳定成型的荆江。春秋战国时期，荆江被楚国视作腹地，郢都依江而建，凭借水运之利掌控江汉平原。长江在抵达湖南省岳阳市洞庭湖口的城陵矶之前，需要经过荆江这段特别的河道。

位于公安县和石首市交界处的藕池口，是上、下荆江的传统分界点。上荆江西起湖北省枝江市，东至藕池口，河道相对顺直；下荆江从藕池口到湖南省岳阳市城陵矶，河道高度弯曲。地质学家发现，荆江段河床堆积着厚达30米的冲积层——这是江水千万年搬运泥沙的见证。随着岁月的流逝，荆江逐渐成为一条“地上悬河”：江面高悬堤岸之上，尤其上荆江河床抬升，导致两岸地势低洼。每到汛期，荆江成为悬挂在平原之上的水龙，随时可能倾泻而出，吞没周围的村庄、农田。

在地理成因上，荆江的急流在河道的凹岸冲刷，泥沙裹挟而下；到了凸岸，水流放缓，泥沙逐渐沉积，河湾于是不断延伸。在历史成因上，从清代同治年间开始，荆江下游的唯一出口虎渡口，尽管未被完全淤塞，但两岸围垦不断，江中沙洲也陆续与江岸相连，导致河曲加剧。最终，荆江的河道不只是弯曲，更是慢慢演变成“蜿蜒型河道”，连续的河湾构成“S”型平面流路。如果遇上大洪水，河湾有可能被冲开，成为新河道——这其实是荆江在惊涛骇浪中的“自我调整”，也就是水流放弃原有弯道、循捷径下泄的演变过程，地理学上叫作“裁弯”或“自然裁弯”。

荆江的这种“自我调整”或者说“自然裁弯”，往往代价惨重。一方面，下荆江河道曲折蜿蜒，导致洪水在这里滞留，从川江段挟带来的泥沙，也在这里沉积，最后，河床抬升，形成“地上悬河”；另一方面，由于藕池口以下的下荆江弯曲程度严重，导致刚刚从山区奔涌而来的江水通行受阻，最终造成溃堤后洪水泛滥的结果。

为了控制荆江洪水，我国历朝历代都曾努力加固堤坝。全长182.35千米的荆江大堤，

▶下荆江（藕池口—城陵矶）河道蜿蜒曲折，素有“九曲回肠”之称。张浩奇/摄

▶荆州历史悠久，春秋战国时为楚国郢都，旧石器时代晚期已有人类在此生活。李文博/摄

始建于东晋，扩建于宋代，在明代基本成型，是中国水利史上最具代表性的大型堤防工程之一。

东晋永和年间，荆州刺史桓温在江陵（荆州城）筑起第一道“金堤”，那数里长的土墙，成为日后荆江大堤的前身。唐代中期，云梦泽淤积成陆，堤防延伸到今天的沙市区；北宋，堤坝继续向下游拓展；元代，大堤初具规模。转折出现在明代，当时，工匠们用三万麻袋封堵了北岸最后一个泄洪口，将零散的堤段连接成124千米长的完整防线。这段堤坝，被称为“万城大堤”。但是到了清乾隆年间的1788年，连续暴雨引发的洪水冲垮了堤防，荆江大堤无法承受巨大的水压，在强大的冲击下崩塌……为了压制洪水，人们在荆江大堤上建造起万寿宝塔。宝塔原高40米，但随着大堤不断加高，塔身逐渐埋入地下，如今，塔身深陷堤面以下7.29米，成为全国唯一一座“地下宝塔”。

荆江大堤的历史，是与洪水抗争的历史。这道历经1600多年的大堤，一直保卫着江汉平原的百姓家园，对荆楚粮仓至关重要，是中国古代水利史上的奇迹。新中国成立后，大堤经历过两次扩建，1951年西延8千米，1954年东拓50千米，形成一条长达182.35千米的混凝土巨龙，从枣林岗绵延到监利城南，成为江汉平原头顶的“生命线”。

现代对荆江的治理，最早开始于1952年的荆江分洪工程，通过设置三湖连通闸、洪湖出口闸等分流节点，在长江发生特大洪水时，将部分洪水引入东荆河、洪湖、长湖等低洼地区，发挥蓄水滞洪作用。之后，公安县、石首市等沿江地带全都配套建设了分蓄洪垸区，有效保护包括武汉在内的中游重点城市及长江下游的防洪安全。进入新世纪后，三峡工程进一步增强了上游来水的调蓄能力：汛期时，三峡水库可拦截高峰流量，降低荆江河段的洪峰压力；枯水季节，通过生态调水，保障航道通畅和下游的生态基流。

近年来，通过工程治理、科技防洪、生态修复、应急管理等方式，荆江的防洪能力得到大幅提升，达到可抵御百年一遇洪水的标准。2020年长江大洪水，荆江未发生重大险情；2023年汛期，智慧防洪系统提前预警，荆江全线未超警……荆江的险与治、灾与利、历史与未来，是人类与自然博弈的缩影，更是人类和江河相处方式的磅礴书写。

浩浩荡荡的荆江是忙乱的，只有当它奔腾进入位于湖南省岳阳市的城陵矶之后，脚步才稍作停歇。这时候，江水不再只是沿着河道东去，而是部分分流南下，缓缓和一片广阔的水域亲密拥抱。这片水域，就是洞庭湖。

篇二·

# 洞庭湖水系怎样构成长江之肾

长江在结束荆江段的千回百转之后，携带着浩荡的水流，直抵大江南岸的湖南省岳阳市城陵矶。在这里，长江和洞庭湖交汇，滚滚东下，形成一个三岔形河口，也就是著名的“三江口”。三江口处，东去的长江裹挟着巴蜀的峻急，北来的洞庭沉淀着湘楚的温婉。两种性格的水流在此缠绵，千百年来塑造出著名的岳阳城。

正所谓“洞庭天下水，岳阳天下楼”，临江踞湖的岳阳，承载着长江文明最深邃的人文印记。作为湖南唯一临长江的地级市，岳阳既是“湘北门户”，也是通江达海的枢纽。

长江干流在湖南省内的总长度约为 163千米，全都位于岳阳境内。这段河段，是湖南与湖北的界河：大江南岸属湖南省岳阳市，北岸则归湖北省荆州市管辖。连接两省的荆岳长江大桥，是湖南省境内唯一的长江大桥，却由两省共管。

尽管只在湖南奔腾了163千米，但长江却因此接纳了八百里洞庭湖。洞庭湖跨越湘、鄂两省，是我国第二大淡水湖。实际上，它并非长江主干道直接流经的湖泊，而是通过城陵矶和长江相连。洞庭湖的水源主要来自两方面：一方面是湘、资、沅、澧“四水”；另一方面是长江松滋口、太平口、藕池口、调弦口“四口”的分流之水。所有的支流汇聚在洞庭湖，然后由洞庭湖通过城陵矶注入长江，同时，长江也通过这个交汇点，将部分湖水分流出去。

洞庭湖是长江生态系统不可或缺的“调节器”与“净化器”，被誉为“长江之肾”。它南纳四水，北接四口，汛期可蓄纳超200亿立方米的水量，缓解中下游防洪压力，如同天然“蓄水池”，守护着长江流域的水安全；作为长江中游重要的通江湖泊，洞庭湖的水生植物与微生物能吸附降解污染物、净化入江水质，并通过水循环调节区域气候，维系生态平衡；作为国际重要湿地，洞庭湖孕育了越冬候鸟、江豚等珍稀物种，是全球候鸟迁徙的关键驿站，其生物多样性支撑着长江生态系统的完整性。

# 八百里洞庭，以浩瀚之姿守护着长江中游，形成中国江湖经典关系中的亲密代表。

八百里洞庭，以浩瀚之姿守护着长江中游，江湖相通、互为补给、互为调节，形成中国江湖经典关系中的亲密代表。

## 城陵矶，长江入湘第一港

位于岳阳东北部的城陵矶，地处洞庭湖与长江交汇的要冲，是洞庭湖水系与长江的关键通道，也是长江中游重要的港口和航运枢纽。“矶”，本义是水边突出的岩石或石滩，专指长江江滨特有的一种地貌，即江边屹立的悬崖、岩壁，通常三面环水，宛如屏障。长江有七十二矶，最有名的是“长江三矶”，即湖南城陵矶、安徽采石矶、江苏燕子矶。

城陵矶常年不淤不冻，是湖南的水运门户，对岳阳甚至湖南来说至关重要。在古代，因为水运优于陆运，所以城陵矶的战略地位更加突出。南方和北方的联系，大多依赖这条航道，尤其北方势力要进攻南方的时候，中路的行军路线必然经过荆襄一带，从荆州进入长江，再顺流东下，而城陵矶就是最优先的渡口。换句话说，那时候只要掌控城陵矶，就可控制长江的航运命脉，肥沃的江汉平原就是囊中之物，之后的进攻方向，就能有更多的选择余地。

正因为城陵矶的重要性，各朝各代对它都非常重视。三国时期，东吴孙权在城陵矶布防，抵御曹魏南下；南宋岳飞抗金，城陵矶成为江防前线；明代的巡检司通常设立在关隘要冲，城陵矶就是其中之一。城陵矶还是水文调节的重要节点：枯水期，洞庭湖的水源可以补充长江的流量；汛期，在洞庭湖水位低于长江水位的情况下，长江洪峰通过城陵矶倒灌洞庭湖，为中下游地区提供缓冲。

站在城陵矶远眺，长江水自西而来，浩浩荡荡，洞庭湖敞开胸怀迎接包括湘江、资江、沅江、澧水的“南方四水”汇入。所有水流在此汇聚，形成一个典型的“Y”字形水道：北支（长江干流）从湖北方向奔流而下，进入城陵矶后继续向东，流经江西、安徽、江苏，最终汇入东海；南支（洞庭湖出口）洞庭湖作为长江最大的通江湖泊，南方四水在这里汇入长江，江湖水沙互为吞吐，发挥重要的调节作用。

岳阳七里山，是城陵矶水文站的核心区域，设有水位观测平台和自动化监测设备，实时记录长江和洞庭湖的水位、流量等各种数据。始建于1904年的城陵矶水文站，被誉为洞庭湖和长江流域水情的“晴雨表”，是监测洞庭湖出湖水情、沙情的出口控制站。1998年长江特大洪水期间，这里的监测数据成为防汛决策的重要依据之一。水文站的水情信息也反映了洞庭湖来水情况，以及干流与支流相互影响的水文情势。城陵矶水文站若是出水顺畅，代表着长江中下游地区防汛形势较好，反之则防汛形势紧张。

## 岳阳楼下的江湖和味蕾

从城陵矶向东，长江干流沿岳阳市区北侧蜿蜒东流。岳阳地处湘鄂交界，正好位于洞庭湖与长江交汇处。

岳阳城因一座岳阳楼闻名，范仲淹的“不以物喜，不以己悲”，恰如其分地揭示了湖湘文化的独特精神。广义上，湖湘文化涵盖了湖南及周边地区的文化，这些地方的历史、自然景观、人文精神，交织成一种独特的文化形态。狭义上，湖湘文化特指近现代湖南杰出人物的成就与精神传承，包括忧国忧民的意识、坚定自信的心态、敢为人先的创新精神，核心理念就是八个字：心系天下，敢为人先。

岳阳楼坐落于岳阳市西门城墙之上，背靠岳阳城，面朝洞庭湖，其所在的地貌为古城墙与洞庭湖畔的高地，地理位置独特，是湖湘文化的重要象征之一。在初唐与盛唐时期，洞庭湖逐渐进入人们的视野，岳阳楼周围的景色吸引了大量文人墨客的关注。到了北宋时期的1045年，滕子京重修岳阳楼，邀请范仲淹作记。范仲淹虽然未曾到过岳阳楼，但他曾在洞庭湖畔度过青年时代，与湖湘大地有着深厚的情感连接。滕子京寄来了画作《洞庭秋晚图》和亲笔信，范仲淹凭借这些资料，加以想象，完成了传世之作《岳阳楼记》。

岳阳的独特地理环境，塑造出独具特色的饮食文化。洞庭湖丰富的水产资源与长江的航运优势，促进了岳阳水产的多样性和丰富性。湖区的银鱼非常著名，肉质鲜嫩，口感细腻，是岳阳美食的代表，无论红烧、清蒸，还是与鸡蛋同炒，都有一种独特的鲜美。包括湖藕、莲子、菱角在内的荷塘三宝，频繁出现在岳阳人的餐桌上。藕汤朴素，极具地方特色，鲜嫩的湖藕与排骨炖煮，汤色清澈，味道清香，喝一口，藕香钻鼻子里，排骨肉软烂入味，鲜得喝完还想再盛一碗！

岳阳的山地气候造就了和湖鲜截然不同的风味，特别是在岳阳市下辖的平江县、临湘市，得天独厚的自然环境，孕育了富有地方特色的美食文化。

平江县位于汨罗江上游，全长253千米的汨罗江，是洞庭湖的主要支流之一，因伟大的爱国诗人屈原在此投江而闻名于世。汨罗江水质清澈，滋养着周围的土地，加上优良的气候条件，使得平江地区适宜各类作物生长，尤

洞庭湖区是中国最大的淡水湿地，这里鸟类资源丰富，珍稀濒危鸟类达32种。熊朝阳/摄

长江及洞庭湖流域全面“禁捕退捕”后，东洞庭湖湿地又成了鸟类的家园。白日西垂，数以万计的白鹭在“免打扰模式”呵护下回到这里栖息。许理伟/摄

其是辣椒、豆类和茶叶长势极好。平江秋冬季节天气寒冷、干燥，非常适合腌制、发酵食物。辣椒和豆类这些食材，在当地的美食中扮演着不可或缺的角色。通过腌制、发酵和烟熏等工艺，辣椒、豆类等食材锤炼出一种粗犷、具有层次感的风味，成为岳阳山地饮食文化的代表。与平江相邻的临湘市，同样受益于独特的水文与气候条件。长江从临湘西北边缘穿过，带来湿润的气候与丰富的水资源。湘菜代表火焙鱼，是临湘的地方传统美食，鱼类炭火烤制后肉质紧实、风味十足。

平江和临湘的美食共同体现了湖南山地的风味特色，相比洞庭湖区温柔细腻的湖鲜，山地食物更为粗犷、浓烈，是岳阳山地气候和水文环境的另一种完美体现。

作为长江的重要港口，岳阳是水陆码头文化的交汇点，南来北往的商旅促进了各种饮食风味的融合。岳阳米粉便是文化碰撞的产物，厚重的辣油与丰富的佐料让这道小吃成为码头工人的“补给品”。来自江浙的移民又带来了甜口小吃，岳阳人将这些外来食品加以本地化改良，赋予其新的生命。

## 澧水流过的地方

著名的“四水”，是湖南省境内四条主要河流的总称，从北至南，分别是澧水、沅江（沅水）、资江（资水）和湘江。它们虽然发源于不同的地域，但最终全都汇入洞庭湖。

紧靠长江的澧水是四水中最短的河流，只有388千米（传统以北源为干流起始点，全长388千米；2013年左右，以中源为干流起始点，全长407千米），全程位于湖南境内，分上、中、下游：源头到张家界市桑植县为上游，桑植到常德市石门县为中游，石门到常德市澧县小渡口镇为下游，小渡口镇以下，是澧水洪道。澧水流过的沿途，地形变化丰富，山地、丘陵、平原交替出现。

澧水有三大源头：北源、南源和中源。北源位于桑植县五道水镇的七眼泉，南源起源于湘西州永顺县万福山北麓，中源起源于湖南省桑植、龙山与湖北省宣恩三县交界的八大公山东麓。南源和中源在桑植县两河口交汇，继续向南流动，到桑植县洪家关后，与北源汇合。最终，三源汇聚，形成澧水的上游。

澧水上游两岸高山耸立，河床狭窄。由于地处暴雨区，降水量丰沛，这片水域的特点是滩多、水流湍急，给航运带来不小挑战。当地的船工民谣：“澧水三百六十滩，滩滩都是鬼门关”，形象地反映了澧水上游的水文特征。比如在桑植县关峪乡的三缆子滩，河道长约300米，水流急促，落差大，加上复杂的山地气候，呈现出一种垂直气候现象，常常让人感叹“一山有四季，十里不同天”。

澧水从桑植流出，穿行在湘西山脉的复杂地形中，沿途接纳了溇水、九都溪、狮头溪等支流，携带着山川的气息，沿着张家界的永定区与慈利县蜿蜒，最终汇入常德市石门县，这就是澧水的中游部分。虽然澧水的规模不及洞庭湖区其他大型河流，但仍然滋养出沿岸的湿地、农田，还雕琢出世界级自然奇观——著名的张家界。张家界核心景区（如永定区、武陵源区）位于澧水中游河段，世界闻名的砂岩峰林地貌，就是中游地质过程的杰作。早在2004年，张家界就成为首批被联合国教科文组织批准的世界地质公园。景区里的石英砂岩区域，历经亿万年冲刷、风化，逐渐形成今天“奇峰三千，秀水八百”的景观。这里的砂岩峰柱，数量超过3000座，200米以上的峰柱超过1000座。其中，金鞭岩是最高的一座，达到350米。最为神奇的是，这些峰柱上生长着松树、银杏等植物，枝繁叶茂，盘根错节，张家界因此被誉为“放大的盆景，缩小的仙境”。2010年，这一特有的石英砂岩峰林地貌，被命名为“张家界地貌”。

从常德市石门县到澧县小渡口镇，是澧水的下游，这一带地势低平、河道曲折。水流在经过有“小南京”之称的津市古码头之后，很快抵达楚文化核心区之一的澧县。这里的城头山遗址，是中国最早的城市遗址，距今约6000年，被誉为“中华城祖”。最后，在澧县的小渡口镇附近，澧水以汇入洞庭湖的方式，紧紧拥抱了长江。

## 沅江和资江的奔赴

“四水”中最长的是沅江，达到1033千米。沅江的正源在贵州省都匀市云雾山（一说斗篷山）。江水在贵州流过黔南州都匀市、黔东南州凯里市、锦屏县等地，之后从天柱县流出贵州，进入湖南。这段旅程，河流尽管长时间穿行在深邃的峡谷之间，但却曾经是明清木材贸易的“黄金水道”。

在沿途，沅江接纳了多条重要支流，形成庞大的水系。知名的包括全长444千米的㵲水（源自贵州省瓮安县）、全长289千米的辰水（源自贵州省梵净山南麓）、全长244千米的巫水（源自湖南省邵阳市城步苗族自治县东巫山西南麓）、全长477千米的酉水（源有三支，北源为正源，出自湖北省宣恩县）等。闻名遐迩的凤凰古城所在的沱江流域，则属于沅江另一条支流武水的重要支流，算起来，发源于湘西州凤凰县腊尔山镇的沱江，属于沅江水系的二级支流。

沅江的中下游部分全部位于湖南。干流从贵州进入湖南后，首先流经会同县，随后来到洪江市黔城镇，与㵲水交汇，之后，流经中方县、溆浦县、辰溪县、泸溪县、沅陵县。这一带是中游，以丘陵、峡谷为主，水流开始放缓，形成包括沅陵盆地、辰溪河谷在内的多个冲积盆地。

沅江的下游以常德市为主，这一带的江面宽广，水流不再湍急。常德古称朗州，位于湖南西北部，洞庭湖平原西侧，地势平坦。这里有沿沅江防洪墙而建的全长4千米的常德诗墙，被称为“世界最长的诗书画刻艺术墙”。常德市桃源县的桃花源景区为国家5A级景区，据说是陶渊明《桃花源记》的原型地。沅江自西向东流过桃源，顺便接纳了境内长约60千米的夷望溪。

历代文豪对常德颇有感情，陶渊明、李白、刘禹锡、苏轼、孟浩然、韩愈等先后留下

张家界峰林景观。静言/摄

许多宝贵诗文。沅江自西向东穿越常德市后，扭头转向东北，最终从汉寿县注入洞庭湖。

全长653千米的资江有两个源头。南源主流夫夷水，发源于广西资源县越城岭山脉西南麓，流经广西资源县、湖南省邵阳市等地；北源主流赧水，发源于湖南省城步苗族自治县的黄马界，流经邵阳市的武冈（县级市）、隆回县等地。南、北两源蜿蜒而来，在邵阳的双江口汇合，开始称为资江。这之后，河流在湖南大地上穿市过县，最后在益阳市的甘溪港河口（一说为杨柳潭）注入洞庭湖。

资江南源和北源汇合的双江口，是邵阳市内重要的水文节点，周边多丘陵、湿地，生物多样性丰富，古时曾是重要水路节点，连接湘桂商道，具有重要的地理和水文意义。双源在汇合之前，南源的夫夷水流进新宁县，要去奔赴一个奇迹般的相遇——著名的崀山正带着美丽的丹霞地貌在河流边等待。

早在2010年，崀山就被列入世界自然遗产名录，是中国乃至世界上罕见的大型丹霞地貌景区。这一带，水流强烈下切，切割深度超过25米，形成深切的三级河谷阶地。两条清秀的支流汤家坝河、崀笏河，呈树枝状汇入夫夷水，那些色彩斑斓的丹霞地貌景观，就密集分布在河流周围。陡峭险峻的赤壁丹崖，狭长曲折的石巷石槽，形态逼真的象形景观，清澈见底的秀美江水，无一不让人动容，流连忘返。

实际上，坐落在资江沿岸的古城古镇还有不少，包括地处梅山文化核心区的上梅镇、以“桃花江美人窝”闻名的桃花江镇、有着三国鲁肃堤遗迹的益阳古城等。历史上，资江沿岸险滩密布，位于新化县境内的崩洪滩，是资江第一险滩，水流湍急，暗礁密布，旧时船只过滩，要请当地“滩师”导航，民谚称“船过崩洪滩，十船九船翻”。明清到民国时期，资江有一种一次性使用的独特木船——“毛板船”，船体粗糙，不涂桐油，抵达目的地之后就拆船变卖木材，堪称中国内河航运史上的奇观。

资江水流过的邵阳、益阳，历史文化底蕴深厚，人文景观独特。

邵阳位于资江上游，古称“宝庆”，自南宋宝庆元年（1225年）设府以来，便是湘西南地区的政治、经济、文化中心。明清时期，这里商贾云集，书院林立。湖湘文化的重要历史遗存——资东书院便位于此地，其对湖湘文化的传承和发展产生了深远影响。五四爱国运动领袖匡互生和中共早期革命家谢伯俞都曾在此求学。

益阳地处资江下游，是一座始建于2200多年前的古城，据说三国时期关羽“单刀赴会”的故事就发生在这里。益阳河网密布，水资源充沛，水陆交通便利，饮食文化上除了琳琅满目的河鲜，更有松花皮蛋名扬天下。早在古代，益阳就商贸繁荣，被誉为“银城”，形容生意好到银子如流水般源源不断。穿城而过的资江，是益阳的母亲河，赋予了这座城市独特的精神与灵魂。

## 在湘江水道上

“四水”中，全长948千米的湘江尤为重

要。这是湖南的母亲河，正源位于广西桂林市兴安县海洋山近峰岭，南源发源于湖南省蓝山县的野狗岭。河流贯穿湖南省衡阳市、株洲市、长沙市等地，最终注入洞庭湖，和长江交汇。湘江开阔、温润，两岸缓丘连绵，平原和盆地交错，宜居、宜耕、宜行。湘江对于湖南而言，是水道，是文化与经济的动脉，更是自古以来南方文明的摇篮。

秦汉以来，湘江就是南方最重要的通道之一，承载着中原王朝南征北战的刀光剑影。唐宋时期，随着儒学的传播，岳麓书院崛起，湘江两岸成为学术、文学和思想运动的核心地带。从那时开始，湖湘文化沿着湘江流淌，经过洞庭湖，汇入长江，最终扩散到全国。

1893年，改变中国历史的伟人毛泽东，出生在湘江流域的核心城市湘潭。长江，是毛泽东一生最重要的生活区域之一，也是他革命理想从萌芽到实现的重要精神地标。在毛泽东的诗词中，长江是极其重要的吟咏对象，耳熟能详的诗句包括“烟雨莽苍苍，龟蛇锁大江”（1927年）、“钟山风雨起苍黄，百万雄师过大江”（1949年）、“万里长江横渡，极目楚天舒”（1956年）等。对长江，毛泽东有着天然的亲近，在他的诗词里，长江是一条地理上的河流，更是历史的象征、革命的见证。在毛泽东笔下，长江的壮美与历史变革紧密结合，充满豪迈的浪漫主义色彩。

湘江流域水系发达，5千米以上的大小支流有2157条，右岸支流包括舂陵水、耒水、洣水、渌水、浏阳河、捞刀河等，左岸支流包括祁水、蒸水、涓水、涟水、沩水等。

湘江以永州和衡阳为界，分为上、中、下游。河流自南向北流经永州、衡阳、株洲、湘潭、长沙等城市，最终注入洞庭湖。

湘江从源头蜿蜒而来，沿途穿越层层叠叠的山脉，逐渐进入平原地带之后，水流汇聚，河道慢慢拓宽，逐步形成典型的山地河流格局。这时候，全长354千米的潇水（源于永州市蓝山县野狗岭），流到永州市零陵区后与湘江交汇，最终流出零祁盆地，注入洞庭湖。古称零陵郡的永州，因为“舜帝南巡，崩于宁远九嶷山”而得名。因为潇水和湘江在永州城区汇合，所以永州自古雅称“潇湘”。唐代文学家柳宗元曾被贬任此地司马，谪居期间，他以科学视角记录喀斯特溶洞、丹霞地貌等地质现象，以《永州八记》开创了中国山水散文的地理学书写传统。潇湘二水交汇后形成的文化意象，经多代文人演绎，终成中华文化的“潇湘范式”。

湘江进入衡阳，河道变宽，水流平缓，从位于衡阳的南岳衡山脚下流过后，形成多条支流并涵养水源。衡山与湘江，自古并称“衡岳湘水”。湘江在衡阳市境内自南向北流淌，距离衡山主峰约30千米，形成“山水相依”的景观。游客若在登山之后顺流而下，便可游览橘子洲和岳阳楼等景点。湘江自衡阳继续向北，取道株洲、湘潭、长沙，在岳阳市湘阴县濠河口汇入洞庭湖。

总体而言，湘江是湖南省重要的交通和水运路线，也是区域经济的命脉所在。湘江流

# 洞庭湖并非静止不变的湖泊，而是随着季节和水量的变化，在“湖”与“江”之间不断转换角色。

域的水文脉络，呈现出从南到北逐渐开阔、河道逐渐扩展的特征。在这条千年水道上，橘子洲堪称最具人文价值的地理标志，这是湘江下游最大的冲积沙洲，形态狭长，静卧于主航道中央，南北长约5千米，最宽处约300米，最窄处仅40米，形似一条长龙横卧江心，有着“中国第一洲”的美誉。1925年，青年毛泽东赴湘组织农民运动期间，即景抒怀，写下著名的《沁园春·长沙》，橘子洲因此声名大振。很多年后，高32米、长83米的“毛泽东青年艺术雕塑”在这里落成，具有强烈的视觉效果和艺术感染力，观者云集。站在四面环水的橘子洲头，一边是岳麓山，一边是长沙城，山水洲城相依相融，美不胜收。

橘子洲因盛产美橘而得名，因伟人诗作而扬名。蒋小翼/摄

# 汉江的奔赴和桥都的两江三镇

长江继续东流，穿越湖北的辽阔大地，逐渐靠近武汉。

武汉的地理位置，无疑是决定它命运的关键。长江自西向东穿城而过，来自西北的长江最长支流汉江，则从这座城市的另一侧蜿蜒而来。两江在此交汇，成就了武汉独特的水脉格局。长江的武汉故事，首先得从汉江讲起。

中国的地理分界线主要有两条：东部为淮河，西部则是雄伟的秦岭。秦岭和大巴山脉平行延展，横贯数百里，这两条山脉中间，有著名的汉江河谷地带，三者联手，共同构成地形复杂、独特的汉中盆地。而秦岭的南麓，正是汉江的源头。

## 从秦岭山脉前来相会的汉江

汉江全长约1577千米，曾经是长江水系最长的支流（现在第一为雅砻江，汉江为第二），流域面积达到 17.43万平方千米。从地图上看，汉江如同一条大动脉，先后穿越陕西、湖北两省，最后在武汉汉口和长江汇合。在全国水系格局中，汉江具有重要地位，自古以来，汉江常与长江、黄河、淮河合称为“江淮河汉”。

整个汉江水系，庞大，磅礴，纵横交错，水网密布。陕西境内的汉江干流长657千米，主要支流大多发源于秦岭、大巴山，水流湍急，水量丰富，左岸的知名支流包括以峡谷风光和石门水库闻名的褒河、以水质清澈著称的湑水河、因与“子午道”部分重合而得名的子午河等；右岸的知名支流包括因河道弯曲如玉带得名的玉带河、被称为汉中盆地“水走廊”的牧马河、被称为水能“富矿”的任河等。

湖北境内的汉江长约920千米，占全长的58%。汉江从源头的陕西秦岭南麓自西向东流，经过陕西境内的汉中市、安康市等地之后，从白河县流入湖北省，首站是位于“中国卡车之都”十堰市的郧西县。从这一带开始，汉江逐步脱离山区，进入丘陵和低山交汇的地带，河谷宽度开始增加，水流速度开始减缓。

进入湖北之后，汉江的水文特征出现显

著变化。历史上，夏季暴雨时，江水裹挟泥沙奔涌，河床游移不定；到了枯水期，浅滩显露，行船必须小心翼翼……但正是这种洪枯分明、水量随季节变化显著的水文特征，使得汉江沿岸孕育出丰富的农业资源，滋养出大片良田沃土。

位于十堰市丹江口（县级市）的重要水利枢纽工程丹江口大坝，是汉江中游的控制性节点，也是"南水北调"中线工程的水源地。

全长约443千米的丹江，从陕西秦岭而来，在丹江口和汉江交汇，丹江口大坝，就建在两江交汇下游约800米处。大坝自1958年起兴建，是新中国最早自行设计、自主施工、独立运行的大型综合性水利枢纽之一，不仅承担着调蓄汉江水量、保障下游防洪的任务，还具备灌溉、发电、航运、水产养殖等多项功能。通过南水北调工程，汉江的水被引至华北地区，润泽北京、天津、石家庄等40多个城市，覆盖人口超过1.7亿。

从丹江口大坝下泄的汉江水，继续向东南方向流动，抵达襄阳市境内。在这里，汉江穿城而过，使襄阳城和樊城隔江相望，形成"一江碧水穿城过，十里青山半入城"的格局。襄阳城、樊城是两座著名古城，共同构建起襄阳的核心城区，它们因汉江而分隔，又因桥梁和交通紧密相连，历史上一直合称"襄樊"，2010年更名为襄阳市。在汉江流域，襄阳是非常重要的城市，素有"南船北马""七省通衢"之称。襄阳地处鄂西北和江汉平原的连接区域，自古为兵家必争之地，三国时期的诸葛亮曾隐居襄阳隆中，谋划天下，并接受刘备的"三顾茅庐"。汉江流经的这段地区，是典型的冲积平原，河道逐步拓宽，沿岸多为水稻种植区和湖泊湿地。值得一提的是，汉江流过的襄阳市宜城（县级市），是辞赋家宋玉的故乡，也是楚国故都"鄢郢遗址"的所在地。

离开襄阳之后，汉江流经荆门的钟祥（县级市）和沙洋县。位于钟祥的明显陵，是中国明代重要的皇家陵墓，更是世界文化遗产"明清皇家陵寝"的重要组成部分。这之后，江水出荆门，先后进入三座城市，包括"小龙虾之乡"潜江市、"茶圣陆羽故里"天门市、"体操之乡（李小双、杨威等奥运冠军的故乡）"仙桃市。在这一大段河道，水面进一步扩展，沿线乡镇大多依靠汉江进行农田灌溉和农村供水。汉江以其丰沛的水资源，为汉江平原灌区的发展提供了支撑，从而使其成为华中地区重要的粮食产区。沿岸的乡镇普遍建立起涵闸、泵站、灌渠等配套设施，形成了完整的灌溉体系。

当汉江终于靠近武汉，水流更加平缓，故事也愈发精彩。

汉江进入武汉之后，主要流经蔡甸区、汉阳区，在汉江湾一带形成稳定的水域环境，河道也在这里拐弯，形成各种滩渚景观，周边是汉江湾桥、舵落口等地标……最后，在湖北省境内穿行920千米的汉江，终于在武汉"长江三大庙"之一的汉口龙王庙，与滚滚长江相拥。江水交融处，泾渭分明：长江水含沙量较高，水流湍急，颜色偏浑浊；汉江水相对清澈，流速较缓，颜色偏绿或青蓝。两江交汇，形成“半清半浊”的视觉对比，仿佛一条蜿蜒的分割线。最壮观的是夏季汛期，那时候，两江水量暴涨，交汇处波涛汹涌，气势磅礴，有惊涛骇浪之感。

## 隔江鼎立的“武汉三镇”

江汉平原位于湖北省中南部，得名于长江和汉水的交汇。整个地区呈现出典型的低平原景观，河流纵横交错，湖泊星罗棋布，是中国海拔最低的平原之一，和洞庭湖平原合称为“两湖平原”。

随着汉江注入长江，原本的长江主流被推向武昌一侧，而汉水北岸由于泥沙淤积，逐渐形成了汉口的陆地。这一地理变迁，最终奠定了武汉“两江三镇”的格局。长江以南是武昌；长江以北、汉江以西是汉阳；汉江以东则是汉口。三块土地都是两条江水切割出来的独立个体，尽管各自拥有不同的文化气息，但却因为水域的交汇而拥有同样的城市气息。

“武汉三镇”隔江鼎立，全都位于长江和汉水交汇处，具体包括武昌（武昌区、青山区、洪山区）、汉口（江岸区、江汉区、硚口区）、汉阳（汉阳区）三座重镇，即武汉市的七个中心城区。

武昌位于长江东南岸，隔着长江与西北侧的汉口、汉阳相望，从古至今都是县、州、府、郡、省治所在地。武汉地区最早可考的先民遗址就在武昌。远在5000年前，就有先民在东湖放鹰台地区繁衍生息，那一带所属的屈家岭文化，是荆楚文明高度发展之源。

公元220年，孙权将东吴政治中心迁至鄂州，取名武昌，寓意“因武而昌”。为确保武昌城防安全，孙权不惜花费大量人力物力，在长江边的蛇山东北部修筑土石城，称“夏口城”。而蛇山之巅的军事瞭望台，就是今天享有“天下绝景”美誉的黄鹤楼。

隋代以后，长江沿岸商业逐渐繁荣，武汉地区设江夏县、汉阳县，以武昌和汉阳为治所。唐代将武昌更名鄂州，汉阳更名沔州，“江城”之称就是从唐朝开始的。“山南水北为阳”，纵观中国，很多地方都依照“阴”“阳”之分取名，汉阳本位于汉水之北，汉水改道后，汉阳便处在了汉水南侧，但由于人们都已习惯称“汉阳”，就一直沿用了下来。

汉阳是武汉最早建城的地方之一，最初出现的城叫却月城，修筑于东汉末年，后来因战争废弃。三国时期，江夏太守刘琦在却月城故址附近修筑了鲁山城，隋朝时开始有汉阳县之称。今天的汉阳区境内，共有五座古城，传承着两千年来的文脉。汉阳历史源远流长，知音的传说历千年而弥新。春秋战国时期，俞伯牙与钟子期在古琴台弹奏高山流水遇知音，他们的故事记载于《列子》和《吕氏春秋》等古籍中。如今的钟家村、古琴台、琴断口都与他们有关。相传钟家村是钟子期隐居的村子，古琴台是两位知音切磋琴艺之地，琴断口则是伯牙绝望摔琴的渡口。这里还是中国近代工业的摇篮，洋务派代表人物张之洞在此创办汉阳铁厂和汉阳兵工厂，“汉阳造”享誉全国，让

▶枯水季，从武汉长江大桥武昌桥头的正下方远眺。冯光柳/摄

▶俯瞰武汉长江二桥。冯光柳/摄

西方人惊呼“中国醒矣”。

汉口是武汉三镇中最晚“出生”的一个城镇。明朝成化年间（1465—1487年），汉江流域发生洪涝灾害，导致汉江大改道，繁华的汉阳城被汉江水一分为二，形成今天的汉口和汉阳两座城池。汉水原本从龟山以南汇入长江，改道后，转而从龟山以北汇入长江，使得原本连为一体的汉阳地区被分割为两大部分。汉口从汉阳城中独立出来，奠定了武汉“三镇鼎立”的格局。

从汉阳城中分出来的汉口，因为拥有长江与汉江天然的水运良港，便将街市全部建在长江与汉江的岸边。所以汉口的长江与汉江岸边全部是水运码头，而汉口的人们也在长江岸边与汉江岸边依水而居，慢慢形成了汉口的正街，即后来名扬全国的“汉正街”。

随着汉口的出现，武汉开始成为商业重镇。汉水改道后，北面地盘开阔，港湾条件极好，带来了商业的繁盛。汉口吸引了大量的陕西商人，他们随汉江南下，在汉正街中转货物。后来又吸引了周边和全国各地的商人、手工业者，汉正街逐渐因为货物集散而发展起来。明末清初，汉口商业繁荣到“十里帆樯依市立，万家灯火彻宵明”的程度。当时，汉口已是湖广地区漕粮转运和“楚商行盐”的总口岸，与河南朱仙镇、江西景德镇、广东佛山镇并称为“天下四镇”。

因为两条江水的隔离，武汉三镇曾经各自为政，资源分散。长时间的分割使各自的文化、经济得以独立发展，但也导致了各种不平衡，直到1927年，三镇才在行政上正式合并，形成今天的武汉市。

## 万里长江第一桥

在没有桥梁的年代，武昌汉阳门码头与汉口集家嘴码头之间，摆渡的艄公们传唱着这样的歌谣：“武昌望汉口，望得颈子扭。顺风要半天，顶风一夜走。”寥寥数语，道尽了长江天堑对武汉三镇的割裂之痛。

那时候，长江两岸之间的往来，主要依靠渡船，长江的宽广、湍急，给跨江交通带来极大难度。乘客和货物即使通过渡船过江，航程也常常受到季节和自然环境的影响，尤其大雾天气或洪水季节，渡船的运行会受到较大限制。对于大宗货物的过江，人们有时还需要绕道长江上游或下游的其他桥梁、渡口，耗时很长。渡船之外，有些地方会使用简易的浮桥、小型木船作为过江工具，但只能满足少量行人的需求，完全不适合大规模的交通运输。20世纪30年代的《武汉市政公报》记载：汉口集家嘴码头，日均渡江人次超过3万，但每逢冬季枯水期或夏季汛期，轮渡时常被迫停航。那时候，往返武昌、汉阳的商旅，往往要花两小时在码头排队候船，而装载货物的骡马车队，则需要提前三日预约渡轮舱位……

很多年后的1955年，武汉长江大桥终于开始动工。在设计和建设这座大桥的过程中，工程师们面临着巨大的技术挑战。那时候的中国，工程技术尚处发展初期，长江水流的急促和湿气侵蚀，对桥梁结构提出了严峻考验。最

▶鹦鹉洲长江大桥连接汉阳区与武昌区，橘红色桥塔与超级月亮相映生辉。冯光柳/摄

▶武汉长江大桥、鹦鹉洲长江大桥、杨泗港长江大桥同框（左）。鹦鹉洲长江大桥（右）。冯光柳/摄

从汉阳江滩眺望武汉长江大桥、武汉长江二桥、二七长江大桥。冯光柳/摄

# 从高空俯瞰，武汉的大桥群纵横交错，景象壮阔，它们是交通枢纽，更是城市景观美学的重要组成部分。

终，为满足铁路和公路的双重需求，武汉长江大桥被设计成上、下两层：上层为公路通道；下层为铁路通道。茅以升教授带领的团队，克服无数技术难题，最终完成中国第一座公路铁路两用长江大桥的建设，这座桥也被誉为“万里长江第一桥”。1957年，大桥竣工通车，大大改善了武汉的交通状况，成为连接南北经济与文化交流的重要纽带，标志着中国现代化建设的开端。

截至2023年，武汉已建成并通车的主要跨江大桥（含长江、汉江）超过20座，其中长江大桥12座，包括武汉长江大桥、鹦鹉洲长江大桥、杨泗港长江大桥等；汉江大桥10座，包括晴川桥、古田桥、江汉桥等。

从高空俯瞰，武汉的大桥群纵横交错，景象壮阔，它们是交通枢纽，更是城市景观美学的重要组成部分。大桥群串联起古老的三镇，塑造出独特的江城风貌，无论是傍晚武昌江滩的长江大桥落日，还是桥梁与两岸高楼在夜晚联动的灯光秀，全都值得细细观赏和浪漫邂逅。

在武汉大江之上的众多桥梁中，除了充满历史厚重感的武汉长江大桥，还有两座大桥已经成为网红打卡点和游客目的地：一座是鹦鹉洲长江大桥，这座橘红色的三塔悬索桥在蓝天下或夕阳里格外醒目；还有一座是古田桥，它拥有淡蓝色的欧式悬索，被称为“武汉最美汉江桥”。

## 百湖之市和西塞山

长江从武汉流出，沿白浒山的江畔山峦穿行，继续向东流经鄂州市。

鄂州位于长江南岸，隔江与武汉和黄冈遥望。鄂州与长江的渊源可以追溯到三国时期。公元221年，孙权迁都鄂县，取名武昌（今湖北省鄂州市鄂城区），用“以武而昌”作为治国理念。那时的长江成了天然的护城河，东吴的战船从樊口码头出发，载着水军的雄心顺流直指曹魏版图。宋朝时，苏轼因“乌台诗案”被贬黄州（今黄冈市黄州区），常在鄂州市樊口古镇停留，他在这里沽酒、写诗，留下“长江绕郭知鱼美”的名句。至今，古镇的街巷仍能找到苏轼当年醉卧江边、观水吟咏的石矶。

鄂州因境内湖泊星罗棋布而有“百湖之市”的美誉。梁子湖是湖北省境内第二大湖泊（第一是洪湖），也是武汉城市圈的中心湖，具有极高的生态和水文价值。湖区内栖息着大量水鸟、鱼类和各种水生生物，湿地生态环境不仅为鄂州提供了丰富的自然资源，还在长江流域的水文调节中发挥着重要作用，尤其在洪水调节、净化水质等方面，梁子湖和其他湖泊的作用不可小觑。

作为长江流域的重要港口城市，鄂州自古就是水路交通的枢纽。自宋代起，鄂州成为商贸往来的重要通道，长江和梁子湖、洪湖等湖泊相互交织，形成便捷的水路交通网，为地区的经济繁荣提供了有力支撑。

从鄂州市燕矶镇起，长江沿东北方向蜿蜒流淌。江心的戴家洲将河道分为南北两汊，主航道沿南岸流经杨叶镇，进入黄石市。

黄石的西塞山，地处长江南岸，是长江中游著名的临江峭壁，因为山势险峻、扼守长江航道，自古就是军事要塞和文人吟咏之地。江水到达西塞山前，因为山体的阻挡急剧转弯向东，形成长江的著名险湾，河面在此处收窄，水流湍急，冲刷出黄石港的深水航道，成为长江航运的关键节点。在黄石城区，右岸的近代工业遗存和现代化码头并立，左岸则与长江北岸的“鄂东门户”浠水县散花镇隔江相望，江心的牯牛洲将南北水道分开。江水继续向东，抵达棋盘洲，江面逐渐开阔，两岸的山丘、平原交替出现，这段河道，自古就是航运要冲。在西塞山的摩崖石刻上，唐代诗人张志和的《渔歌子》题刻保存完好，成为长江文化的重要象征：“西塞山前白鹭飞，桃花流水鳜鱼肥。青箬笠，绿蓑衣，斜风细雨不须归。”

长江继续向东流经北岸的黄冈市，河道逐渐开阔，水流变得平缓。黄冈位于湖北省东部，地处大别山南麓，长江中游北岸。元丰五年（1082年），苏轼被贬黄州的第三年，在赤鼻矶头写下脍炙人口的《赤壁赋》。经过考古发现，当年苏轼泛舟的地方，正是长江的旧水道，而今天的东坡赤壁，距离现在的江岸有2.3千米之遥。尽管长江河道变迁，但这份跨越时空的地理错位，依旧有着苏轼“大江东去”的豪情，以及“小舟从此逝，江海寄余生”的豁达。

过黄州东坡赤壁之后，滚滚江水转向东北，抵达湖北的最后一站：黄梅县。黄梅地处三省交界处，是湖北的“东大门”，分别与江西省九江市和安徽省宿松县接壤。在黄梅县小池镇，长江成为鄂赣界河，并就此告别湖北地区，水流汹涌澎湃，直奔下游的江西省九江市和安徽省安庆市地区……

# 只有一条长江

The Yangtze River:
There's But One

{篇一}
九江心脏　五水归一鄱阳湖

{篇二}
大江奔皖　长江水系的双生画卷

# 卷六

## 江西安徽

经典江湖关系

众水铺陈出的诗画泽国

长江在穿越上游众多的崇山峻岭之后，进入绵延数千里、有着“水乡泽国”之称的中下游平原，依次流过湖北、湖南、江西、安徽、江苏、上海6省市。其中，长江流经江西和安徽两省560余千米，这一段虽然不算太长，但却是整个中下游流域最具特色、最富魅力的地带之一，不仅壮阔，而且柔美。

在赣皖地区，长江的具体流向是：江水从湖北省黄冈市武穴市流出，进入江西省九江市瑞昌市码头镇，在横贯九江全域之后，抵达安徽省安庆市宿松县小孤山附近，然后依次流过安徽五座城市，包括安庆市、池州市、铜陵市、芜湖市、马鞍山市。最后从马鞍山市和县的乌江镇流出，进入江苏。

全长152千米的长江江西段，全都位于九江境内。

有着2200多年历史的九江，是江西“北大门”，也是整个江西唯一濒临长江的城市。在流经九江全域的过程中，长江先后接纳了前来汇合的多条支流，之后继续顺流而下，在九江湖口县迎来重要时刻：与著名的鄱阳湖拥抱。

鄱阳湖是中国最大的淡水湖，汇集了赣江、抚河、信江、饶河、修河五大水系。其中最著名的赣江，是江西最大河流，位列长江八大支流之一。但是，发源于赣闽边界武夷山西麓的赣江，没有直接汇入长江，而是在流过赣州、吉安、南昌等地之后，从九江市永修县吴城镇注入鄱阳湖，再通过鄱阳湖进入长江。

当鄱阳湖完成“五水归一”、聚齐了江西全境的水资源之后，立刻赶往九江湖口县的湖口（鄱阳湖唯一的自然出水口）。在这里，鄱阳湖与滚滚而来的长江完美汇合：长江浑浊，含沙量高；鄱阳湖碧绿，相对清澈，形成非常清晰的“江湖两色”景观。

接纳了著名的鄱阳湖，水量更为充沛的长江一路向东，经过北岸的安徽宿松县汇口镇，抵达九江市彭泽县马当镇。在这里，宽阔的水域中有一个叫“棉船洲”的沙洲，是赣皖两省的分界点，过了这个分界点，长江正式进入安徽段。

安徽境内的长江，也被称为皖江，全长约416千米。

江水在安庆市滔滔不绝，过迎江区一带，开始向东急转约90度，形成明显的“L”形急弯流往池州。在池州，皖江接纳了150千米的秋浦河、75千米的青通河等支流，形成更为庞大的集水运、农耕、生态廊道等多种功能于一体的立体水系网络。当皖江流到铜陵段，江水蜿蜒，在距离铜陵长江大桥约30千米的江段，孕育出十多个大小不一的江心洲，这些江心洲和北岸枞阳县的丘陵、南岸铜官山的余脉一起，形成“一江抱洲，两岸含山”的地理景观。

接下来，皖江流进芜湖市，在芜湖主城区的西南部，接纳了一条重要的长江支流：全长275千米（一说291千米）的青弋江。江水在下游的冲积作用，塑造了面积达200平方千米的扇形平原，加高了芜湖城区的地势，形成天然防洪屏障，通过现代闸坝系统实现了防洪、航运的双重功能。与此同时，从巢湖东岸发育的裕溪河，在流经约60千米的路途之后，终于从芜湖北部的裕溪口注入长江，使长江和中国五大淡水湖之一的巢湖紧密相连。

长江离开芜湖，向东而去，就抵达了安徽境内的最后一段：马鞍山。在这里，马鞍山的母亲河——全长26.1千米的慈湖河汇入长江，然后江水取道和县乌江镇，正式离开安徽，进入江苏，而南京城秦淮河的灯火桨影，这时候仿佛已经能够看见……

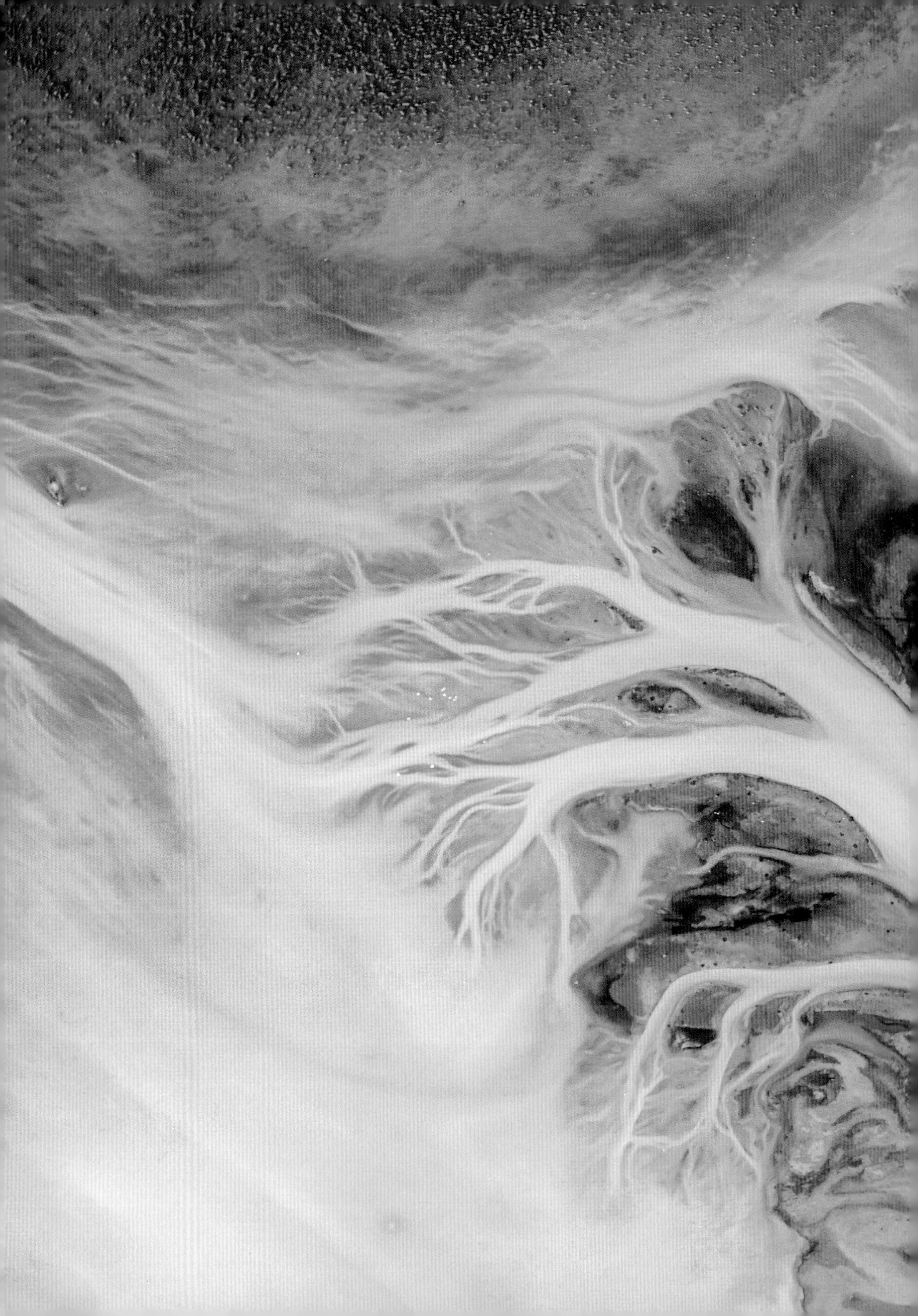

鄱阳湖是中国第一大淡水湖，亚洲最大湿地。图为“生命之树”的自然奇观。戴应震/摄

板凳桥是江西省上饶市婺源县的一处仙境，水汽笼罩着河面，描摹着“天青色等烟雨”的画面。张国雷/摄

徽州古村落的建筑以白墙黛瓦、马头墙为特色，每一处细节都透露着古朴典雅的气息。崔缘/摄

篇一·

# 九江心脏
# 五水归一鄱阳湖

在长江流域的版图上，九江是非常特殊的一个区域。这是江西省全境唯一拥有长江干流的城市，堪称长江江西段唯一的“全境守护者”。

江水从湖北省武穴市而来，在九江瑞昌（县级市）码头镇进入江西省，然后从九江彭泽县马当镇出省。全程约152千米的江水，在九江市境内碧波荡漾，蜿蜒流淌，使有着江西“北大门”之誉的九江市成为江西省和长江对话的唯一门户。正是这种“一市独占一江”的格局，赋予了九江独特的使命。

长江在江西省九江段，整体呈现出“五水归一”的格局。而被归的这个“一”，正是位于九江市东侧的重要生态调节湖——中国最大的淡水湖鄱阳湖。

## 鄱阳湖是如何呼吸的？

打开九江的地图，东南角上有一片北宽南窄的水域，形似一只巨大的葫芦，水域的三面，连接着粗细不一的水脉，从地图上看，仿佛九江的天然心脏。

这颗天然心脏，就是鄱阳湖。一直以来，鄱阳湖都在尽职尽责地做着一份工作——充当长江的“天然调蓄器”。这片浩瀚的水域，与滚滚长江血脉相连，扮演着不可替代的角色，是长江中游最神奇的所在。

关于鄱阳湖的故事，开始于大约6600万年前的白垩纪末期。那时候，太平洋板块的俯冲作用，在扬子地块东南缘撕开一道裂痕，孕育出“鄱阳断陷盆地”的雏形，随后的数千万年，这里时常发生干旱……直到很多年后因为长江三峡的贯通，滔滔江水才从湖口涌入，把星散的沼泽湖群串联成统一的水域，于是命运改写，故事重新开始。

现在的鄱阳湖，自西向东接纳了著名的“五水”，包括修河、赣江、抚河、信江、饶河，以及博阳河、西河、潼津河等小河流，形成著名的“五水归一”格局，然后完成湖泊调蓄，最后从湖口注入浩荡长江。这个过程中，各条支流挟带着泥沙，在长江交汇处淤积，枯水期露出，形成沙洲，汛期又变为湿地，可净化水质，可调节洪峰……于是形成一个随着季节呼吸的活体生态系统。实际上，鄱阳湖调蓄机制的运行和长江紧密相连，通俗来说，就是通过动态平衡长江和五河的水量，实现防洪、供水与生态保护。

在地质学家看来，鄱阳湖就是长江的“胃”。因为每到夏季丰水期，鄱阳湖水域可以扩展到4000平方千米，能够蓄纳相当于洞庭湖、太湖、巢湖总容量的洪水，使处于下游的南京、上海等城市免遭洪灾威胁；而到了枯水期，鄱阳湖通过湖口这道“水闸”，能够把280亿立方米的蓄水反哺给长江。比如在2020年夏季，长江流域遭遇特大洪水，鄱阳湖的湖面面积立刻暴涨至4400平方千米，相当于吞下3个深圳市面积那么大的水域，正是用这种“自我膨胀”的方式，鄱阳湖为下游城市筑起了最后一道防线。

更加有意思的是：每年冬至前后，鄱阳湖进入枯水期，原本自西向东奔流的江水，突然掉转方向西进。这种现象被称为“江湖倒灌”，主要形成原因是冬季长江水位和鄱阳湖蓄水的压力差。在古籍《水经注》中，就有“大江欲竭，彭蠡（鄱阳湖古称）逆流”的记载。在现代，科学家通过卫星遥感技术发现，倒灌期间，长江每天向鄱阳湖输送的水量，可以装满1.5个西湖。实际上，这样的动态平衡和水文奇迹，还维系着江豚、中华鲟等珍稀物种的洄游通道，所以湖畔吴城镇的渔民，至今遵循着“霜降收网，谷雨开船”的古训，他们用朴素的渔歌解释“长江涨水湖涨烟，湖水倒灌江撑船”。

在鄱阳湖南部的碟形湖区域，水文现象更加奇妙。这里的水位变化可达15米，湖盆形态会根据季节发生戏剧性的改变：丰水期是一片汪洋，枯水期则分裂成数百个大小不一的子湖泊，形成独特的“湖链”景观。最令人惊叹的是“湖底森林”：在都昌县境内的湖底，保存着完好的古树残桩，碳14测定结果显示，它们已有7000年历史，当枯水期水位低于14米，这些残桩会露出水面，形成奇特的“水下森林”景观。

鄱阳湖与长江唯一的交汇点湖口，是长江中下游天然的地理分界线。在这里，每年都可以观赏到壮观的“水色大战”。长江浑黄，鄱阳湖澄澈，两股水流在这里交汇，形成泾渭分明的“太极图”景观。

## 长江中下游的生态奇迹

星罗棋布的沼泽和蜿蜒的河道，共同构成了长江流域最富生命力的生态系统：鄱阳湖湿地。

在鄱阳湖湖口，因为五条入湖江河每年搬运的巨量泥沙在此沉积，形成了面积达860平方千米的三角洲，而新生的洲滩每年会向湖心推进12～15米。神奇的是，泥沙的沉积造就了精妙的高程（河床的平均高度）梯度，比如吴城湿地，每升高10厘米，就会出现不同的植物群落，从12米高程的蓼子草，到12.1米高程的芦苇，再到12.2米高程的苔草，各自拥有天然

▶鄱阳湖周边是大片大片的草洲，草色青青，随风摇曳，充满了生机与活力。几奥/摄

▶图片拍摄于江西省九江市的一处湿地，水流交汇处，色彩缤纷。李剑辉/摄

的植被分布带。这种微地形的差异，给处于不同生态位的鸟儿提供了理想的栖息环境。

每年10月，随着西伯利亚寒流南下，数以万计的候鸟飞越千山万水，来到鄱阳湖。迄今为止，鄱阳湖湿地记录到的鸟类，多达382种，其中最珍稀的是极危物种白鹤。在全球白鹤种群数量不足4000只的情况下，每年到鄱阳湖越冬的白鹤超过3000只。白鹤对栖息地的选择非常挑剔，只依靠湿地中特定种类的水生植物——苦草的块茎为食。研究发现，白鹤喙长23厘米，正好可以够到退水后、裸露在泥滩下20~25厘米深处的苦草块茎。2019年1月，科研人员在南矶山湿地一次性记录到387只白鹤，这一数据创下了世界纪录。

鄱阳湖的浅水沼泽，吸引着全球80%的东方白鹳前来越冬，这是一种体长达到1.2米的大型涉禽。在鄱阳湖，它们甚至形成了独特的捕食策略。观测显示，东方白鹳会在水深28厘米左右的浅滩区域形成“围猎圈”，通过有节奏的踩脚动作，惊动水中的小鱼，然后进行捕食，而它们选择的浅滩深度，恰好是小型鱼类活动最频繁的水层。珍稀涉禽之外，鄱阳湖也是雁鸭类水鸟的重要栖息地，每年冬季，数万只小天鹅、豆雁、白额雁会在这里越冬。

候鸟的生存和鄱阳湖的水文节律，存在着精妙的同步关系。当水位降到12米左右，苦草、蓼子草等植物开始萌发；当水位降到10米，最理想的觅食环境形成。于是候鸟的迁徙时间和水位降速形成密切关系，比如白鹤通常在10月下旬抵达，此时水位正好退至苦草块茎最易获取的深度；再比如东方白鹳11月到来，正是浅水区鱼类资源最丰富的时期。

实际上，鄱阳湖湿地底部复杂的地下水系统，才是维系枯水期生态的关键。据勘探证实，鄱阳湖西岸存在三层承压含水层，年补给量达到7.8亿立方米。这些错综复杂的地下水，冬季温度比地表高3~5℃，是底栖生物的“暖气房”。比如在都昌候鸟保护区，即便是最干旱的年份，地下水渗流也能使土壤湿度达到20%，能够确保包括苦草在内的植物不会脱水死亡，为越冬候鸟们提供了持续的食物来源。

值得一提的还有，鄱阳湖枯水期形成的深槽，是长江江豚最后的庇护所。据中科院水生所的“声呐追踪”数据显示，每年大约有400头江豚，会从长江干流洄游到鄱阳湖的深水区越冬，而湖口到都昌段的“老爷庙水域”，因为特殊的水文条件形成天然深潭，即使在最干旱的季节，也保持着15米以上的水深，被当地渔民戏称为“江豚的冬季公寓”。

## 江湖分界线

长江从瑞昌的码头镇向东奔流约25千米，穿过赤湖和赛城湖之间的天然水道，在九江城西的阎家渡，正式进入九江主城。这段江流，呈现出典型的“江湖联动”水文特征，即江面变宽，流速减缓，沿途还发育出三个江心洲，其中以张家洲最为典型。这之后，江水流过江西省首个万吨级深水港瑞昌港，穿过九江长江二桥主航道，最终在标志性的锁江楼塔完成地理过渡，进入九江主城中心。锁江楼塔建于明

## "五水归一"的这个"一"，正是位于九江东侧的重要生态调节湖、中国最大淡水湖鄱阳湖。

代，塔身上深浅不一的凹痕，是历代商船系缆留下的印记。2020年，在九江考古发现的唐宋码头遗址和大量的青瓷片、船钉，见证着当年"千帆竞发，百货流通"的繁华景象。

拥有2200多年历史的九江，古称浔阳、江州，自古是长江中游的重要港口，在典籍里声名显赫。公元816年的某个秋夜，被贬江州的诗人白居易话别朋友，写下著名的《琵琶行》，诗中"浔阳江头夜送客，枫叶荻花秋瑟瑟"的意境，至今仍能在九江的江畔找到。实际上，九江市的人文密码，藏在庐山和长江的对话中。被誉为"人文圣山"的庐山，和长江仅一箭之遥，是著名的世界文化遗产和世界地质公园。很多年前，庐山五老峰下，南宋理学大师朱熹复兴白鹿洞书院。而唐代诗人李白笔下"飞流直下三千尺"的庐山秀峰瀑布，最终也汇入了长江。

在九江主城区，长江先后接纳了包括修河、博阳河在内的多条支流。当汇聚在一起的水流向东抵达地势渐低的濂溪区时，江岸变得开阔，在濂溪区与湖口县交界处，整个江流被等待多时的鄱阳湖"顶托"，形成壮观的"江湖分界线"。

长江和鄱阳湖交汇之后，向东奔流约30千米，进入江西省最后一站：彭泽县。在这一段，江中出现面积广阔、方圆达104平方千米的棉船洲，洲上阡陌纵横的农田、星罗棋布的池塘，构成独特的"江中桃源"景观。棉船洲和对岸安徽的小孤山遥相呼应，构成著名的"长江天堑"。每逢枯水季节，棉船洲裸露的洲滩会显现奇特的"潮沟纹"，仿佛自然的抽象画，极具观赏价值。明代抗倭名将戚继光曾经在这里修筑炮台，那些当年镶嵌在岩缝中的条石，至今仍清晰可辨。

彭泽西北部的澎浪矶与安徽小孤山夹江对峙，形成天然隘口，最窄处的航道仅800余米，船行到此都会格外小心。清代诗人赵翼的描绘"澎浪矶头浪拍天，小孤山畔橹声连"，一语道尽江流的险峻与壮美。彭泽乌龙山麓的龙宫洞，是长江沿岸最大的溶洞。1985年，

落星墩位于鄱阳湖中，每年仅在枯水期短暂显露。这座古建筑于宋代开始修建，明代加建亭台楼阁，具有极高的历史价值。几臭/摄

科考队员在洞内发现了连接长江的地下暗河，通过“荧光素示踪实验”证实，地下暗河最终在澎浪矶附近汇入长江。最令人称奇的是，洞壁上保留着宋代以来的题刻百余处，其中“渊明探幽”四字，据说和那位“不为五斗米折腰”的彭泽县令有关。

陶渊明和彭泽的渊源，要追溯到公元405年。那一年，41岁的陶渊明出任彭泽县令，但任职80余天后挂冠而去。如今在彭泽县城东南的“五柳书院”遗址处，我们仍可见到当年县衙的基石。当地百姓世代相传的“折腰稻”，据说产自陶渊明拒绝向督邮弯腰，辞官而去时走过的那片稻田。

彭泽的棉船洲头，是长江江豚重要的索饵场，观测记录显示有15头江豚在此定居。而每年4月，成群的刀鱼逆流而上，在澎浪矶附近的洄水区产卵，形成“刀鱼击水”的奇观。龙宫洞暗河出口处，生长着中华水韭，这种冰川时期的孑遗植物，叶片上的气孔排列方式至今仍是植物学家研究的课题。

## 五水归一

在江西省的水域地图上，分布着大大小小的支流，它们最后都会汇入长江，而鄱阳湖就像一个大管家，接纳赣江、抚河、信江、饶河、修河五大支流，最后在湖口将汇集的所有水流，全都送入长江。

著名的“五水归一”，就是五条河流从不同方向注入鄱阳湖。每一条河流，都携带着各自流域的记忆：赣江的泥沙在湖口堆积出扇形三角洲；信江的铜离子把水体染成淡青色；修河裹挟的松针在浪尖打旋；抚河和饶河在主航道两侧划出泾渭分明的水纹……此外，枯水期裸露的湖床仿佛巨兽的脊骨，龟裂的黏土层和散落的树枝、贝壳组成奇异的图案，犹如长江各大支流在大地上镌刻的铭文。

从赣闽边界武夷山西麓苏醒的赣江，全长766千米，长时间穿流在赣州石城县的深谷中，经受着两岸千米高的屏障挤压。当水流激流勇进，进入吉泰盆地，江水突然放缓，泥沙开始沉淀，河心沙洲如巨龙鳞片般依次层叠，到南昌以下分汊河道，水流在冲积平原上壮观地肆意分合……每年，赣江向鄱阳湖输送的泥沙量，相当于黄河的十分之一。汛期时，浑浊的江水会突入湖心数十公里，在鄱阳湖清澈的湖水中，碰撞出锯齿状的交界线，十分壮观。赣江入湖口的南矶山湿地，泥沙沉积造就了世界上最复杂的汊道系统。丰水期，这里会出现超过200条的大小河道，它们不断改变路径，将泥沙输送到湖区的各个角落。

全长349千米的抚河，从武夷山西侧发源，以“人”字形流贯江西东部地区，沿途处处精彩：上游，在抚州资溪县境内雕刻出典型的梳状水系；中游，把红色砂岩侵蚀成蜂巢状的岩穴，雨季时瀑布从孔洞中喷出，形成当地人口中的“龙吐珠”。最神奇的是，每年汛期过后，河床都会重新排列出新的沙洲、浅滩，形成被称为“河流指纹”的独特图案。据水文测量显示：这里的河床高程，每年变化可达3米，十年间，河道可能横向移动超过500米。正是这种不稳定性，造就了抚河独特的“游荡型河道”，水流像不安分的蛇，在平原上扭动，留下新月形的牛轭湖和星罗棋布的湿地。

信江发源于江西怀玉山脉，全长313千米。当河水从上饶市弋阳县的龟峰景区绕行一个270度的大弯，流到上饶余干县境内的时候，河道突然分出数十条岔流，形成面积惊人的湿地迷宫。每当暴雨降临怀玉山区，原本清澈的溪流，会在数小时内变成咆哮狂奔的泥石流。2008年的一次极端降雨事件中，信江支流白塔河的含沙量，居然达到惊人的80kg/m$^3$，这样高密度的水流，甚至可以搬运汽车般大小的岩石。在余干县瑞洪镇入湖口地区，信江和鄱阳湖的相互作用产生了独特的“浊流羽”现象：富含重金属的河水像舌头一样伸入湖中，在湖底形成明显的分层沉积。在这些沉积层中，由于铜、铅等金属元素含量极高，形成了自然界罕见的“重金属沉积扇”。

饶河有两条支流：北支昌江和南支乐安河。北支昌江从上饶市婺源县的鄣公山奔涌而下，沿途不断吸纳“瓷土矿”，到景德镇一带，沉淀河底的泥浆，居然能塑成直立的坯体。南支乐安河则是另一番景象，它流经的茶叶产区水体清冽，在彩虹桥附近，河水会突然潜入喀斯特溶洞，在地下潜行800米后带着气泡重新露面，当地人称这段河流为“河神的深呼吸”。最有意思的是，当两条支流在鄱阳县汇合，所形成的漩涡甚至能持续旋转40分钟，把各自携带的瓷土、茶叶碎屑，搅拌成奇特的褐色泡沫。当这些泡沫被浪推至岸边，会在滩涂上留下类似瓷器开片的裂纹图案。

发源于江西西北部铜鼓县的修河，全长357千米，是五水中最具野性的存在，因为流经古修州（今修水县）而得名。修河的峡谷区保存着最完整的水蚀地貌。在武宁县的罗坪一带，河流在花岗岩体上切割出深达150米的V形峡谷，两岸崖壁上的水流痕迹，清晰地记录了近万年来水位的变化。在修河入湖口，洪水携带的泥沙在这里堆积出中国最大的淡水沼泽三角洲，前沿部分每年会向湖中推进约30米，而新生的沙洲上，芦苇和苔草以肉眼可见的速度建立着新的生态系统。

五水和鄱阳湖的关系，是血脉和心脏的关系，它们从不同的方向拥抱鄱阳湖，最后一起汇入长江。实际上，五大水系在鄱阳湖产生的水文效应是：每一天，它们都在重塑着中国最大淡水湖的基因。

## 滋养江西的超级血液

五水归于鄱阳湖，而五水之首，是赣江。

作为长江在江西境内的最大支流，赣江像一条蜿蜒的巨龙，从南向北纵贯江西全境，把江西大地一分为二。从地图上看，整个赣江流域南北长、东西窄，呈现出不规则的四边形，而众多支流如同羽毛般向两侧伸展，在江西大地上织出密布的河网。

在江西，赣江拥有尽人皆知的崇高地位——母亲河。

江西的简称“赣”，从称谓就不难看出与赣江有着千丝万缕的联系。一种有趣的说

秋季的鄱阳湖，拍摄于九江市都昌县。当水位变低，滩涂渐渐裸露，湖面便会生长出许多湿生植物。傅建斌/摄

法来自《山海经》的记载：据说在今天的江西赣州一带，曾经生活着一种高大的怪物，名为"赣巨人"，因此，"赣"这个称谓才得以流传。这一说法虽然有趣，但历来争议也多。

在赣州的八境台（因可以眺望赣州八处风景而得名），能够清晰看到两条性格迥异的河流在此相遇：左侧的章水，泛着琥珀色的光晕；右侧的贡水，呈现出青玉般的冷色调。两水相汇，形成长达1.5千米的混合带，最终融为一体，成为赣江。

在赣江流域，候鸟与鱼类找到了安居乐园。赣江流域是东亚—澳大利西亚候鸟迁飞路线的核心节点，也是长江江豚的重要栖息地。2020年，科学考察发现，赣江中游的峡江段仍存在胭脂鱼自然产卵群体。这个发现，直接打破了胭脂鱼"功能性灭绝"的悲观论断。在赣江源头保护区，人们发现了中华秋沙鸭、黄腹角雉等12种国家一级保护动物以及如井冈山杜鹃、江西槭等200余种特有植物。在岸边的湿地上，春季洪水退去后形成的临时水洼中，甚至可以观察到濒危的江西大鲵正在产卵。

历史上"赣江十八滩"之一的"惶恐滩"，位于吉安市万安县，因为文天祥名句"惶恐滩头说惶恐，零丁洋里叹零丁"而名扬天下。作为"赣州十八滩"的代表，"惶恐滩"见证了古人对这条河流的尝试性治理。到明清时期，赣江成为连接南北的黄金水道，年通行船只超过2000艘，运输量达到10万吨，江西的鱼米茶纸、瓷器竹木得以畅销全国。20世纪30年代，赣江成为中央苏区的重要补给线，输送了超过50万担粮食支援革命。到如今，航道完善的赣江，支撑起沿江地区的物流运输，成为江西外向型经济长足发展的重要助力。

曾经，大坝全长1104米、坝高68.1米的万安水电站以及年发电11亿千瓦时的峡江水利枢纽，表现出人们改造自然的雄心，但代价是"四大家鱼"（青鱼、草鱼、鲢鱼、鳙鱼）产卵量下降72%。21世纪初，采沙热潮曾经让赣江年采沙量达到惊人的1.2亿吨。短时间内，赣江河床生态被严重破坏，母亲河伤痕累累……最后，痛定思痛的江西人开始致力于生态保护和修复工作，决心要将一切归还给自然。

如今，赣江已经恢复了往日的勃勃生机，呈现出"赣水苍茫闽山碧"的美丽景象。很多很多年过去，人们看见，赣江这条江西大地的超级血脉，依旧用滚滚的流水，书写着江西大地上流动的史诗。

## 黄金水道造就辉煌港口

赣江奔腾的涛声中，隐藏着一段被遗忘的工业传奇：江西造船业。早在汉代，因为赣江水系的发达，江西造船技术已经取得长足发展，那时候，各种不同类型的船只雨后春笋般涌现：货艇、客船、渔舟、战舰……到南宋，江西造船业更是极为发达，据《赣南航运史料》记载，赣江流经的赣州在当时设有造船厂，是当时全国造船业中心之一，所造船只长达二三十丈，在古代没有大型机械设备的情况下，甚至可以实现"日成一舟"的造船奇迹。

除了官办造船厂，历史上赣州的民间造船业也发展得很好。赣州市南康区的唐江镇，因地处上游江畔，有天然优越的河道，在清末就有了私营造船厂。造船业的发展推动了赣州与外界的贸易往来。清末以后，当地商业的进一步发展又推动了造船业的进步，所造船只变得更大，通航距离更远。

清朝末年，随着西方先进的造船技术传入中国，江西造船业的发展迎来了全新的契机。这一时期，江西的造船业虽然受到战乱和社会动荡的严重影响，但依然在艰难中顽强地探索前行。1882年，江西第一家利用机器修造船舶的厂家——罗兴昌机器厂在南昌成立。由此，江西造船业开始向现代化迈进。1896年，一家具有标志性意义的企业——江西南昌福康轮船公司创立。在当时，这家公司拥有5艘小火轮，这些小火轮以其高效的运输能力和先进的动力系统，专门往来于九江与南昌之间，开启了江西乃至整个中国近代航运的新篇章。

历史的车轮不断向前，到了20世纪60—80年代，江西船舶工业再次迎来辉煌。这一时期的江西船舶工业基础雄厚、设施齐全、人才云集。1969年11月，代号为6214的工厂（后更名为江州造船厂）在瑞昌下巢湖畔成立，一时间工厂规模达到鼎盛，拥有职工7000多人。江州造船厂凭借着先进的技术和强大的生产能力，不仅建造出了一艘艘高质量的船舶，也为中国水运事业的发展作出了不可磨灭的贡献。

后来，随着经济社会的不断发展，江西船舶工业开始面临前所未有的挑战。与沿海发达地区相比，江西的水运资源相对有限，这极大影响了江西船舶工业的发展，而伴随着陆路交通的发展，江西的造船业不断式微，失去了往日的辉煌。不过发展至今，赣江通航能力的持续提升，拉动着江西的船舶工业不断恢复发展。赣江最后流经的城市九江肩负起了发展江西船舶工业的重任。作为江西省唯一通江达海的港口城市，以及长江航运的重要中转地，九江有着优越的造船业地理基础，发展潜能巨大。随着九江不断深耕船舶制造业，在不远的将来，江西造船业往日的辉煌将重新展现在世人眼前。

历史已然过去，唯有赣江不断向前奔流。赣江与江西，一条江与一个省，就这样彼此携手前行，共同书写了上千年的传奇历史。而它们的故事还在继续……

篇二·

# 大江奔皖 长江水系的双生画卷

当长江从江西省九江市彭泽县的马当镇流出，进入安徽省安庆市宿松县小孤山，蜿蜒416千米的长江安徽段画卷，就此优美地铺陈开来。这一段长江，也称皖江，北岸倚靠大别山和江淮丘陵，南岸遥望皖南群山，五大沿江城市安庆、池州、铜陵、芜湖、马鞍山，如同明珠般镶嵌在两岸，形成中国内陆最具活力的城市群之一。

长江水的千年冲刷，造就两岸截然不同的风貌：北岸地势平缓，沃野千里，巢湖平原如同铺展的绿色绸缎，星罗棋布的圩田仿佛棋盘，粮食年产量占到全省40%以上；南岸山势陡起，黄山和九华山余脉如同水墨屏障般耸立，铜陵的黄铜矿脉、芜湖的茶山竹海、马鞍山的钢铁丛林，全都在江雾中若隐若现。这种明显的地理分野，直接影响了城市性格：北岸的安庆，有着黄梅戏的婉转；南岸的芜湖，涌动着港口经济的浪潮；江心的曹姑洲，渔民们保留着千年未变的撒网技艺。

作为长江黄金水道的“腰腹之地”，安徽段年航运量约占全线的15%。从安庆港到芜湖港的深水航道，可以通行万吨级船队，年吞吐量突破5亿吨，运输的货物，包括铜陵的电解铜板、奇瑞汽车的整车集装箱……构成一条流动的产业长廊。

## 长江的生态咽喉

进入安徽境内，长江遇到的第一座城是黄梅戏发展壮大的核心地区安庆。安庆的宿松建县于公元前184年，地处皖、鄂、赣三省交界，境内耸立着“长江第一奇峰”小孤山。宿松水网密布、水系纵横，面积广阔的龙感湖汇合周边众多湖泊，通过人工调控的“华阳河闸站系统”和长江相连。之后，江水依次流过安庆地区的望江县和迎江、大观、宜秀三区，抵达桐城（县级市）。所谓“天下文章出桐城”，中国清代文坛上最大的散文流派“桐城派”就出自这里，影响清代文坛200余年。

因为地形险要，安庆被称为“万里长江此封喉”，加上自古是兵家必争之地，所以又被表述为“吴楚分疆第一州”。在这一带，滔滔江水变得湍急，河床收缩到不足两千米宽，一方面形成航运要冲，另一方面造就沿岸星罗棋布的沙洲和江心岛。

这些沙洲和江心岛，随着季节时隐时现，成为候鸟的天堂。每年冬天，在官洲岛和鹅毛洲裸露的滩涂上，有数以万计的雁鸭类水鸟栖息。大江之北，数十千米外，巍然矗立着著名的天柱山，山如其名，主峰天柱峰海拔1489.8米，如同一根直插云霄的擎天巨柱。与天柱山遥相呼应的，是核心面积达到120（枯水期）~200（丰水期）平方千米的菜子湖湿地，它和长江血脉相连，水位随着季节涨落，最大落差可达5米。当冬季水位下降，裸露的滩涂就成了小天鹅的舞台。最值得一提的，是濒临长江的振风塔。振风塔是一座始建于明代的七层古塔，不仅是长江航道的重要航标，也承载着安庆城的往事和记忆。

在相当长的流段里，安庆市与池州市隔江相望，左岸为安庆市，右岸为池州市。长江离开左岸的安庆市市区后，也同时离开了右岸的池州市东至县大渡口镇。之后，江水流往池州市东至县胜利镇这一段，颜色渐渐由浑黄变为青绿，江面宽阔、航运繁忙……这就是长江进入池州段的信号。在池州，江水先后流过东至县、贵池区、青阳县。在青阳县境内，距长江南岸约20千米的位置，就是著名的九华山。海拔1342米的山体，由燕山期花岗岩构成，九十九座锐利的峰峦从云海中拔地而起，放射状山脊线在航拍视角下呈现出完美的莲花形态。这是长江中下游平原向皖南山区过渡的显著地标，裸露的花岗岩体在日照下呈现出独特的金黄色泽，和长江北岸的安庆振风塔遥相守望。

九华山下，从安徽省祁门县牯牛降发源的秋浦河静静流淌，这条全长约149千米的河流，是皖南山水画卷的缩影。当年，诗人李白就是在这里写下《秋浦歌十七首》，其中的“秋浦长似秋”“白发三千丈”等名句已成绝唱。很多年后的今天，乘竹筏顺流而下，依然能感受到诗人笔下的悠远意境。随河流往下，很快就能在池州市贵池区西北部看见秋浦河注入长江的景象。河流的入江口处，因为长江水流顶托作用，形成了面积达到333.4平方千米的升金湖湿地，这里是长江中下游生态屏障的核心，也是国际重要湿地和中国鹤类保护的关键区域。

每年冬天，有350~500只白头鹤在此栖息，占全球种群的1/20。

## 冲积平原上的山、水、城

江水继续东流，抵达铜陵市长江段的时候，河道宽度收缩到800米左右，这时候，江心的和悦洲把水流分为南、北两汊。北汊的水道上，突起的岩石群尽管被浪涛冲刷、雕琢了千百年，但依旧岿然不动，形成“水上石林”奇观。在北宋时期，和悦洲就已露出江面，因为形似荷叶漂浮于江面，原名叫作“荷叶洲”，后来，被曾国藩称为“兵家梅花”的湘军名帅彭玉麟在这里练兵，将其改名和悦洲。和悦洲的激流下，多年来一直是“水中大熊猫”江豚的重要栖息地，北宋时期的《铜陵县志》中，当地官员盛度对江豚的描述是“江猪拜风”，可见江豚一直在这片水域栖息活动。

在铜陵，长江依次流过枞阳县、郊区、义安区、铜官区，形成著名的“铜陵段长江岸线”。其中有两个重要地标：首先是义安区胥坝乡的文兴洲，这里是著名的渡江战役红色锚地。1949年4月21日，解放军在这里登陆，包括胥坝洲、铁板洲在内的众多江心洲群都是战役的重要地理依托，铜陵也因此成为“江南解放第一城”。其次是在铜官区临江而立的五松山和铜官山，它们是铜陵文化的核心地标。李白三次游历此地，并留下13首诗作，其中写到铜矿采冶的盛景。铜陵意为“产铜之山陵”，在铜陵境内，先后发现30余处古代铜矿遗址，证明当地的铜矿采冶从商周时期就已经开始。

此外，铜陵的传奇也在地下深处。在义安区的凤凰山麓，距长江南岸约15千米处，就是西周时期的金牛洞古矿遗址。沿着幽深冰凉的矿井向下，可以看到西周矿工们开凿的竖井仍旧保持完美的几何形状，井壁上清晰的凿痕，记录着当时采矿技术的精湛。最令人称奇的是古人设计的排水系统，他们精准掌握了地下水文的规律，让巷道始终高于长江水位3米，这种智慧在今天看来依然令人叹服。

长江从和悦洲向东流淌约40千米后，江面逐渐变得开阔，水流更加平缓，开始进入近代江南“四大米市”之首的芜湖市境内。在芜湖段，长江接纳了全长275千米（一说291千米）的重要支流青弋江，两江交汇，形成显著的水文分界。值得关注的是，江水带来的泥沙在河口不断沉积，造就出的江心洲多年来持续向东南方向延伸，每年扩张至少12米。这种独特的水文现象，在19世纪末引起外国工程师注意，经过他们检测：此处江水的含沙量，高达每立方米2.3千克。事实上，正是这些源源不断的泥沙，孕育出曾经盛极一时的“芜湖米市”。

长江和青弋江交汇处以北2千米，是南宋状元张孝祥捐田百亩开凿出来的湖泊：镜湖（又称陶塘），因“水清可鉴、形似圆镜”而得名。镜湖水通过两条路径和长江水系连通：地表上，经过范罗山北侧的泄洪闸，和青弋江直接相连；地下，通过地下水和长江相连。有意思的是，这样上下互通的江水流向，使得镜湖每隔15天就能完成一次水体置换，造就了芜湖的“城市生态滤池”。镜湖由大、小镜湖组成，总面积约230亩，湖水清澈如镜，北倚赭山，南傍青弋江，形成“山、水、城”相融的独特景观。

在芜湖，长江还接纳了全长约60千米的裕溪河，这是一条开凿于三国时期的人工运河。正是通过裕溪河，位列中国五大淡水湖的巢湖，才终于实现了和长江的连接。

## 项羽之死和李白墓地

在芜湖市鸠江区沈巷镇和马鞍山市和县历阳镇的交界处，长江抵达马鞍山境内。这之皖江北岸倚靠江淮丘陵，南岸遥望皖南群山。五大沿江城市安庆、池州、铜陵、芜湖、马鞍山明珠般镶嵌在两岸。

后，江水很快流往著名的和县乌江镇。公元前202年，项羽兵败，拒绝渡江，在乌江亭（秦时地名，现乌江镇）自刎而亡，留下霸王别姬的千古悲歌。乌江镇上有始建于唐朝的霸王祠，李白、杜牧等诗人都曾来此凭吊，写下诗篇。每年农历三月三，这里要举办“霸王祠庙会”，有楚舞表演和祭祀仪式。镇上的乌江老街是明清风格建筑，青石板路在街巷中蜿蜒，古码头旁商铺林立。

和县的长江对岸，是李白晚年居住的当涂县。公元762年，李白病逝，最初葬于当涂龙山东麓。公元817年，故人之子范传正等人为了完成李白“志在青山”的遗愿，将其迁葬到青山河流过的大青山脚下。李白墓旁的谢公祠，是为纪念南朝著名文学家谢朓而建。谢朓是山水诗鼻祖，李白生前极度推崇他。在当涂，长江接纳了全长约70千米的姑溪河，正是通过姑溪河，被誉为“天空之镜”的跨界湖泊石臼湖接通了长江。

接下来，长江抵达位于当涂县和雨山区交界处的采石矶。地势险要的采石矶，古称牛渚矶，历史上是兵家必争之地，现在是长江沿岸的著名景点，位居“长江三大名矶”之首（另外两个是南京燕子矶、岳阳城陵矶）。

在采石矶，江水形成了独特的河道形态，江面收窄、水流湍急，长约2.5千米的江面，由于被突出江心的石英砂岩矶头分割，导致主航道宽度骤减至400米，水深增至40米。特殊的地质构造，形成了独特的水文特征：表层流速达到每秒3米，底层却缓慢很多，这种差异虽然造就了危险的漩涡，但却形成了独特的生态系统。三国时期，东吴水军就是利用这段特殊江势，训练战船。他们在采石矶崖壁上开凿的藏兵洞至今保存完好，洞壁上，清晰可见古人刻画的水位标记。

诗人李白和这段江水缘分深厚。紧邻采石矶的翠螺山海拔128米，山顶的联璧台遗址，据说是李白醉酒捉月传说的发生地。联璧台距长江主航道仅150米，可以俯瞰江水向东转折的壮阔景象。《太平府志》记载，李白曾在此观江、饮酒，晚年常登高望远，笔下“天门中断楚江开”的豪迈和“人生在世不称意”的惆怅，都融入了这片山水。

接着，长江来到当涂县的湖阳镇，湖阳是

典型的江南水乡和鱼米之乡，这里的湖泊、河流、湿地资源极其丰富。最后，在和县乌江镇，长江正式流出安徽，进入江苏省南京市境内。

## 皖南诗画走廊

在长江安徽段的宏阔水网中，青弋江和巢湖以截然不同的方式讲述着独特的长江故事。

发源于黄山北麓的青弋江，串联起皖南群山，沿途接纳了徽水河、琴溪河、孤峰河等支流，从芜湖的镜湖区注入长江。在入江口，两江汇流，塑造出持续扩张的冲积平原，为历史上著名的"芜湖米市"提供了天然良港。这个过程中，通过地下岩溶管道，青弋江的水体和镜湖保持交换，形成"江—河—湖"三位一体的水文循环，造就了江南水乡特有的生态体系。而巢湖则以另一种方式与长江对话：由巢湖闸和裕溪闸组成的调控系统，不仅维系着湖区的20万亩湿地，还创造出独特的"江湖复合生态系统"。

从空中俯瞰，青弋江如一支巨笔，划开皖南的青山；巢湖则像一方墨砚，承接着江淮烟雨。一江一湖，虽然形态迥异，但却共同演绎着长江与支流的自然融合，展现出人工干预下的江湖平衡。这种双生共济的水文智慧，正体现了长江文明绵延千年的生态哲学。

从黄山北麓海拔900米的岩隙中渗出的第一滴水，需要经历怎样奇妙的旅程，才能成为长江右岸的重要支流？在皖南连绵的绿色褶皱间，青弋江用约275千米的蜿蜒轨迹书写着答案。这条发源于黄山北麓、最终在芜湖汇入长江的河流，每年要向长江输送大约50亿立方米水量，流域面积达到7800平方千米。尽管青弋江不及岷江、湘江那样声名显赫，但却以独特的自然禀赋、深厚的文化积淀，成为皖江流域最富诗意的水文单元。

从地质构造来看，青弋江上游流域属于扬子准地台的江南隆起带，主要由古生代沉积岩和中生代花岗岩构成。这种特殊的地质背景，造就了独特的峡谷地貌，两岸峭壁林立，怪石嶙峋。江水在峡谷间奔腾，水流湍急。不过，青弋江上游却有个温婉舒缓的名字：舒溪。

20世纪60年代，人们在青弋江上游修建大型水利工程陈村水库（今太平湖）。这个人工湖的出现，彻底改变了青弋江上游的水文特性，有效地控制了洪水的暴烈脾气：每逢雨季，人工湖能够"吞下"汹涌的山洪；到旱季，又能"吐出"稳定的水流，让下游不再饱受旱涝之苦。更神奇的是，这个工程还意外地创造了一个人间仙境：原本湍急的山间溪流，来到此处，变成一片面积达88平方千米、蓄水量约24亿立方米的"高山明珠"——太平湖。站在湖边远眺，碧波万顷，湖面如镜，百余个大小岛屿星罗棋布，四周青山环抱，云雾缭绕。当地人说，这是建设者们留给后世最珍贵的礼物。

河水前行，流到太平湖至泾县时，又开始变得凶猛，河道深深切入山体，在这一带构造出一系列典型的V形谷。两岸陡峭的山壁如同被巨斧劈开，在河流上方几乎就要合拢，只留下一线蓝天，有些地方更是形成险峻的嶂谷

▶沿着浅浅的弯流，万亩水杉密集整齐地生在水中，皖南落雨杉宛如《万里江山图》中的一方景色。李俊松/摄

地貌：近乎垂直的百米绝壁，夹峙着湍急的江水，仿佛一道天然的水上走廊。

这之后，当青弋江流过泾县、宣州区一带，又开始变得舒缓，由于这里的山势渐渐柔和，江水也不再像上游那样在峡谷间横冲直撞，而是像一条温顺的银蛇，在皖南起伏的丘陵间悠闲游走。泾县境内，青弋江与徽水河相遇，两条河流交汇带来的泥沙年复一年地沉积，在这片土地上创造出一块块肥沃的“冲积平原”。得益于优越的自然条件，这片区域成为皖南重要的水稻种植区。

河流来到芜湖市南陵县境内，青弋江继续放缓。这条蜿蜒了275千米的清流，最终在芜湖投入长江的怀抱。青弋江下游约50千米长的河道，在长江巨大的顶托作用下，强大的动能被消减，使得每年约有80万吨的泥沙在此沉积，逐渐堆积出宽度达到800米的广阔河漫滩。

特殊的水文环境，造就了天然的良港条件。平缓的水流和宽阔的河道，使得这里自古就是理想的泊船之地。明清时期，每天停泊的商船超过200艘，如今更发展成为年吞吐量超1亿吨的现代化芜湖港，位居长江十大港口之列。

值得关注的是，这个充满活力的河口区域，至今仍在持续演变，每天经历着两次明显的潮涨潮落，水位变化幅度达1~2米。泥沙运动形成了独特的水下三角洲景观，同时也为候鸟提供了重要的栖息地。站在芜湖滨江公园远眺，可以清晰看到青弋江与长江交汇处的分界线：一边是略显浑浊的长江主干流水，一边是较为清澈的青弋江水，两条河流在此相拥，共同书写新的水文篇章。

## 徽商的水上动脉

明清两代，随着徽州商帮的崛起，青弋江迎来黄金时代。

徽州盛产的木材、茶叶、宣纸等货物，通过青弋江运往芜湖，再转运全国各地。其中最富特色的，莫过于“木排运输”。来自黄山深处的优质杉木，被扎成巨大的木排，由经验丰富的排工驾驭着顺流而下。这些木材，最终要么成为江南园林的亭台楼阁，要么成为富贵人家的雕花门窗。据史料记载，仅明万历年间，每年经青弋江运出的木材就超过10万根。茶商则将珍贵的红茶装入防水的竹篓，再在茶叶间铺上厚厚的防潮又添香的箬叶。到了芜湖码头，这些茶叶会被重新分装，通过长江运往汉口、扬州，甚至海外。宣纸和青弋江也有不解之缘，泾县小岭的曹氏家族，世代以造纸为业，他们利用青弋江清澈的江水漂洗原料，生产出质地绵韧、润墨性强的宣纸，再将宣纸卷成筒状，用油纸包裹，装入特制的木箱。那时候，一个木箱中宣纸的价值，几乎相当于普通农户半年的收入。最终，这些宣纸会运往南京、苏州等地的书画坊，成为文人墨客的心头好。明代书画家董其昌在《画禅室随笔》中记载：“泾县纸以青弋江水制者为上品。”实际上，现藏于故宫博物院的许多明清书画珍品，都是使用青弋江流域出产的宣纸进行创作的。

航运旺季的青弋江，每天都有上百艘商船往来穿梭。从早到晚，芜湖的码头热闹非凡，仿佛一个巨大的物流中心，把皖南的山货送往全国各地，又把外地的食盐、布匹运回山区。这种繁荣的景象，持续近五百年，直到近代铁路和公路运输兴起才逐渐改变。今天，在青弋江边的老码头上，还能看到当年系缆绳用的石桩，它们见证和记录着这条水道昔日的辉煌。

多年来，青弋江流域文化氛围浓厚，朱熹、吕祖谦等理学大家在青弋江畔讲学时，赞叹"此间山水，最宜治学"。徽商们经营茶、木、纸等生意之余，热衷于资助文人雅集。明代《新安文献志》中，记载了多位徽商在青弋江边修建书院、资助寒门学子的事迹。清代文人袁枚在《随园诗话》中，借用前人的诗句，生动描述了乘舟游览青弋江的情景："舟行碧波上，人在画中游。两岸青山相对出，一江春水向东流。"当时，像袁枚这样的文人雅士，常常搭乘徽商货船顺流而下，既省了盘缠，又能体验水乡风情。他们的经历，后来都化作优美的诗文。在今天的青弋江畔，依然能从现存的古码头、古碑刻中，感受到当年的文脉风流。

## "江湖"的命运共同体

安徽是水资源丰富的大省，共有大小湖泊580多个，各有各的风格和特点，但其中最值得关注的，必须是巢湖。

巢湖，也称"樵湖""焦湖"，因为湖岸线蜿蜒，形似鸟巢而得名，流域面积近13486平方千米，水域面积约780平方千米（水位8米时），是中国五大淡水湖之一。在巢湖北岸，有一座被称为"巢湖第一胜境"的古建筑——中庙（又名忠庙），距今已有1700多年历史。中庙三面环湖，是观赏巢湖日落的最佳地点，和距此15分钟船程的姥山岛对望。姥山岛是巢湖最大的岛屿，登顶岛上的文峰塔，可以俯瞰全湖。民间习惯以姥山岛为参照，将姥山岛以西称为"西巢湖"，以东称为"东巢湖"。

巢湖是长江下游的重要湖泊，每年向长江输送水量约40亿立方米，占长江下游来水量的11.3%。自古以来，巢湖就拥有发达的水系。先后汇入巢湖的大小支流多达34条，知名的包括杭埠河、白石天河、柘皋河等。各路湖水汇集后，从东湖口流出，通过裕溪河（又名运漕河）注入长江。和鄱阳湖接纳五水不同，巢湖只通过裕溪河与长江进行联结。裕溪河，古称濡须水，并非天然河道，而是一条开凿于三国时期的人工运河，河流从巢湖向东南延伸60千米，经裕溪口抵达长江。通过巢湖闸和裕溪闸两座节制闸，裕溪河与长江实现智能水量交换，年均调水量达12亿立方米，相当于巢湖总蓄水量的40%。汛期，长江水经过裕溪河倒灌入巢湖，补充湖体水量；枯水期，巢湖则反向补给长江。这种"江—河—湖"联动系统，不仅为巢湖鱼类提供了关键的洄游通道，也滋养着沿岸20万亩湿地，形成"八百里巢湖通长江"的壮丽景观。

巢湖的形成故事非常古老，过程更是漫长：最早的时候，巢湖流域地处板块交界地

▶星空下的安徽古村落，古朴的屋舍映衬着黑夜的宁静。施杨/摄

▶清晨时分，粉橘色的朝霞浸透云海，黛色山峦托起白墙黑瓦的村落，画面让人沉醉。严磊/摄

▶秋冬季节，巢湖湿地枯黄的芦苇随风摇曳，发出沙沙的声响，仿佛在诉说着季节的故事。林晟泽/摄

▶皖南山区东缘，青龙湾湖泊隐匿山间，岛屿星罗棋布，云影山色倒映水中。李伟林/摄

# 巢湖已知鱼类多达数十种，年捞捕量超两万吨，其中湖鲚数量较多。

带，因为燕山运动，开始沉降成为盆地，此后，长时间持续下降并进一步断陷，到后来阻滞了大别山北麓的流水，于是形成断陷湖；大约在第四纪初（约250万年前），湖面面积达到鼎盛期，超过2000平方千米。地理位置上，巢湖西近六安市双河镇，北抵今天的合肥市滨湖区，南与庐江白湖相连。这之后，因为大量泥沙不断流入，湖水面积不断缩小……导致巢湖流域最终成为今天我们看到的样子。

巢湖流域水面宽阔，四季分明，温暖湿润，即使在冬季，也很少出现封冻现象。宜人的气候，加上地表土壤的肥沃，使这片流域迅速成为安徽沿江农业高产区。形式上，巢湖是通江浅水湖泊，沿岸草滩面积广大，水产资源丰富的程度甚至被誉为“日出斗金”。巢湖已知鱼类多达数十种，年捕捞量超两万吨，其中湖鲚占数量较多，主宰着巢湖渔业的产量。巢湖最知名的招牌是“巢湖三鲜”，即银鱼、白虾、湖蟹。因为大面积的圩区水田、沼泽地，巢湖成了生机勃勃的“鸟类乐园”，扇尾沙锥、凤头麦鸡、红脚鹤鹬是这里的主人，白腰草鹬、林鹬、青脚鹬、泽鹬、红嘴鸥、苍鹭、大白鹭的身影也常常在这里出现。

湖畔的人文故事同样精彩。北宋名臣包拯的故里就在巢湖之滨，合肥包公园里的廉泉至今清澈见底，传说贪官饮此水必会腹痛。晚清重臣李鸿章的故居则保留着典型的江淮民居风格，院内那株百年广玉兰，见证了中国近代化的艰难起步。在巢湖之畔的凌家滩遗址，考古学家发现了5300年前的玉龙，那些神秘的刻符可能是人类最早记录水文现象的文字雏形……

对于省会合肥而言，巢湖更是不可取代的存在。曾经，巢湖的湖区面积在合肥只有三分之一，后来，水域不断扩展，到现在，巢湖90%的面积都在合肥，从而使合肥成为全国唯一一个环抱五大淡水湖之一的省会城市。事实上，巢湖流域是安徽经济、生态核心区，是合肥都市圈的重要生态屏障和旅游目的地，无论是生态还是经济，巢湖的重要性都不言而喻。

## 从“有巢氏”开始的文明史

事实上，人类与巢湖的羁绊非常久远。放眼全国湖泊，能与巢湖的历史厚度、广度相比较的湖泊寥寥无几。这里诞生的古文明灿烂辉煌，和著名的“有巢氏”关系深远。

有巢氏是中国上古传说时代的部落首领，被尊为中华人文初祖之一。传说中，有巢氏部落曾经活跃于巢湖流域，而“巢湖”的得名，可能源于有巢氏“构巢而居”的文明印记。所谓“构巢而居”，就是在树上搭建巢穴，以避野兽侵袭，这是最早的“房屋”概念，象征着人类从穴居走向巢居的文明进步。

尽管真实身份难以考证，但有巢氏仍是探索中国上古文明的重要线索。据考古发现佐证，位于巢湖流域含山县的凌家滩遗址，距今约5800~5300年，出土的玉器、祭坛等表明该地区存在高度发达的史前文明，有巢氏部落可能与此相关。另据民间流传，巢湖的湖底有沉没的“古巢州城”，是有巢氏时代的历史记忆……

实际上，在非常久远的年代，长江与巢湖交汇的这片水域所养育的人类就已经开始和自然对话，而巢湖的农耕文化，是一部写在圩田阡陌间的生存史诗。

巢湖沿岸的圩田系统，堪称世界上最壮观的人造景观之一。考古发现，早在春秋时期，先民就开始在巢湖周边修筑土埂，围湖造田。这些被称为“圩”的堤防，构成了精妙的水利系统。圩田的建造工艺，展现出古人惊人的智慧：工匠们先在湖滩打下密密麻麻的柳桩，再用芦苇编织成帘，最后覆以黏土夯实。这种“桩—帘—土”的三重结构，使圩堤能够抵御湖浪的冲刷。在合肥市肥西县的三河古镇，一段保存完好的宋代圩堤遗址显示，当时的堤防坡度严格控制在1∶2.5，这一体现古人智慧的工程标准，至今仍在水利建设中应用。

独特的“圩田稻作系统”在巢湖两岸延续千年。农民们根据水位变化，创造了“高田种麦，低田种稻”的轮作模式。值得一提的是，巢湖流域是中国最早的水稻种植区之一，在长期的生产实践活动中，先民们弄清了季节、气候与农作物生长之间的关系，并运用这些知识来指导农业生产。这个过程中，先民的生产水平不断提高，实现了从培育壮秧到田间管理，再到预测年景等农业过程的全覆盖。这种精密的农时安排，使土地利用率达到极致，甚至还有了多余的粮食用来储存、酿酒。正因为四季分明、张弛有度的农业活动，巢湖流域产生了许多与农耕相关的节日、习俗，流传至今，让巢湖丰富的农耕文化得以不断延续。

很多年后的今天，当我们再度凝望巢湖这片磅礴的水域，会感到平静的湖面下，藏着的是翻涌的历史，而肥沃田野上的每一道犁沟，都在诉说人类与自然和谐共处的永恒智慧。当我们想要回溯文明的开端，找寻人类来时的印记，巢湖会在我们眼前出现，那湖面的微风也会吹到我们身边……

而巢湖带着丰沛的流量，早已通过裕溪河进入伟大的长江。江水滚滚东去，在和县对安徽作了最后的回望，然后义无反顾地奔向江苏，而距离目的地大海，其实已经不那么遥远了。

▶ 江西九江锁江楼始建于明朝万历年间，登上楼顶俯瞰，只见匡庐巍巍，楚天浩浩，长江滔滔，浔城宏丽，正如古诗云：“望中吴楚穷千里，楼下波涛聚九江”。范一鸣/摄

▶ 作为安徽唯一通江达海的通道，芜湖港是全省集装箱外贸主枢纽港，依托“十”字形航道网，形成江淮海联运枢纽，支撑安徽融入长三角一体化。王玉实/摄

# 只有一条长江

The Yangtze River:
There's But One

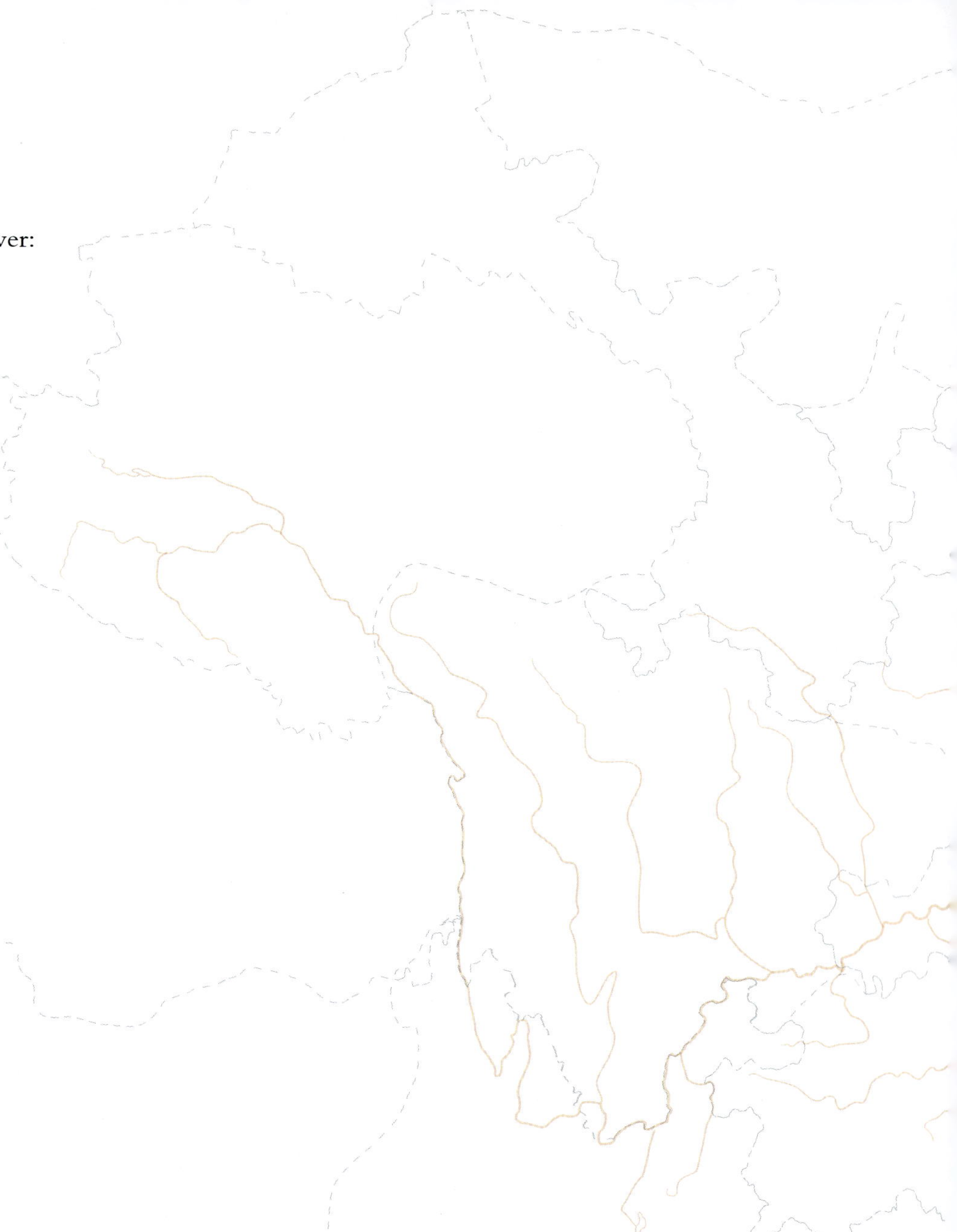

{篇一}

南京段　潮涨潮落的金陵叙事

{篇二}

镇扬段　水路密码和人间至味

{篇三}

锡常泰段　田园牧歌背后的长江往事

{篇四}

苏通段　深水时代的港桥演义

# 卷七

# 江苏

## 万千水流之恋

## 黄金水道上的江南烟火

当长江冲出安徽省马鞍山市的最后一道山隘，仿佛游戏玩家切换地图，突然加载出全新的画风：眼前，不再是皖南山地的层峦叠嶂，而是平原和丘陵交织出现。

在江苏省境内，长江开启了一场大约433千米的旅程，具体线路起于安徽和江苏交界处的南京市江宁区，终于南通市启东（县级市）圆陀角风景区。这个过程中，江水滔滔不绝，串联起一幅雄浑磅礴的巨大画卷，内容更是琳琅满目，包括南京的古朴、镇江的雄奇、扬州的雅韵、常州的精巧、无锡的繁华、泰州的醇厚、苏州的婉约、南通的灵秀。

在长江的江苏故事开讲之前，有一个需要厘清的问题是长江江苏段的流域划分。关于这个问题，目前有两种较为主流的说法：一是五段论，有关部门将江苏省境内长江干流的船舶通航河道分为南京河段、镇扬河段、扬中河段、澄通河段、河口段；二是四段论，这是官方媒体提出的，具体是南京段、镇扬段、锡常泰段、苏通段。结合地图中长江沿岸城市的分布位置，本书采取的是后一种分段方式。

全长97千米的长江南京段，从南京市江宁区的江宁街道（原铜井镇）开始，江水一路奔流，先后穿越多个江心洲、滩涂，直到在南京江北新区遇见"八卦洲"（长江排名第三的江心岛，前两位是崇明岛和扬中岛）。江水在此地开启"分汊"模式，分向两侧：一侧紧贴南京主城区的河道流淌；另一侧在浦口区的沙洲之间蜿蜒。但是最终，当两股江水来到六合区西坝头之后，又重新合流，并沿着栖霞山的方向流出南京。奔腾不息的长江，先后穿越江宁、浦口、雨花台、建邺、鼓楼、六合、栖霞7个区，两岸分布着28条支流，既有"南京母亲河"秦淮河，也有流域面积达8000平方千米的滁河，还有穿越城市中心的金川河、城南河、北十里长沟等。

当江水从栖霞山流出南京，进入长江镇扬段，镇江市、扬州市这对"连体兄弟"，立刻开始上演"一江分两岸，沙洲织水网"的地理奇观。在长江镇扬段，扬州市主要位于北岸，镇江市位于南岸。该河段地貌构成复杂，由仪征水道，世业洲汊道和畅洲汊道等共同构成，属于典型的江心洲河型。

需要注意的是，这一河段可不一般。其间，水流弯曲分汊，河床摆动不定，加上受潮汐影响极大，河道演变颇为剧烈。与此同时，著名的京杭大运河自北向南穿越而过，在这个区段与长江交汇，形成"黄金十字水道"，不仅承载着古今交通的重要使命，更见证了无数船闸的传奇故事。

这之后，长江蜿蜒游动于水网交织的冲积平原，抵达长江锡常泰段，也就是无锡市、常州市、泰州市的地盘。在这里，江水作为天然界限，为三座城市刻下明显的地理印记：江南，是无锡、常州的高楼霓虹；江北，是泰州的阡陌纵横。江水流入泰州市泰兴（县级市）境内，江面宽阔，水流平稳，全长10.03千米的常泰长江大桥，跨越滔滔江水和江心岛"录安洲"，将泰州和常州两市紧密相连。经过常泰长江大桥，江水抵达常州，尽管岸线总长度只有25.8千米，但长江却为整个常州带来丰富的水资源，滋养着城市的发展。常州共有新孟河、德胜河、藻江河、三山港4条通江航道，这些支流如同一条纽带，将长江与周边水系紧密相连。这之后，江水抵达无锡市江阴（县级市），江面愈发雄浑、壮阔。在这里，连通京杭大运河和长江的锡澄运河，北入长江，南达太湖，见证着城市间的物流往来；长江主航道流经常熟市之前在江阴拐了个弯，这一拐，又为"中国制造业第一县"的物流动脉创造了条件——江阴61家上市公司、4个千亿产业集群的钢铁洪流，正通过这条水上走廊汇入全球市场。

最后，江水抵达长江苏通段，来到著名的"江海搭档"苏州市和南通市。在这里，长江穿过苏中平原，在苏州流过入海前的最后一道湾"张家港湾"，切入苏通段。长江苏州段穿越张家港、常熟、太仓三大县级市，呈现出江南水乡的婉约气质。锡北运河西起无锡市的锡澄运河，向东穿越常熟注入望虞河，47千米的河道串联起20余条支流；杨林塘、七浦塘等"清水走廊"，如珠链般镶嵌在张家港至太仓的江岸，每年输送数亿立方米清水入江。北岸的南通段，西起如皋市（县级市）长江镇，东至启东市（县级市）圆陀角，其间支流如毛细血管般密布，焦港河、如海运河（原名磲砣港）、通吕运河等河道，通过九圩港、新江海河等23座涵闸与长江血脉相通，在雨季形成"百舸争流"的壮阔图景。这些水系，不仅滋养出鱼米之乡，更构成长江下游最密集的生态廊道。

尽管就总长6300余千米的长江而言，江苏段的体量仅占约7%，但却是整条大江的点睛之笔。这一段江面宽阔，水流平缓，自南京以下，江水流速平均每秒1米上下。江面宽度方面，南京主城范围江面最窄处约1.1千米（鼓楼下关与江北之间），最宽处约4~5千米（河西地区与江北之间）；南通市以下江面，宽达10千米；到了江口，更是宽达80~90千米，形成极其开阔的喇叭形三角江。在长江主航道中，江苏段是通航条件最好、船舶通过量最大、经济效益最显著的河段。据江苏海事局的相关数据，江苏段承担的货运量、吞吐量，高达整个长江干线的70%。

作为长江入海前的最后一站，长江江苏段承担着连接内陆与海洋的枢纽功能，是真正的"黄金水道钻石段"。

从空中俯瞰张家港，潮滩上两株“潮汐树”相对生长，一条条潮沟犹如枝蔓，其主干朝向大海，树冠朝向陆地。周峰/摄

THE
YANGTZE
RIVER
THERE'S
BUT
ONE
李栋 / 摄
重庆
《只有一条长江》
典藏船票随书附赠

秦淮河，中国长江下游右岸支流，别称龙藏浦、淮水，干流全长51.7千米，全流域面积1757平方千米。方飞/摄

ASCOTT

无锡古运河畔，“城”“河”共生，见证千年水乡的工业巨变。周俊骅/摄

篇一·

# 南京段
# 潮涨潮落的金陵叙事

长江自西南向东北斜贯南京城，从江宁区铜井镇入境后，在著名的八卦洲分汊处，形成神奇的S形弯曲，之后经过栖霞龙潭港，进入江苏南部的镇江市。这一段江流，最宽处达3千米，最窄处仅约1千米，江心洲、八卦洲、潜洲等沙洲如翡翠般镶嵌其中，形成“大江锁钥”之势。

大江北岸，滁河携带着皖东丘陵的赭色泥沙，在六合区大河口村与长江相拥，形成喇叭状的浑浊水面；大江南岸，秦淮河穿城而过，在三汊河与长江交汇，将六朝金粉注入江涛。而城北的金川河如同翡翠丝带，串起玄武湖的潋滟与幕府山的苍翠，在宝塔桥下汇入长江。从空中俯瞰，江水、洲岛、山峦与城郭交织成一部立体的地理史诗，将南京的千年文明密码深藏在江流奔涌的脉络之中……

## 江河共舞的文明协奏

长江在南京城的故事，要从被称为“母亲河”的秦淮河说起。作为长江右岸的一条天然支流，秦淮河流出了无数风流韵事和传奇，被誉为“中华第一历史文化名河”。

探索秦淮河的源头，要从两条河流开始：句容河和溧水河，这是秦淮河的北源和南源。北源句容河发源于江苏镇江市宝华山南麓，全长64.8千米，流域面积1262平方千米，先后接纳了三汊河、黄埝河、东桥河三河；南源溧水河从南京溧水的东庐山间蜿蜒而下，全长65千米，流域面积464.82平方千米，沿途接纳了胭脂河、横溪河、纳南河等支流。最终两条清流在南京江宁区方山脚下的西北村热情相拥，成为秦淮河。在这里，河流向西北蜿蜒而去，经秦淮区的上坊门古桥，从南京现存最大的一座城墙水关“东水关”进入城区。

在通济门外，秦淮河河道分汊为两支——内秦淮河由东向西穿城而过，经文正桥，过桃叶渡，流经夫子庙、中华门等历史街区；外秦淮河绕城而行，环绕南京城墙的东、南、西三面，最终与内河在西水关外汇合，继续北流至三汊河，形成喇叭似的河口，注入长江。秦淮

夫子庙-秦淮河风光带位于南京秦淮区中部，秦淮河沿岸风光是此地精华所在。黄颖/摄

河干流全长51.7千米，流域面积达1757平方千米，如同一条天然绸带，将丘陵、古城和长江紧密相连，滋养着南京的千年文明。

《三国志》中吴主孙权说：“秣陵（南京）有小江百余里，可以安大船，吾方理水军，当移据之。”这里的“小江”，说的就是秦淮河。帝王们对南京的偏爱，很大程度源于长江天堑的屏障功能。东吴定都南京（时称建业），首开南京建都史，也就有了日后“六朝古都”的佳话。

秦淮河流域的地形，是一个构造完整的盆地，外围环绕着紫金山、青龙山等中生代火山岩山脉，构成天然的地理屏障；向内过渡的是红色砂页岩风化形成的连绵丘陵，能起到蓄水导流作用；核心区域是长江与秦淮河冲积形成的平原圩区。古人通过修筑堤坝，将沼泽改造为网格化农田，于是密集的河网就支撑起了江南水乡的生态和农业系统。

清朝吴敬梓在《儒林外史》中写道：“城里一道河，东水关到西水关足有十里，便是秦淮河。水满的时候，画船箫鼓，昼夜不绝。”书中所述十里秦淮的繁荣，和长江的动态水文特性密不可分。

奔腾的长江，流到南京段后放缓脚步，这时候，长江从上游裹挟来的泥沙，与秦淮河带来的紫金山风化物质交汇，逐渐堆叠出平坦

▶ 秦淮河在南京城墙处分为内外两支，其中流经城墙、绕城入江的称为外秦淮，即护城河。秦淮河畔，画舫如织，水波粼粼，犹见金陵气象。於朝勇/摄

肥沃的滩涂。滩涂容易受季节性降水影响，当湖水泛滥，古人就以长江为尺度，重构这片土地的空间结构——从六朝起，人们就依托丘陵和岗地的地势高差，开挖运河来串联长江与秦淮河，最终形成“引江济河”的航道网络。唐宋时期，圩田技术相当成熟，人们通过夯筑堤坝，将沼泽切割为网格化田块，再利用秦淮河支流与长江潮汐的规律，实现“旱引江潮，涝排圩水”的自主调节。到了明代，人们又在东水关设计三重船闸和33座拱券涵洞（现存11座），枯水期蓄秦淮河水，保障城内供给，汛期则开闸泄洪，借长江干流的泄洪力，缓解内涝压力，而秦淮航运也便有了“通江达海”的枢纽作用。

从六朝开凿“破岗渎”（因凿穿句容到丹阳的分水岭“破岗”得名），连通秦淮河与太湖流域开始，到明清长江漕运鼎盛时期，秦淮河口的三汊河成为漕粮、丝绸、瓷器转运的“水陆转换器”。那时候，码头沿河密布，货船经过秦淮河，深入南京腹地，再借长江辐射湖广、巴蜀……长江潮汐运动吐纳的呼吸，深刻影响着秦淮河的生态基因。受东海潮汐顶托作用，南京段每日两次的潮位涨落，使秦淮河下游呈现“半日周期性”水位波动，从而塑造出独特的湿地生境——潮间带湿地。在这些潮滩与圩田交错的过渡带，还散布着菰草、芦

从南京江畔的上空俯瞰，你看到的美，是由“江心洲群”和“支流入江”构成的迷宫般的山水画卷。

苇等水生植物群落，成为东亚—澳大利亚鸟类迁徙路线的重要休憩地。

## 界河入江的泥沙协奏和防洪博弈

当秦淮河从南京三汊河汇入长江的时候，一条发源于安徽省的河流正在赶路，它要以269千米的蜿蜒流程，前往南京六合大河口和长江拥抱，完成一场跨越两省的交融。

这条河流，就是长江左岸一级支流滁河，被苏皖儿女敬称为“生命之河”。

滁河的源头，深藏在安徽肥东县梁园镇浮槎山、尖山一带。在上游，滁河如一条银练，自西北向东南奔涌，流经安徽滁州市全境，沿途接纳襄河、清流河、来安河等数十条支流，形成纵横交错的叶脉状水系。进入滁州盆地后是滁河的中游，河道逐渐变宽，流速趋于和缓，河流的天然区划功能显现——滁河以苏皖界河的身份，将西岸的安徽滁州与东岸的南京浦口、六合两区隔开，却又以奔流的江水将它们串联在一起。河流来到南京江北平原，进入滁河下游，河流呈现出典型的冲积平原特征：地势低平、河网密布、弯道狭窄。河道在这里豁然开阔，如扇面铺展，最终在六合区大河口形成喇叭状进入长江，塑造出“水乡泽国”的冲积地貌。

南京对这位远道而来的“安徽朋友”很是照顾，主动承担起了分洪责任，上有洪水，下有江潮，南京的任务一点不轻松。南京的马汊河分洪道是滁河下游的主要分洪河道。这条人工防洪河道位于滁河南岸，起点在六合区三汊湾上游位置。它一路切开六合区与浦口区之间的自然分水高地，最终通过八卦洲北侧的长江支汊汇入长江。整条河道总长13.6千米，泄洪能力大致为1220立方米每秒，达到了近“二十年一遇”的标准。作用相同的河道还有安徽的驷马山河道，它从滁州境内截引滁河上游的部分洪水，经过驷马山闸，引入长江，和马汊河共同构成滁河下游的分洪体系。

滁河滋养了皖东的稻麦桑麻，滁河流域更以“江北粮仓”之名，为长江经济带注入丰

▶在池杉湖湿地，池杉、水杉、木栈道与候鸟共生，秋色正好。黄颖/摄

▶ 樱洲樱桃园是玄武湖的特色景点，以樱桃花如云的樱桃林闻名。黄颖/摄

▶ 登上解放门城墙，鸡鸣寺樱花大道的美景尽收眼底。黄颖/摄

饶之力。在南京段滁河畔的池杉湖湿地，鹭鸟翩跹，池杉如画，和长江生态廊道遥相呼应，是生物多样性保护领域的绿色明珠。

## 金川河与玄武湖的千年联动

长江流到南京鼓楼区下关的宝塔桥附近，接纳了一条全新的支流：有着“南秦淮，北金川”之称的金川河。金川河全长12.3千米，流域面积59平方千米（包括内、外金川河流域及玄武湖水系），发源于南京市鼓楼岗和清凉山北麓，自南向北穿行在主城区，和南京著名的玄武湖相通，是南京主城两大水系之一，也是南京城北地区唯一的通江河。

古时候，金川河是重要的水上航道，从苏杭地区远道而来的货物，都是经过金川河进入长江之后才转往各处。明朝朱元璋建都南京（时称应天府），因为城墙门叫作“金川门”，于是河流得名“金川”。金川河以金川门为界，分为内金川河和外金川河，虽然不及秦淮河壮阔，但仍以独特的区位功能和历史积淀，成为南京“山水城林人”格局的重要部分。

穿城而过的金川河，以双龙戏珠之势滋养着南京城：内金川河流域面积18.269平方千米，长9.317千米，分为主流、老主流，东、西、中、北四条支流，这些纵横交错的河流，在城区织出一张巨大、灵动的生态水网；外金川河流域面积5.27平方千米，全长2.898千米，在这一线，轻盈的流水淌过沿途无数的美景，包括中央门护城河的古典韵律、南十里长沟的市井气息、玄武湖的潋滟波光……蜿蜒穿行的河水，在接纳更细小的支流后，过南京长江大桥，在鼓楼区的宝塔桥附近汇入长江。

在金川河温暖的怀抱中，最熠熠生辉的是南京水系的心脏——玄武湖。玄武湖东枕紫金山、西靠明城墙、北邻南京站、南倚覆舟山，南北长2.4千米，东西宽2千米，湖面面积3.78平方千米，库容约550万立方米。水源供给主要来源于钟山（紫金山）北麓的雨水、地下水，再通过金川河、珍珠河、秦淮河，与长江血脉相连，既是防洪要冲，也是生态命脉。早期的玄武湖可以直通长江，六朝以后，由于隋文帝拆毁南京城（时称建康城），玄武湖衰落。到明洪武年间，明太祖朱元璋在这里“开浚为湖”，形似沼泽的玄武湖（时称后湖）重新成为真正的蓄水池，湖中的洲岛格局逐步形成，并延续至今。当时，因为钟山和玄武湖接合部有一座太平门，太平门外建有“太平堤”（今南京龙蟠路一段），所以玄武湖紧贴钟山西麓的一片湖面被隔为“中湖”（中湖遗迹保存于南京白马公园内），使得玄武湖的湖水不再能抵达钟山脚下，从此也就阻断了玄武湖与长江的直接连通。

玄武湖畔，散落着北阴阳营、锁金村、安怀村等史前遗址，说明这片土地上的先民早在新石器时代就开始临水而居……六朝之后，玄武湖既是帝王泛舟的瑶池仙境，也是水师操练的演兵场。而明代保存赋役黄册的国家档案馆也在这里。1928年秋，玄武湖正式作为公园对外开放。很多年后的今天，玄武湖有着三重桂冠：国家4A级景区、国家重点公园、国

▶ 南京江心洲长江大桥，又名南京长江五桥，主桥是世界首座大跨度钢混组合索塔斜拉桥。李星河/摄

▶ 渡轮从南京长江五桥下经过。几奥/摄

▶ 暮色中的南京长江大桥。张涵/摄

家级水利风景区。

往事不再，千年流转，这座江南现存最大的皇家园林湖泊，始终以澄澈碧波，一边倒映着千年的金陵风华，一边续写着“江湖联动”的绿色诗篇。

## 自然沉积与跨江通途的千年对话

从南京江畔的上空俯瞰，你看到的美，是由“江心洲群”和“支流入江”构成的迷宫般的山水画卷。长江南京段的江心洲群，最具代表性的包括：太极图般悬浮江心的八卦洲、野生动物生态天堂潜洲，还有一个，就叫“江心洲”。

面积56平方千米的八卦洲，是长江第三大江心洲。洲头和长江交汇，在这里，长江被分为南、北两汊，主流南汊最大水深35米，支流北汊最大水深10米。长江的冲刷和淤积作用，使八卦洲不断发生变化，形成了今天的独特地貌。当南、北两汊在八卦洲的洲尾汇流，水流开始减速，导致细颗粒泥沙（粉砂、黏土）沉积、延伸，形成扇形沙嘴。整个八卦洲内，地表水系发达，河塘纵横，潮沟密布，有大沟3条、中沟29条、小沟300多条，各类河塘水面9.744平方千米，占全洲总面积的17.5%。正是那些叶脉般的潮沟，切割出巨大的湿地迷宫。

另一个著名的江心洲是潜洲，位于南京市鼓楼区与浦口区之间，四面环水，形如枣核，洲头与洲尾隔水相邻，洲尾顺着航道延伸到下关中山码头水域，洲头洲尾的不远处，分别是秦淮河和秦淮新河汇入长江处。潜洲是无人岛，野生动植物资源丰富，荒滩密布，是江豚与鸟类的“生态方舟”。而名字直接叫“江心洲”的江心洲和潜洲的南部相邻，基本呈南北走向，长条形，有着独特的地理位置和秀美的田园风光，岛上盛产葡萄，每年会举办葡萄节。

从安徽奔涌来的长江水，在进入南京段之后，首先穿越的是南京大胜关长江大桥（原南京长江三桥），这是世界首座六线铁路大桥，以336米主跨，划出优美的空中弧线。穿桥之后，江水继续东流，在江心洲分汊处，和两大工程相遇：首先是江心洲夹江隧道，通车时为国内最大直径水下盾构公路隧道；其次是江心洲夹江隧道上方的南京江心洲长江大桥（原南京长江第五大桥，简称南京长江五桥）。两大工程联手，形成“隧桥并行”的立体交通格局：上层公路桥，车流如织；下层铁路桥，列车轰鸣。

江水顺流而下，来到八卦洲江段，遇见的是南京八卦洲长江大桥（原南京长江第二大桥）。它以银灰色的身姿，形成“一桥连两洲”的生态画卷。江水继续向东，遇见的是栖霞山长江大桥（原南京长江第四大桥），以1418米超长主跨，凌空飞架，勾勒出壮美的天际线。在这些标志性桥梁之间，应天大街隧道、定淮门隧道等穿江工程穿插其间。江水、桥梁、隧道……共同织就了一张贯通南北的立体交通网，成为长江经济带“黄金水道”与陆路动脉交织的缩影。

长江南京段的故事，是因水而生，以江为轴的古都故事，是泥沙沉积和潮汐涨落的自然史诗，也是江河湖泊和桥梁飞架谱写出的人文传奇。

篇二·

# 镇扬段
# 水路密码和人间至味

当长江南岸还在栖霞区细数南京城最后的温柔往事，北岸的江浪，已经浸润到扬州市仪征（县级市）的青山镇，并开始在仪征默默流淌。直到南岸最后一道江波，在南京市栖霞区龙潭街道挥别古都，长江这条奔腾的史诗，才真正开启了江苏段的“镇扬诗篇”。

镇扬段看似平缓，实际上河道复杂多变，各种汊道织成水网，可谓暗藏玄机。长江自西向东，一路流经世业洲、征润洲、新民洲、江心洲、高桥镇，最后来到长江第二大岛——扬中岛，并在扬中市西来桥镇彻底结束镇扬旅程。

在这个过程中，既有仪征“母亲河”胥浦河等一级支流，在镇扬境内汇入长江，又有“中国七大江河之一”的淮河，在扬州市三江营借道长江入海，最重要的是，京杭大运河自北向南，和长江在扬州、镇江两地交汇，从此，这两座“天选之城”顺理成章成为历史上漕运、盐运的重要节点。由此，南来北往的货物，赏不完的人文诗篇，品不尽的淮扬味道，在这条黄金水道上连绵不绝……

## 沙洲演变下的岛屿和城

在长江镇扬段，大江奔流，南岸为镇江市，北岸为扬州市。古时候，这里是长江入海的河口地段。南岸的定义，大致从句容市下蜀镇到扬中市西来桥镇，全长约103.7千米，占长江江苏段总里程的24%。在这一带，长江紧靠宁镇山脉北麓和黄土阶地流淌，山脉略呈东北–西南走向，构成前窄后宽的河谷。北岸主要是广大的三角洲冲积平原，岸线从仪征泗源沟到江都三江营，河道先平直、后曲折，当江水进入扬州邗江区蜀冈一带，奇迹出现：20余平方千米的三角洲冲积平原，形成一块巨大的肥沃农田。

在梳理长江镇扬段走向的时候，你会有趣地发现，这里简直是一个“沙洲批发市场”。究其原因，主要是镇扬一带地势平缓、开阔，长江到此流速降低，江水挟带泥沙的能力大大削弱，加上海水顶托和潮汐影响，泥沙不断沉积，于是形成一系列的江心洲、边滩、河漫滩、河成湖……

最开始，奔腾的长江水刚在镇扬段起步，就遇见约44平方千米的大型江心洲“世业洲”。17世纪初，世业洲露出江面，在今天的仪征泗源沟把长江分为两汊，南汊为主航道。2005年，连接镇江和扬州的润扬长江公路大桥开通，横跨世业洲；2006年，“中国现代桥梁之父”茅以升纪念馆在大桥下落成。而如今的世业洲，是一个绿色的生态度假区。

江水继续向东，遇见的是大型边滩（河岸的浅滩）“征润洲”。征润洲在1840年前后形成，之后不断向东淤涨、扩展，到1985年左右，把部分长江围成河中湖。再之后的几十年，经过不断整治、打造，这里诞生出国内最年轻的城中湖“金山湖”。8.8平方千米的金山湖，和镇江三山（金山、焦山、北固山）相连，成为国家5A级风景名胜区。

接下来，流淌的长江遇见约20平方千米的江心洲“和畅洲”。在这里，长江再一次被迫分为南、北两汊。过去的很多年里，和畅洲的汊道复杂多变、不断易位，给周围居民的生产生活带来巨大损失……直到北汊河道修建起“潜坝”，使南汊主航道得到稳定的同时，北汊建立起镇江长江豚类省级自然保护区，数百种野生动植物，描绘着人与自然和谐共生的美丽画卷。

在长江北岸，镇江还有两个地方特别值得一谈：新民洲和高桥镇。其实，这是两块离镇江市中心较远的区域。新民洲是濒临长江的半岛屿型沙洲，也是曾经的“难民洲”，后来，几千知识青年下乡垦荒，用双手将曾经的荒野滩涂变为了“江南粮仓”。高桥镇前身是顺江洲，元朝初期是一大片沙洲，到明朝有移民来此垦作，逐渐兴盛，很多年后，五峰山长江大桥巨人一般屹立在高桥镇东方，“高桥”之名变得名副其实。

长江在镇江的最后一站，隆重登场的是长江第二大岛“扬中岛”。在千余年前，扬中岛仅仅是扬中地域露出水面的几个小沙洲，一直到四百年前，这里才开始有人间烟火……而现在的扬中岛，早已成为庞然大物：总面积332平方千米，由太平洲、中心沙、西沙岛、雷公嘴四个江岛组成。扬中市是我国唯一建立在沙洲之上的县级市。成洲千年，扬中河港密布，沟渠纵横，先后挖出大大小小3500多条河渠，总长达1800多千米，既能引水灌溉，也能交通行船。

## “黄金十字”上的千年文脉

在长江镇扬段，最具人文意义的历史时刻和最让人叹为观止的故事是：著名的京杭大运河，在瓜洲和京口之间等来了浩荡的长江。

举世闻名的京杭大运河，北起北京，南至杭州，流经北京、天津、河北、山东、江苏、浙江六省市，沟通海河、黄河、淮河、长江、钱塘江五大水系，全长1794千米，包括通惠河、北运河、南运河、鲁运河、中运河、里运河、江南运河七段。其中，里运河北抵淮阴，南达扬州，从扬州瓜洲镇进入长江；江南运河由镇江至常州，在镇江京口和长江交汇，形成著名的“黄金十字交汇带”。千百年来，这条水道一直是经济繁荣、南北畅通的重要节点。

在古代，大量著名文人乘锦帆画舫，迤逦远来，留下各种名句名篇。和长江交汇的两个地标，瓜洲和京口，更是唐宋诗人们打卡、描绘的重点。比如北宋王安石的名篇《泊船瓜洲》中，“京口瓜洲一水间，钟山只隔数重山”描绘的就是大运河和长江交汇的景象。诗里的京口，就是今天的镇江，而瓜洲，则在镇江对岸的扬州运河口。古时候，镇江有“五口通江”的说法，指的是镇江段古运河（历史上是江南运河的一部分，今西起镇江入江口的京口闸，东抵谏壁三汊河口，全长16.92千米），通过丹徒口、甘露口、大京口、小京口、谏壁口五个口门，和长江相通，“五口”中最重要的大京口，是北上最近的水路通道。大京口西边不远，就是著名的西津渡码头。唐代诗人张祜就是在这里乘船过江，留下名句：“金陵津渡小山楼，一宿行人自可愁。潮落夜江斜月里，两三星火是瓜洲。”

王安石和张祜笔下的瓜洲，形状如瓜，最初是由长江泥沙冲积而成的水下暗沙，后来逐渐发展成江心洲。因为泥沙淤积，到唐代中期，已经和北岸的陆地相连，成为长江北岸渡口。唐开元年间，润州（镇江古称）刺史齐浣开掘“伊娄河”二十五里，连接古运河（公元前486年吴王夫差北上争霸时开凿的大运河雏形），最后从扬子津（长江北岸渡口）南至瓜洲，通达长江。从此，瓜洲作为南北向运河、东西向长江的交汇点，成为漕运、盐运要冲。于是，这里帆樯如织，迅速发展为江边巨镇，成为远游、别离和相思之地。

正是在这条水道上，张若虚写下“春江潮水连海平，海上明月共潮生”；王湾留下“潮平两岸阔，风正一帆悬”的佳句。

瓜洲作为一个著名的文学意象，见证了太多文人的悲欢和心事，其中包括白居易的愁闷：“汴水流，泗水流，流到瓜洲古渡头，吴山点点愁”；高蟾宦海沉浮后的旷达：“一夕瓜洲渡头宿，天风吹尽广陵尘”；陆游旅途奔波中的铁血豪气：“楼船夜雪瓜洲渡，铁马秋风大散关”……

但遗憾的是，在长江中下游地区，镇扬段是历史上河势演变最剧烈的河段之一，河道如巨蟒翻腾，洲渚如星斗明灭。清康熙末年，由于长江在仪征、瓜洲之间涨出了“北新洲”，导致长江江流北移，镇江、扬州段长江开始出现南岸淤涨、北岸坍塌的情形，在水流作用下，瓜洲古镇于清光绪二十一年（1895年）全部坍入江中，和昔日的繁华街市、名园佳景一同付诸滚滚江流……一直到民国初年，终于兴建新城，也就是今天的瓜洲镇。当年的大京口，也沦为无法通航的废河道，最终在1931年被填埋为马路，也就是今天的中华路。

尽管老瓜洲已经消失在历史长河之中，但江水岸线的进退之间，依旧容纳着沿岸城市的兴衰过往。著名的镇江三山，包括金山、焦山、北固山，就是长江河道变迁的见证者，也是镇扬段独特的人文地理坐标。金山，以前是江中岛屿，到宋代开始逐渐靠岸，形成“寺裹山”的建筑奇观：寺庙建筑群包裹着山体，

▶历史悠久的古刹金山寺，在晨雾中显得更加神秘和庄严。张一航/摄（左）；林下/摄（右）

▶扬州古邗沟，是扬州地区最早建成的人工水道之一，于邗江区六圩入长江。方飞/摄

长江镇扬段看似平缓，实际上河道复杂多变，各种汊道织成水网，可谓暗藏玄机。

从远处看，仅见寺庙不见山。北固山是辛弃疾“何处望神州”的登临处，以前三面环水，形似半岛，后来东、西两面渐为陆地，仅北面临水，占地2100多亩，有“京口第一山”之称。焦山是江心洲地貌的典型代表，现存的《瘗鹤铭》摩崖石刻，记录着六朝时期长江水位的变化。焦山古称“海门山”，这个名字，印证的是镇扬段曾为长江入海口的历史。

在“黄金十字”的枢纽上，长江不是楚河汉界，而是贯通诗情与禅意的纽带，孕育出中国文化史上最璀璨的相遇。

## 江河孕育的“东南第一味”

因为京杭大运河和长江的“黄金十字”交汇，水道纵横的镇扬地区，很早就成为南北物产的天然集散中心。南方的稻米，江浙的丝绸，北方的蜜枣，燕赵的麻油，都在漕船的甲板上，完成跨越纬度的对话。这个过程中，当漕船的帆影和南来北往的商贩们相遇，也和各种江湖河鲜相遇，著名的淮扬菜开始发端，逐渐有了“和、精、清、新”的独特理念，并以“东南第一佳味，天下之至美”的地位，位列中国四大菜系。

清末民初的著名美食家杨度，在《都门饮食琐记》中谈道：“淮扬菜种类甚多，因所代表之地域亦广，北自清江浦，南至扬镇……”由此可见，淮扬菜和长江镇扬段的紧密关系。而所谓“淮扬”，狭义上指的是今天的江苏扬州、淮安二市；广义上则指淮河、长江下游包括扬州、淮安、泰州、镇江等地。

说到淮扬菜，先要说淮河。淮河位列我国七大江河，古时与长江、黄河、济水并称“四渎”，发源于河南南阳市桐柏山区，流域面积约27万平方千米，干流纵横河南、安徽、江苏三省。淮河既“通江”，也“达海”：在江苏扬州市三江营进入长江，在江苏北部流进大海。从水文角度看，江苏省分属淮河流域和长江流域，长江和淮河的分水岭，西起仪征、六合丘陵，向东延伸至江都区，再沿通扬运河向东南延伸，最终止于如泰运河一线。这也造成了一个有趣的划分，过去，江苏省基本以长江为界，划分为苏北、苏南，而在《江苏省统计年鉴1997》里，首次提出了苏南、苏北、苏中三个经济区域：淮河以北的城市为苏北，即连云港、盐城、淮安、徐州、宿迁；淮河以南、长江以北为苏中，包括南通、扬州、泰州三城；长江以南为苏南，主要包括南京、苏州、无锡、常州、镇江。尽管这种划分曾经有一定争议，但三大阵容还是被确定下来，并延续至今。

实际上，无论是淮河水、长江水、运河水，还是其他各种支流的水，都是淮扬菜的血脉。

在镇扬两岸，可以看到的是“江豚跃浪，刀鱼溯流，蟹黄膏润”，包括长江三鲜（鲥鱼、刀鱼、河豚）在内的各种江湖河鲜，成为淮扬菜的时令核心；包括慈姑、茭白、荸荠、莲藕在内的湿地物产、水生蔬菜，以及河运带来的淮北小麦、江南稻米、鲁豫干果，成了淮扬菜的基础食材。而当江南的莼菜羹和北方的油酥烧饼摆上同一张餐桌，淮扬菜就有了独特的南北融合风味。

淮扬菜和淮扬地区一样，都是因漕运而兴。由于地处两淮盐业的集散中心，当年聚集在扬州、镇江等地的盐商们，是消费主力，更是美食主义者，讲究“和、精、清、新”的淮扬菜，也因此被发扬光大。

和，是天人合一的味觉哲学。淮扬菜讲究顺应时令取材，“春采刀鲚，夏捕鲥鲥，秋拆蟹膏，冬煨野蔬”，这些都是长江四季轮转的自然馈赠。每一份食材讲究本真，调料不夺天工，彰显天然香气；精，讲究的是匠心独具的刀功。著名的淮扬菜“文思豆腐”，就是运刀如笔，以砧板为纸，一小块内酯豆腐，先切成片，再均匀成丝，看上去仿佛被碾成了泥，平平无奇，但放入水中，却见千缕银丝舒展，仿佛三千世界在眼前展开；清，讲究的是“至味无味”。这是烹饪的高级境界，比如一道清蒸淮白鱼，只以姜片、花雕托底，但鱼的鲜味却淋漓尽致，再比如蟹粉狮子头，细嫩、不腻，肥瘦比例精确到3∶7，用文火慢煨六个小时，这样的庖厨之道，看似朴拙无华，其实每道菜都藏有千回百转的功夫；新，说的是兼容并蓄的胸怀，不仅调味兼容南北，而且食材可以“跨界”：用来观赏的荷叶，可以烹制出格外清香的荷叶肉；作为水果的西瓜，可以制作西瓜盅、翡翠鱼圆……淮扬菜的“新”，就像这片古老水道里永远奔涌的浪花，既解构传统，也重组新声。

毫无疑问，长江的浩荡水脉，是淮扬菜流淌千年的密码。而长江奔涌过镇扬段，在勾勒出江南的秀美风光和千年文脉之后，波涛远走，朝着更辽阔的长江口奔去。

篇三·

# 锡常泰段 田园牧歌背后的长江往事

当长江流到江苏锡常泰段，开始与太湖流域连通。

在这里，万千支流化作银色的毛细血管，和星星般散落如翡翠的湖群，共同组成精密的水循环系统，它吞吐江流、平衡水量，默默调节着大江的呼吸节律，编织属于长江的生命网络。

## 黄金水道上的三座城

离开扬州之后，长江继续蜿蜒东去，很快进入泰州市地界。这是一段长达97.8千米的旅程，长江先呈南北走向，再转向东，右岸依次流过镇江、常州、无锡、苏州四地，而左岸就是泰州。

长江进入泰州的第一站是高港区，这里江面较之前更加平阔。早在1995年，为配合南水北调东线工程，泰州“引江河”工程在高港启动，前后历时七年，一段南起长江、北接新通扬运河的河道诞生，全长约24千米，河底宽80~140米，可通行1000~2000吨级船舶。

这之后江水继续奔流，进入泰州市代管的县级市泰兴境内。在这里，长江接纳了一条重要的运河：如泰运河——全长约120千米的如泰运河，在泰兴市过船港汇入长江，最后在南通市如东县通过“海堤闸控系统”，进入茫茫黄海。针对如泰运河和另一条古老河流羌溪河，泰兴市实施“双水润城”工程，经过保护、修复，河流两岸曾经遍布工厂、码头、民居，现已摇身成为闹市中的“绿野仙踪”，极目远眺，全是绿意盎然的生态美景。

泰兴位于神秘的北纬30°附近，同处于这一纬度的包括埃及金字塔、狮身人面像、百慕大群岛、古玛雅文明遗址等，全都各有各的故事和传奇。在泰兴，最大的神秘事件莫过于令人费解的长江两次断流事件：第一次是公元1342年，在江苏省泰兴县（现在泰兴市）内，千万年从未断流的长江水，一夜间忽然枯竭见底，次日，当沿岸居民纷纷下江拾取失物的时候，江潮骤然而至；第二次是1954年1月13日下午，当时天色苍黄，江水突然出现枯竭断流，江上的航轮搁浅，历经两个多小时后，江

千年运河穿行江南水弄堂，枕河而居的清名桥畔，流淌着无锡最生动的烟火气与江南风韵。李艺爽/摄

水突然又汹涌而来……

长江锡常泰段的左岸故事讲完，接下来让我们回到右岸。这之前，江水离开长江镇扬段的镇江扬中市（县级市）之后，开始进入常州市新北区地界，继续向东，流经圩塘镇、魏村街道、录安洲社区，再从常州与泰靖边界（泰州靖江市）进入无锡江阴市（县级市）。常州段的长江岸线，大约25.8千米，尽管是长江途经地级市岸线较短的一段，但这一带河道宽阔、航运发达，主航道水深10~20米，最宽处超过5千米，可通行5万吨级海轮。

长江从常州流出之后，放慢步伐向东而去，很快来到江阴市境内。实际上，无锡市不直接濒临长江主航道，但下辖的江阴市却是长江入海口前的重要节点。这段河流全长约35千米，以江面宽阔、水深流急、航运繁忙著称，是长三角地区重要的物流枢纽和生态保护区，更是长江下游的黄金水道。

实际上，长江带给锡常泰地区的，除了源源不断的水流，更有绵延不绝的文脉、景观。在泰州与长江的故事中，郑板桥、梅兰芳，还有里下河文学、泰州学派，都是长江水孕育出的翘楚；沿江一公里范围打造成的生态绿洲，使常州成为江苏省生态岸线占比最高的城市；无锡当然也不会示弱，派出了重量级文旅“代言人”徐霞客。徐霞客是江阴人，他怀揣探索长江源头的理想，“迫北历三秦，南极五岭，西出石门、金沙”，最终得出结论：金沙江才是长江源头。结论虽不完全准确，却将人们对长江源头的探索大大推进了一步。

## 水网中的圩田牧歌

长江在锡常泰这一段流程，为沿途注入了丰沛的水资源。太湖的出现，更是将这片水网密布的区域带入了新的天地。古称震泽的太湖，面积排在中国五大淡水湖第三位。太湖水系是长江下游的主要支流，更是江南水网中心。如果把中间低、四周稍高的长江三角洲看作一个“大碟子”，那么碟子的中部，就是太湖。

时间回到两三千年前，那时候，长江还在镇江、扬州一带入海，江水携带的大量泥沙在河口地区堆积，形成冲积沙嘴和三角洲，而海流和波浪携带的泥沙，也在三角洲沿岸的海湾堆积成沙堤、沙坝……于是，这片区域就从最初的海湾形态逐渐演变成潟湖（浅水海湾因湾口被淤积泥沙封闭形成的湖）。

潟湖的出现，意味着太湖地区的碟形洼地基本形成。在这个巨大碟形洼地的周围，西边是江苏茅山丘陵，北边是长江南岸的天然沙嘴，南边是钱塘江北岸的天然沙嘴，东边是古海岸沙堤。实际上，潟湖在形成之初，和海洋是有通道相连的，但到后来，由于沙嘴继续扩大，潟湖慢慢封闭，最后形成和海洋完全隔离的“古太湖”。而我们今天所看到的太湖，地处碟形洼地中心，正是古太湖在分化过程中残留下来的最大海迹湖（由海洋分离形成的湖泊）。

事实上，太湖和长江的相连，如瓜藤相接。

水量磅礴丰沛的长江，是整个太湖流域重要的补给水源，更是流域排水的主要出路之一。在太湖流域，河网如织，湖泊棋布，整个流

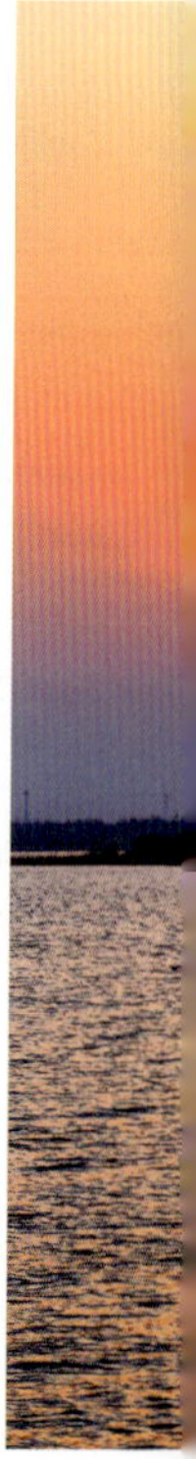

兴化圩田是长江流域水利智慧的活态见证，在这里，圩堤、垛田、水系协同共生。赵梓皓/摄（左一、左二）

▶位于太湖东北部的贡湖湾湿地生态区，是长江下游河湖连通的重要节点。过立袒/摄（右一、右二）

域面积达5551平方千米，河道总长达12万千米。太湖聚拢了太多的水源，包括来自江苏省宜溧山地的荆溪之水、浙江省天目山的苕溪之水，以及通过“引江济太”工程引入的长江水。据统计，太湖流域现有75处沿长江口门，水量交换频繁，多年平均引长江水量达62.6亿立方米，排入长江水量达49.3亿立方米。

太湖的水，供应着无锡、苏州、上海等城市，惠及约3000万人口。浩荡的太湖流域河网密布，栖息着50多种鱼类，包括太湖银鱼、白鱼、梅鲚等，年水产品产量超过10万吨。小天鹅、白琵鹭等候鸟在这里迁徙、中转，东太湖湿地、贡湖湾湿地被列为国家级自然保护区。

在大江大湖的环抱下，人们很早就学会在浅水沼泽地带或河湖淤滩上围堤筑坝，圈起一块块农田，因此形成独特的农业基因图谱——圩田体系。圩田，也称围田，简单地说，就是围田于内，挡水于外。圩田广泛分布在江苏西南部，是当地土地利用的重要形式，人们借水陆关系的动态平衡，把沿江沿湖的滩涂转化为农耕文明的良田。远远看去，圩田就像嵌在河槽里的一张张翡翠棋盘，风光秀美，景致独特。

实际上，沿江地区泥沙淤积，导致湖床、沙洲日益抬升，给围湖筑圩创造出良好的条件。从战国时代起，长江上、中游就有水土流失现象，而那些被长江挟带而流失的泥沙，在水流和时间的双重锻造下，终于堆叠成可耕之地，被人们用“圩田”的方式，谱写出稻浪起伏的田园牧歌。所以早在南宋初年，江南地区就逐步成为经济重心，那时候的太湖流域已经是宋代最大的粮食产地。

很多年后的今天，蜿蜒优美的圩堤，仿佛大地的经脉，潮汐涨落间，稻穗变作音符，在江南的丰年故事里轻唱着鱼米之乡的长歌。

## 水道动脉上的工商业基因

因为太湖和长江的史诗级连通，在江苏锡常泰段，渔获肥美，圩田阡陌纵横，商业文明因为水运的畅通而蓬勃发展。而京杭大运河的江南运河段，是京杭大运河体系中历史最悠久、文化最深厚，至今仍发挥重要功能的黄金水道。

全长323.8千米的江南运河，北控长江，西倚太湖，主要修建时间为春秋战国时代到隋炀帝大业六年（610年）。江南运河北起镇江市谏壁口，在流经常州、无锡、苏州等地之后，到达杭州。其中的谏壁口到常州市段，运河穿越宁镇山脉，沿途和九曲河、香草河、丹金溧漕河、新孟河、德胜河、武宜运河、武进港等主要河道交汇；常州以南段，运河沿太湖东岸穿行，和锡澄运河、梁溪河、望虞河、胥江、元和塘、吴淞江、太浦河等交汇，这部分是太湖下游主要排灌河道和重要航道。

这些细密的河网如叶脉般滋润着平原的同时，又带来极为便利的商贸交通，使得以货物流通、商品交换为主的商业经济蓬勃发展。很早的时候，江南出产的优质粳米、丝绸等就成为贸易的主要商品。以无锡为例，明朝人文地理学家王士性在《广志绎》中谈道，“无锡之米”和徐州之车舆、福建建阳之书籍、江西景德镇之瓷器等名产并列。因为水路畅达，明清时期，无锡的米粮运输业极为发达，湖广、江西等地的运粮船全都汇集于此。那时候，商贾齐聚，南北口音的议价声遍及码头。有意思的是，由于往来商船对缆绳等麻制品的需求巨大，不起眼的苎麻纤维居然成为不容忽视的规模产业。

水运带来的地理优势，推动着地方性商业团体的崛起。无锡商帮在明代后期崛起，上海开埠后，他们将粮食运输网络延伸到上海，和常熟米商共同主导粮食市场，而江阴商帮的身影，活跃在布业和饴糖行业……很快，操着吴语的拓荒者们，成长为诸多地域商帮中不容忽视的力量。

实际上，江水为这片土地带来的工商基因远不止于此。清初的时候，豆、木、钱、典四业兴起，而木业一度成为四业之冠，和长江、京杭大运河毗邻的常州，成为首屈一指的木业之城。但是，常州并非木材主产区，常州木业的发达和繁荣，主要是依托长江—运河联运体系带来的诸多便利——树木在江西深山中被砍伐，运到赣江边，编成一张张木排，由人工撑驶顺长江到达江苏，然后通过大运河，运往常州、苏州等地集散。

还有一个关键因素是：那些随长江流水运输来的赣皖巨木，泡在一般的清水中容易发黑腐烂，但是常州城西的运河水源来自长江，水里含沙且浑黄，仿佛天然桐油，有利于木材的储存与养护。长江的独特水质环境成为区域木业发展的关键优势。

时光流逝，当长江上的旧时舟船，驶入蒸汽轰鸣的近代，江苏锡常泰地区的企业家们，开始在近代化的浪潮中舒展枝蔓，大展身手。

长江腹地辽阔，辐射万里，为民族工商业的发展提供了天然的便利。1895年，杨宗濂、杨宗瀚两兄弟率先在无锡创办第一家近代纺织厂——业勤纱厂，开启无锡民族工业先河；紧随其后，荣宗敬、荣德生创设保兴（后改为茂新）面粉厂；周舜卿创办无锡第一家机器缫丝厂——裕昌缫丝厂；唐保谦、蔡缄三等人集资创办庆丰纺织厂；唐骧庭、程敬堂先后创办丽华机器织布厂、丽新染织厂、协新毛纺织染厂；薛南溟、薛寿萱父子创办永泰丝厂……杨氏、荣氏、周氏、薛氏、唐蔡、唐程，六大家族就这样陆续登场，支撑起无锡的面粉业、棉纺业、机器业、缫丝业等整个轻工业体系。

改革开放之后，新的经济发展模式——“苏南模式”兴起。这个概念是在1983年，由社会学家费孝通在其著作《小城镇·再探索》中提出，即苏、锡、常、通的乡镇企业发展模式，主要特征是：农民依靠自己的力量发展乡镇企业；乡镇企业的所有制结构以集体经济为主；乡镇政府主导乡镇企业的发展；以市场调节为主要手段。

“苏南模式”是改革开放以来工业化、城市化、现代化建设的最初实践范式，为无数中国乡镇点亮星火。而现在，站在信息时代的浪潮里，智能制造接续传统工业，生态创新重新定义“苏南模式”的边界。长江的浪涛始终是破立交响的节拍器，在每一次产业嬗变的旋涡里，锡常泰这片土地都在证明，真正的工商基因，永远在破与立之间生长。

篇四·

# 苏通段 深水时代的港桥演义

长江经过江阴，继续东流，完全淌过无锡地界之后，进入苏州张家港金港镇一带，从而开启了长江苏通段之旅。在这一段，长江右岸依次流经苏州张家港市、常熟市、太仓市，左岸依次流经南通如皋市、通州区、崇川区、海门区、启东市，最终从启东的圆陀角汇入东海。

苏通段是长江进入大海的地方，位于长江口核心区域。地理意义上的长江口，是指长江在东海入海口的一段水域，西起江苏省江阴鹅鼻嘴，东至上海市境内的鸡骨礁，总长度约232千米。

## 近代第一城的港桥传奇

当江水流出锡常泰段的靖江市西来镇，苏通段左岸的故事立即开始。第一站，是如皋市的长江镇，这里水系纵横，水网密布，主要河道包括九龙港、周圩港、新跃河、龙游河（如皋港）、戴案河等。之后，河流进入南通市五接镇，很快遇见面积约3.56平方千米的江心洲“开沙岛”。凭借优越的自然风光，开沙岛已经建成完善的旅游度假区，这里四面环水，景色宜人，民风淳朴。开沙岛东边不远，是著名的沪苏通长江公铁大桥，桥长11.072千米，是张家港和南通的重要通道，于2020年7月1日建成通车。沪苏通长江公铁大桥由中国自主设计、建造，是世界上首座跨度超千米的公铁两用斜拉桥，设计建造技术实现了五个“世界首创”。

过沪苏通长江公铁大桥后，长江进入南通市崇川区。在这里，长江以宽阔的胸怀，热烈接纳了两条水量充沛的重要运河：159千米的通扬运河和78.85千米的通吕运河。接下来，江水继续向东南方向流淌，当岸边开始出现低山丘陵地貌的时候，长江来到了崇川区著名的狼山风景区。

实际上，狼山风景区不是一座山，而是由狼山、军山、剑山、马鞍山和黄泥山五座山组成，统称“狼五山”。狼五山其实都是江畔低山，虽然狼山主峰的海拔只有107米左右，但在周边开阔的冲积平原衬托下，依然显得陡峭挺拔，有着“江海第一山”的美誉。登上狼山，可以远眺长江入海口的壮阔景色。

唐代诗人骆宾王就埋骨狼山东南麓，他曾经反对武则天称帝，写下了著名的《讨武曌檄》。从唐代开始，狼山就是著名的佛教圣

▶苏通大桥是世界首座跨径超千米的斜拉桥。恪纯/摄

▶凌驾长江天堑之上的苏通大桥，是贯通苏州（常熟）与南通的江海门户枢纽。周峰/摄

▶启东圆陀角，是长江、黄海、东海三水交汇的地理节点，因地处大陆东部前沿，成为人们观赏海上日出的标志性区域。曹林华/摄

# 地理意义上的长江口，是指长江在东海入海口的一段水域，西起江苏省江阴鹅鼻嘴，东至上海市境内的鸡骨礁，总长度约232千米。

地，位列佛教“八小名山”。曾经六次东渡日本的著名高僧鉴真从这里经过。现在黄泥山的龙爪岩上建有鉴真东渡纪念塔。

在狼山一带，“港口传奇”开始得很早。1975年10月，国家计委批准南通狼山港的建港计划；1980年，远洋轮鸣起汽笛，在喜庆的锣鼓声中，南通狼山港区两个万吨级的泊位顺利竣工通航，这是长江上最早的万吨级海轮泊位，而南通港也是长江上第一个深水大港。

江水接着往东奔腾，流经另一座重量级大桥：苏通长江公路大桥，桥长32.4千米，桥塔高300.4米，连接苏州（常熟）和南通，是长江下游的关键交通枢纽之一，也是中国桥梁工程里程碑式的作品，极大地促进了长三角交通与经济的一体化。

过崇川区之后，长江进入海门区。这一区域有两个不容错过的地方：东灶港深水码头和附近的蛎岈山景区。东灶港码头位于海门区东北缘，已建成2万吨级通用码头，最大靠泊能力为5万吨级，是苏中、苏北沿海自然条件最佳的海港之一。东灶港码头附近的蛎岈山景区，有着极美的海滨风光，乘上游轮或快艇，驶出东灶港，登上蛎岈山去观看海上日出，是不少游客的重要“打卡”项目。

江水出海门区后，抵达长江苏通段左岸的最后一站：启东市。

启东市的寅阳镇，是江苏唯一一个濒江临海的乡镇，也是江苏最早见到日出的地方，据说在这里寅时就可以见到日出，所以得名寅阳。寅阳镇上的独特地理标志，即大名鼎鼎的“圆陀角”，因形似圆形陀螺伸入海面而得名。这里是长江、黄海、东海三水交汇的地方，既有自然的雄浑，又有人文的浪漫。在特定风向和潮汐下，三股大水流相互碰撞，形成“泾渭分明”的色差带，仿佛大自然的调色盘；到了清晨，当红日从海平面慢慢跃出、升腾，万丈霞光染红三种颜色的海浪，所有的美在那一刻都震撼无比。

## 郑和下西洋的出发地为何选这里

长江苏通段右岸的故事，主要和著名的江南水乡苏州有关。

张家港市金港镇是长江进入苏州的第一站。在这里，长江首先邂逅一座江心洲：双山岛，这是长江中下游地区原始生态环境保持最完好的岛屿之一，岛上湿地、农田、树林交错，绿化面积超过60%，有“长江绿岛”的美誉。每年10月到次年3月，有许多候鸟从天南海北迁徙而来，在这里安营扎寨。

张家港港的核心作业区，就位于这一区域。港口的辉煌始于2006年，那一年，张家港港成为全国县域口岸第一个亿吨大港，之后，张家港口岸货物吞吐量连年攀升，与全球多个国家和地区建立了经贸往来……实际上早在千年之前，长江和张家港的故事就已经开始。那是公元753年秋冬之交，黄泗浦（今张家港市东渡苑）的潮声里，双目已盲的鉴真法师执杖登舟，沿江出发，开启了第六次东渡日本之行。自此，大唐的典籍、医药、建筑等文化随之东渡播迁。那时候的黄泗浦位于长江江畔，是扬州港的卫星港之一，也是面向海洋的港口枢纽。在黄泗浦遗址的唐宋河道中，不仅有房址、仓廒、灶坑、水井，更有来自著名窑口的瓷器，全国各地的货物都在这里转运，发往海外。很多年后的今天，张家港港已经成为国家一类口岸（允许国际航行船舶停靠），地处长江黄金水道和沿海经济带的交汇处，区位优势明显。

长江继续往东，江水先后流经十一圩港和沪苏通长江公铁大桥，从海虞镇进入常熟市。在这里，长江接纳了一条太湖的主要泄洪通道：望虞河。这是一条流经无锡、苏州两市交界处的河道，是沟通太湖和长江的流域性骨干河道，全长62.3千米，其中河道段60.3千米（苏州境内52.53千米）。再往东看，长江右岸点缀着各类生机盎然的生态园区，包括江南红豆园、浦苑生态园、滨江体育公园、湿地公园等，俨然一片城市中的绿洲。

在常熟这一段，港口同样不可忽视。作为苏州港的重要组成部分，常熟港是国家一类口岸，拥有32.1千米的黄金岸线，万吨级以上泊位24个，是我国主要的进口纸浆集散地和钢材进出口集散地。

这之后，长江东流，大海的涛声已经越来越近，江水依次进入太仓市的璜泾镇、浮桥镇、浏河镇。在浏河镇，长江接纳了来自太湖流域的重要河流：浏河。浏河汇入长江之后，距离长江入海口仅约40千米，而这40千米，还有很多小型河道或者水系，欢笑着跃进长江……最后，长江抵达浏河镇以东（上海九段沙湿地附近），正式汇入大海。

需要说明的是，在长江和太仓前世今生的故事中，太仓港是关键的一页。位于太仓市滨江大道88号的太仓港，古称刘家港，兴于隋唐时期。到元朝，政府漕粮北运，在刘家港沿线修建大型码头泊位，长江中下游地区的船只和日本、高丽等国的商船，全都集结于此，刘家港因此成为“六国码头”“天下第一码头”。到明朝，郑和七下西洋，多次从刘家港正式集结出发，再经长江口出海远航。

那么，中国港口良多，郑和为什么会选择从刘家港出发？

首先是刘家港优越的地理位置。港口紧邻长江和浏河，背靠江南富庶之地，元朝以来就是海运漕粮的重要港口。明初，朱元璋下令在太仓兴建粮仓，装载粮食的船只经由刘家港浩浩荡荡出海北上，成为太仓一大盛

苏州地处长江下游南岸的长江三角洲核心区域，受长江水系滋养而蓬勃发展。朱超/摄

广教寺坐落于长江下游北岸的南通狼山之上，是长江沿岸依托江域地理形成的千年佛教名刹。黄海波/摄

况；其次是太仓发达的航海业和造船业。郑和船队的粮船和战船，多产自刘家港所在的苏州府造船厂。此外，太仓本地水手技艺精湛、数量众多，郑和船队补充队伍，都会从太仓招募。

沧海桑田，刘家港的繁盛，最后在明代嘉靖时期实行海禁（防止倭寇侵扰）后逐渐落幕。在刘家港没入历史长河之后，1843年，离太仓不远处的一个港口城市上海，开始走上历史舞台，成为长三角核心港口城市。

很多年后的今天，太仓港重新迎来辉煌：长江口12.5米的深水航道延伸至太仓港，可停靠10万吨级集装箱船，是长江沿线最大的集装箱港口，也是上海国际航运中心的重要组成部分。2024年，太仓港完成全年货物吞吐量2.89亿吨，连续七年位居江苏第一。

## 近代航道枢纽的故事

自古以来，长江苏通段就是中国人扬帆向海、探索世界的起点。作为“江海联运”的枢纽，苏通段的地位得益于自然的馈赠，更得益于人力的开拓。

长江左岸的南通和右岸的苏州，都是民族工业的重要发祥地。

在左岸南通，以晚清（1894年）状元郎身份投身实业的张謇，先后创办大生纱厂、通海垦牧公司、复兴面粉厂、广生油厂等。他一贯主张“父教育而母实业”，实业之外，他创办各类学校达370多所……建立了覆盖高等教育、基础教育、职业教育、特殊教育等完整的现代教育体系。1895年至1926年间，因为张謇对南通的系统性建设，南通成为中国近代民族工业和城市现代化的典范，被称为“中国近代第一城”。在右岸苏州，从李鸿章创建苏州洋炮局开始，苏纶纱厂、振亚丝织厂、东吴丝织厂、鸿生火柴厂等民族实业雨后春笋般涌现，逐渐形成以纺织、食品加工为主的工业体系。

自古以来，长江苏通段就坐拥优越的“黄金水道”，并在2015年迎来深水时代。从2015年年底开始，长江干线太仓至南通段12.5米深水航道投入运行，能够满足5万吨级集装箱船舶（实载吃水不超过11.5米）全潮，5万吨级散货船、油船乘潮双向通航，以及10万吨级及以上海轮减载乘潮通航的要求。

与深水航道一样备受瞩目的还有长江苏通两岸的跨江大联合风潮：2008年，世界首座跨越千米的斜拉桥苏通长江公路大桥建成；2011年底，崇启大桥通车；2020年，沪苏通长江公铁大桥投入使用。此外，在南通、上海、苏南之间，还有五条过江通道待建成，完工之后，将呈现出磅礴的“八龙过江”格局。事实上，横亘在苏通两城之间的长江，早已不是地理书页上的折痕，它经由一条条过江通道连通，将两岸城市融入长三角一体化的广阔版图中。

大海的涛声真的很近了。长江流过苏通段，在南通的启隆镇和海永镇涌进入海口。有趣的是，这两个镇其实是南通在上海崇明岛的飞地，行政上属于江苏南通，但地理和经济上与上海崇明岛早已深度融合……

京杭大运河苏州段与长江通过水系连通。历史上依托长江黄金水道助力苏州成为漕运枢纽。朱超/摄

# 只有一条长江

The Yangtze River:
There's But One

{篇一}

长江口上终将“消失”的崇明岛

{篇二}

最后一条支流的等待

{篇三}

长江三角洲是怎样形成的？

{篇四}

长江梦和大海的蓝

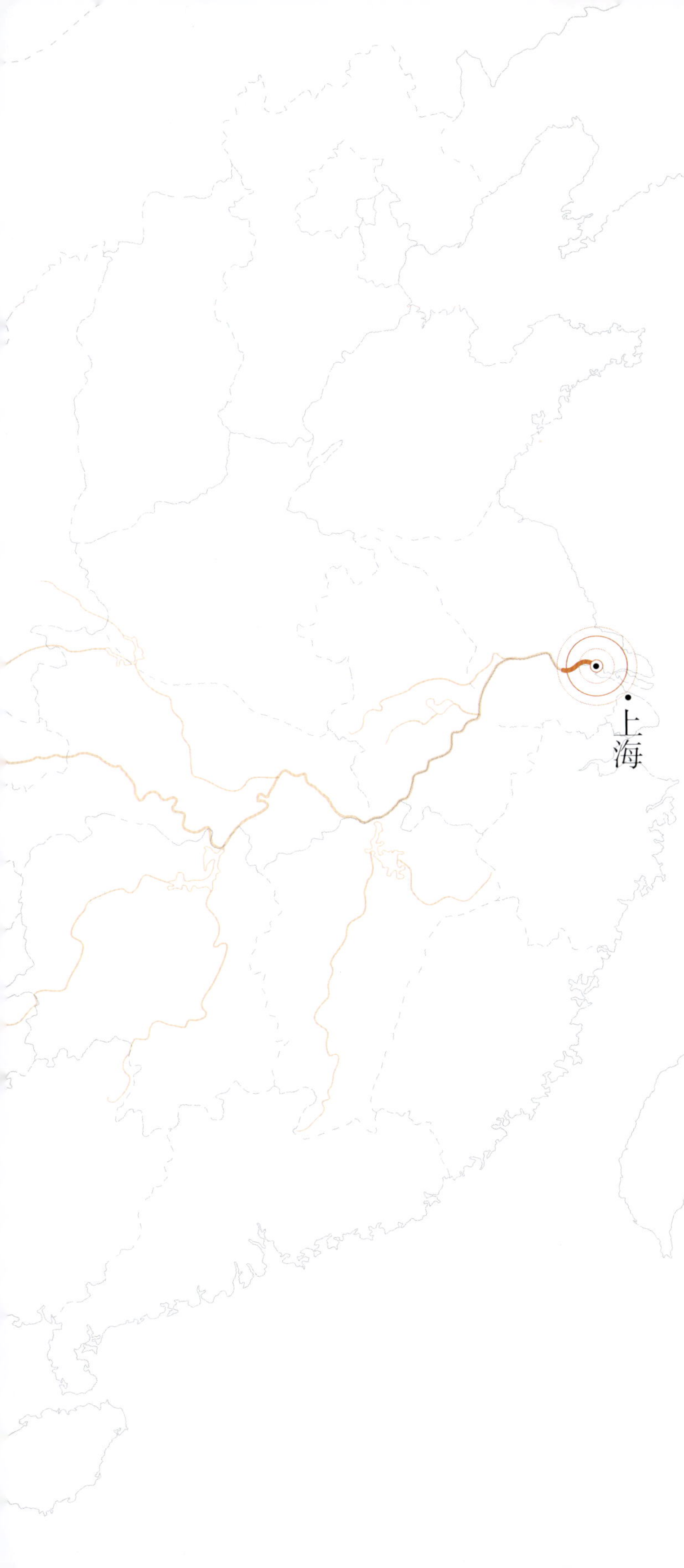


# 卷八

## 入海口

千万年的奔流
只为这一刻和你水乳交融

从格拉丹东浩荡而来的长江，在沿途接纳了万千河流之后，积蓄起雷霆万钧之力，终于抵达最后一站：长江口。这个地方，是长江作为江水的终点，也是进入东海的起点。

所谓长江口，指的是长江在东海入海口的这段水域（泛指整个河口系统，并非江水入海的最小单位）。关于长江口的地理范围，《上海通志》有两种说法：一是指现代的长江口河口段，从江苏省江阴（县级市，由无锡市代管）鹅鼻嘴起，至东海大陆架外缘佘山岛——鸡骨礁以东海域，长约232千米；二是从1979年起确定的概念，以江苏省太仓（县级市，由苏州市代管）徐六泾为长江河口段起点，一直到入海口的50号灯浮（海上航标），全长167千米。大部分官方媒体对长江口的界定为前者，本书同样采用这一说法。

在卫星图上鸟瞰，可以看到长江入海的清晰形态：滔滔的大江浩荡而来，在崇明岛分为南、北两支；南支经过长兴岛和横沙岛的时候，分为北港、南港；南港在口门附近被九段沙沙洲分为北槽、南槽。北支、北港、北槽、南槽四条水道注入东海，最终形成“三级分汊、四口入海”的独特格局。从平面图上看，这一段长江线路图，形似一个巨大的喇叭。

《上海通志》对这一格局做出了详细的地理界定：北支的水道，西起江苏省南通市青龙港，东达江苏省启东（县级市，由南通市代管）连兴港，长80千米，由于河流的上段邻近南通海门区，也称海门水道；南支水道从江苏省太仓徐六泾开始，一直延续到出海口；北港位于崇明岛和长兴岛、横沙岛之间，西起上海市崇明区堡镇港，东到佘山岛，长约80千米，曾经是长江入海的主要航道，后来因为水道淤塞，被南港取代；南港位于上海市崇明区长兴、横沙两岛的南侧，西起吴淞口，东至九段沙沙洲西端，长约40千米，是海轮出入上海的唯一航道；北槽位于长江口横沙浅滩（原名铜沙浅滩）和九段沙沙洲之间；南槽位于九段沙沙洲以南，从南北槽分流口的中沙灯船一直到长江口灯船，长约70千米。

经过千山万水来到最后一站，长江放开手脚，水银泻地般的江水覆盖着更为辽阔的地域。从入海起点江苏省江阴鹅鼻嘴算起，长江一路纵横奔腾，干流在北岸流经泰州的靖江（县级市），南通的如皋（县级市）、通州区、崇川区，南岸从无锡江阴进入苏州，流经张家港、常熟、太仓三座县级市。当遇到崇明岛之后，江水很快分汊为南、北两支，北支流经南通的海门区、启东市，南支流经上海的宝山区、崇明区、浦东新区。这个过程中，有意思的故事是，尽管崇明区看起来仿佛是将崇明岛、长兴岛、横沙岛全部包含在内，但实际上，在崇明岛的北端，仍然有大约50平方千米的土地，属于江苏南通范围，即海门区海永镇和启东市启隆镇，这也就导致了崇明岛的行政归属一直是个热点话题。

在长江口横跨的范围中，无数大大小小的自然支流、人工运河，包括北侧的通启运河、新江海河、浒通河，南侧的望虞河、杨林塘、七浦塘、浏河等，全都汇入长江前往大海。当最后一条大型支流黄浦江终于欢快奔来，长江庞大的支流家族才算全部集结完毕，而大海的涛声，已在耳畔了……

地理意义上，长江口是长江和大海最壮美的相遇，是跋涉6000余千米的完美结局；人文意义上，各种水脉的交汇带来数千年文脉，也带来传统和现代的融会贯通。从商周之际泰伯、仲雍远涉江南，点燃中原文化的薪火，到海上丝绸之路扬帆起航，把中华文明送往四海九州；从古老安静的渔村，到吸引全世界目光的上海，再到长江三角洲地区的迅猛发展，一座座城市受到滋养后的崛起……这条从格拉丹东蜿蜒而来的巨龙，终于在抵达上海后完成了日夜奔腾的壮举：将一江春水送入大海，把数千年文明注入世界。

东方明珠塔立于上海浦东陆家嘴嘴尖，背倚摩天楼群，与浦西外滩万国建筑群隔江辉映，是上海现代化进程的象征。刘保琮/摄

长江三角洲南翼，宁波市北仑区的尾矿处，两只船犹如被冰封般停靠在岸边。许雨婷/摄

陆家嘴地处上海市区中部，两面环水，西面隔江与外滩万国建筑博览群相望，北面隔江眺望北外滩。王智伟/摄

DBS

篇一·

# 长江口上终将“消失”的崇明岛

长江口并非永恒静止的地理坐标。

从史前时期扬州附近的浪涛，到唐宋时期江阴外的沙洲。这种持续东进的地理变迁，以及沙洲的生长、扩展和陆地相连，是理解长江口前世今生的关键。

长江浑浊的江水和东海蔚蓝的海水，在入海口形成泾渭分明的过渡带。在这片咸淡水交汇的前沿，土地仍然在以惊人的速度“生长”：每年4.8亿吨泥沙，在径流推力和潮汐阻力的博弈中，逐渐沉积……数千年里，长江口的地貌经历了翻天覆地的变化，而周边地域的文化、经济也随之更迭、发展。

这个过程中，位于长江口核心区域的中国最大河口冲积岛崇明岛，也许终将“消失”，与大陆相连。

## 泥沙与波涛塑造的长江口

“沉积”和“堆积”，是了解长江口形成的重要关键词。

距今约7000年前，受气候回暖的影响，我国东部海面上升到最高水位，平均海平面比现在高出2米左右。那时，长江三角洲的东部地区全是海洋，如今的扬州市、镇江市一带，就是曾经的长江口，而上海，还只是“海上”。

距今约6000年前，东海海平面逐渐回落，趋于稳定。最先出现变化的是长江北岸，当时，扬泰岗地（今扬州至泰州）已经成为陆地；而江水一路东来，挟带的泥沙在北岸淤积，导致两岸的陆地不断东扩，海底逐渐抬升，形成水下三角洲……随着时间流逝，沙洲群终于在海潮顶托下，逐渐露出海面。

当时间来到2000多年前的春秋战国，由于长江泥沙的持续堆积，显露出水面的沙洲群逐渐淤涨，连成一个大沙洲：扶海洲（今江苏省南通市如东县）。扶海洲是当时浅海之上唯一的沙洲，承接着长江入海的使命，奠定了长江口宏观地貌的形成基础。

到秦汉时期，人类开始对长江流域进行初步开发。那时候的扶海洲，还处于持续发育阶段。到汉代，南通西北部的如皋、海安一带，基本形成陆地，出现人类活动迹象。东汉时期，扶海洲的地理范围得到进一步明确。到西晋，博物学家张华所著的《博物志》中已经有了扶海洲的记载。

在江水与泥沙的不断冲积下，扶海洲与扬泰古沙嘴之间的夹江，逐渐淤塞，最终在东晋太元七年（382年），和大陆完全连为一体。这个过程，标志着扶海洲从孤立的沙洲转变为长江北岸的延伸部分，而这个长江口北岸的新沙嘴，被后人叫作“唐廖角嘴”，地理学上称为“如东古沙嘴”。

唐代是长江口变迁的重要节点，可谓一方消融，一方生长。《读史方舆纪要》清晰地说出了这个过程：镇江一带，唐初时江面开阔，大约40里，到开元年间，却又收缩到25里。进入宋代，江中的沙洲日渐壮大，江水带来的无数泥沙在此淤积，北岸得以进一步生长……实际上，长江口就是在这样的消长变迁中，悄然向东推移。

曾经，唐朝诗人王湾立于镇江北固山，写下千古名句：“潮平两岸阔，风正一帆悬。”那时候王湾眼前的“京江潮”，波澜壮阔、浪涛如雷，有着一派真正的大海气象。镇江是历代军事驻防重镇，唐时此地设“镇海军”，宋初改镇海军为镇江军，后设镇江都督府。尽管只是一字之异，但暗含的却是地理格局的沧海桑田。

正是在这样的地理演变中，中国最大的冲积岛、沙岛，排名中国第三大岛屿的崇明岛终于诞生。唐初以前，崇明岛的雏形，只是两片被命名为“东沙”和“西沙”的沙洲，面积仅有数十平方千米。它们的诞生，和大自然的精妙、浪漫有关：当长江奔流入海，地球自转产生的科氏力，使水流在北半球向右偏转，北岸的泥沙因此可以稳稳沉积，也就是说，每一次日升月落，这片新生的土地都在被重塑，涨潮，海水倒灌，裹挟泥沙向北推进；退潮，江水奔涌，在南岸激起浪花，带来新的泥沙。

那些原本若隐若现的暗沙，在时光的打磨中，渐渐显露出轮廓、形成岛屿，慢慢有了人类活动的痕迹。最终，新老沙洲一起汇聚到北汊河道，先是相互合并，后来在冲淤变化中和北岸相连。到五代十国，当静海都镇遏使姚彦洪在西沙设立崇明镇，这片初露峥嵘的沙洲，开始有了“崇明”之名，被人们解释为“高出水面、平坦宽阔的明净平地”，也被更诗意地解读为“崇尚光明”。

事实上，崇明的成长轨迹确如其名，一路遵循美好祝愿追寻光明。到北宋时期，邻近的东布洲（今启东市）终于粗具规模，崇明岛也伸展出包括姚刘沙、三沙在内的新沙洲。到明清时期，这些散落的沙洲因为江海的孕育不断融合，更年轻的长兴岛、横沙岛也终于成岛，长江口的地理格局就这样基本确定下来。

今天，我们从地图上可以清晰看到，长江口呈现出的格局是“三级分汊、四口入海”。在这片辽阔的水域，崇明岛像一艘巨轮，静卧在南北分汊的中间。作为中国第三大岛屿，崇明岛现有的陆地面积，其实一直在生长，岛屿三面环江，东临东海，东西绵延约80千米，和长江河

▶启东市是江苏省东南端的县级市，地处长江入海口北岸，三面环水，形似半岛，素有“江海门户”之称。杨子康/摄

口整体向东南延伸的走向完全吻合。

## 文明和美景的交汇点

恢宏的长江口，是自然地理的分界线，也是中国经济版图的命脉之一。这片江流滚滚的水域，激荡着波澜壮阔的时代印记，见证着中华文明从农耕走向海洋的历史转型。

早在隋唐时期，因为大运河的开通，长江口成为南北物资交换的集散中心，商船沿江而下，运载江南的丝绸、瓷器等精美物产，从入海口驶向远方。到宋代，因为航海技术的革新、指南针的广泛应用、福船工艺的成熟，海上贸易更加繁荣，商品琳琅满目，热闹繁华。到明代，郑和七下西洋的时候，以江苏太仓刘家港（今浏河镇）为起锚地，庞大的船队扬帆起航，据《明史》及随行人员记录，船队以六十二艘巨型宝船为核心，将士卒数量达二万七千余人，开创了古代航运史的巅峰。

多年来，长江口成为异域文化的重要入口。海上贸易带来胡椒、棉花等新物种，改变着江南的农业结构；佛教、伊斯兰教沿商路传入，在上海龙华寺、松江清真寺留下印记。正是在这里，松江学者李之藻编译《坤舆万国全图》，将西洋天文、地理之学源源不断地汇入中华文脉；明朝农学家徐光启，更是在此开启“西学东渐”的历史篇章。

长江口是“海上丝绸之路”东海航线的重要起点和中转站，千百年来，也始终是文化、技术、思想的交汇点。1843年，上海开埠，长江口被卷入全球化浪潮。这一时期，上海港一度成为远东第一大港，但航道狭窄、管理混乱等问题，制约着港口的发展。这段历史，促使中国开始重新思考海洋文明的意义。时间很快进入21世纪，长江口的发展迎来质的飞跃。2005年，洋山深水港建成，归属上海港，助力其成为全球最大集装箱枢纽港。这座现代化港口，通过东海大桥和陆地相连，实现“江海联运”的无缝对接。

长江口在承载着千年文明积淀的同时，也以壮阔的自然景观和独特的人文魅力，成为一幅流动的画卷。它的美，既有波澜壮阔的豪迈，又有细腻温婉的柔情。长江口的潮汐变化极具韵律感：涨潮时，海水倒灌，波涛汹涌；退潮时，滩涂显露，渔船搁浅，形成独特的“潮汐树”景观。而清晨的日出和傍晚的日落，更是将长江口染成金色或绯红，美不胜收。

任何一个季节，长江口都拥有不同的美景，这里的河口风情令人惊叹、着迷：春天的长江口被涛声、海风唤醒，奔涌的江水泛起粼粼波光，广袤的滩涂湿地披上新绿，候鸟翩跹，渔舟轻荡，洋溢着生机与诗意；盛夏的长江口是一幅浓墨重彩的画卷，阳光给江水镀上金晖，海风裹挟着草木香、渔船马达声、蝉鸣，有东海的开阔，也有江南的温润；秋天的长江口芦花飞雪，蟹肥稻黄，迁徙的候鸟在滩涂上落下脚印，江海交汇处，秋水共长天一色；冬天的长江口并非万物凋零，候鸟在寒潮中坚守，渔港在朔风里飘香，滩涂上的冰晶与落日交织出魔幻的光影，尤其是那些枯萎的芦苇丛，它们在寒风里摇曳，焦糖色的茎秆、

# 长江浑浊的江水和东海蔚蓝的海水，在入海口形成泾渭分明的过渡带。

蓬松的芦穗，构成极简主义画面，霜降后更显寂寥之美。

长江口独特的地理环境，孕育出丰富的水产资源，形成融合淮扬技艺、海洋风味的美食文化。当地人的四季美食重点是：春尝刀鱼，夏啖黄泥螺，秋啃清水蟹，冬煲一锅热气腾腾的鮰鱼汤。众多的渔获中，特别需要强调的是刀鱼，肉质细嫩如豆腐，以清明前最为肥美，有“明前刀”之说。

实际上，长江口的美，是自然与人文的完美融合，也是奔腾与静谧的和谐共存。无论是浩渺的江海交汇、灵动的湿地生态，还是悠久的渔家文化、现代的港口风貌，都让这里成为一片充满魅力的土地。

## 从公元7世纪的江心开始

作为西太平洋沿岸中国海岸线的中点地区，以及长江尾闾的江海博弈之地，崇明岛的轮廓随潮汐涨落而呼吸，血脉随长江改道而重塑。截至2022年，崇明岛面积达1269.1平方千米，东西约长80千米，南北宽13~18千米。

如今的崇明岛三面环江，一面临海，西接长江，东濒东海，南与上海浦东新区、宝山区和江苏太仓隔水相望，北与江苏海门区、启东市一衣带水。从高空俯瞰，崇明岛仿佛一片巨大的绿叶，静静漂浮在江海交汇处。每年秋分，当候鸟从西伯利亚南飞经过这里，看到的是一片由长江馈赠的沃土。这座岛屿，见证着长江在汇入大海前的最后篇章。

从自然地理角度而言，崇明岛的诞生是因为江水带来的泥沙堆积，形成沙洲。

最初的沙洲，诞生于公元7世纪的江心。那时候，长江的主干道在扬州以东分为两支：北支挟带粗沙直奔黄海，南支裹挟细沙向东缓缓而行。当江水来到浏河和吴淞江之间的喇叭形河口，水流突然舒展，流速骤降，悬浮的泥沙以每年1厘米的速度开始堆积。到唐武德年间，西沙和东沙这对双子沙洲开始浮出水面，两者相距七十余里，如同漂浮在江海之间的两粒粟米。

崇明岛的诞生背后，有一个戏剧性的历史传说。公元401年，东晋末期农民起义军领袖孙恩率军北上，在长江口遭遇巨浪，大批木筏沉没江中。传说这场沉沦无意间埋下了岛屿

▶长江入海口，孕育出全球最大河口冲积岛。黄东豪/摄

的种子：沉没的木筏改变江水流速，使湍急的江水在这里变缓，泥沙开始大量沉积，形成最初的暗沙。随着江水带来的泥沙越来越多，时间一长，暗洲露出江面，成为有人居住的小岛，这就是崇明岛的雏形。

很多年后的现在，初到崇明岛的人不免会有些疑问：这哪里像一座岛？眼前，是一望无际的农田、纵横交错的水渠；远处，是绿树掩映的村落。如果不是偶尔听到江潮轰鸣，人们很难相信，自己正站在一座被江海环抱的岛屿上。

崇明岛有着华东地区最大的人工平原森林——东平国家森林公园。公园里种植有大量的水杉、银杏、香樟等树木，四季景色各异，以秋季的红叶最为著名。岛上的寿安寺，始建于宋淳祐年间，已经守望崇明七百余年。寺内，雕龙画凤的大雄宝殿，殿内铁铸的三世如来佛像，两株五百年银杏古树……全都古朴雅致，守护着崇明的心事与过往。

作为候鸟迁徙的中转站和水禽越冬地，崇明岛最无法忽视的居民是鸟群。据2024年崇明岛候鸟监测数据显示：岛上的东滩鸟类国家级自然保护区，已经收录鸟类364种，其中国家一级保护鸟类20种，二级保护鸟类62种，列入《中国濒危动物红皮书》的受胁鸟类84种，列入中澳候鸟保护双边协定的鸟类57种……长江的泥沙不仅造就着岛屿，也滋养着土地的生机，每年秋冬时节，当芦苇开始摇曳，天空就会有成群的候鸟翩然远来。

崇明岛也是珍稀水生保护动物的重要分布区。2020年5月，上海针对中华鲟的保护，出台了专门的地方性法规《上海市中华鲟保护管理条例》。长江口地处中华鲟洄游路线的关键位置，有中华鲟“幼儿园”之称，在这里，广阔的湿地、浅滩、河口三角洲等多样化的生态环境，使中华鲟得以愉快地安居。出生后的中华鲟，顺着江水，一路来到长江口，完成入海前的生理调整。崇明岛设立的中华鲟栖息基地，能够很好地让这些古老的生命繁衍生息。

## 生长和消失，崇明岛的宿命

实际上，崇明岛曾面临过一场生死考验。

1949年，在长江水流与潮汐的持续影响下，崇明岛上的县城几近被江水吞噬。为挽救岛屿，一场精卫填海般的崇明大围垦拉开序幕。

20世纪50年代，崇明岛启动大规模修复工程，修筑起环岛大堤，兴建了1000多个丁字坝。那些吃杂粮饭、喝咸浑水、睡芦苇床、穿“泥制服”的围垦人，用血肉之躯筑起46.5千米的江海长堤和6座拦洪大坝。一道道坚固的屏障拔地而起，终于遏制住南岸的崩坍。围垦人从沧海中“捞出”11万亩桑田。当时国民经济困难，解决老百姓吃饭问题是首要工作。这11万亩土地，解了上海农副产品供应的燃眉之急，为上海发展现代农业奠定了基础。

2001年，“将崇明岛建设成为生态岛”的号角吹响，崇明开始了生态发展之路的探索。次年，东滩湿地被列入国际重要湿地名录，2005年晋升为国家级自然保护区。2006年，上海出台《崇明三岛总体规划（崇明县区域总体规划）

上海长江大桥位于上海市崇明区境内，横跨长江入海口北港水道，是上海崇明越江通道的核心组成部分。曾靖/摄

(2005–2020年)》,明确提出建设现代化生态岛区的总体目标。2010年,上海发布《崇明生态岛建设纲要(2010–2020年)》白皮书……2016年7月,崇明撤县设区。

位于崇明岛最东端的东滩湿地是全球重要湿地、亚太地区最重要的候鸟栖息地之一,也是上海唯一的国家级自然保护区。正所谓"东滩的每一寸滩涂,都是候鸟的加油站",据统计,每年有超过100万只候鸟在这里停歇,包括小天鹅、白头鹤、黑脸琵鹭等珍稀鸟类。东滩湿地拥有独特的湿地景观:绵延的芦苇荡芦花如雪;潮沟与滩涂带来地质奇观,退潮时,潮汐形成的"潮汐树"纹理清晰可见;"红海滩"植物盐地碱蓬在秋季变红,形成绚丽的色彩带。

崇明岛的岛民们,通过围垦、耕种、建设,将这片冲积之地,变成富饶家园。农业的发展使崇明岛成为上海乃至全国的"米袋子"和"菜篮子",肥沃的土地与平坦的地势为粮食生产提供了天然优势……如今,在上海这座国际大都市的版图中,崇明是一个特例,它是唯一不考核地区生产总值的区县,人们全身心投入生态文明建设之中。当上海的天际线不断被摩天大楼改写,崇明岛依然保持着自己的节奏。

但有一种说法是:崇明岛正在"消失"……

那是因为,当大江南岸在江潮冲击下不断后退时,东滩却因长江输出的泥沙而持续淤涨。每年,这条大河携带的泥沙在崇明东滩沉积,让土地不断向东生长,形成新的滩涂。

实际上,崇明岛的"消失"并非彻底消亡,而是形态的转变。这种动态变化是冲积岛的宿命。随着泥沙持续淤积,崇明岛与江苏北岸的距离逐渐缩短,未来可能与大陆相连,成为长三角平原的一部分。这一过程,改变的只是崇明岛作为"岛"的地理属性,但它作为长江口重要节点的生态和经济职能并未削弱,反而会因与陆地的连接而得以强化。

也许在未来,随着泥沙的持续淤积,崇明岛终将"消失",然后与大陆相连。但无论骨肉如何生长,灵魂始终不变,它都将继续以自己的方式,续写着人与自然的和谐诗篇,续写着与长江的不解之缘。

篇二·

# 最后一条支流的等待

拥抱东海之前，长江在位于上海宝山区和浦东新区交界处的吴淞口，接纳了万千支流中的最后一条：黄浦江。发源于上海青浦区淀山湖的黄浦江，全长约113.4千米，是上海的母亲河，从西南流向东北，沿途经过青浦、松江、奉贤、闵行、徐汇、黄浦、虹口、杨浦、浦东新区、宝山等区域。

有意思的是，在明代以前，长江的最后一条支流并不是黄浦江，而是吴淞江，然而到了现代，全长约125千米（上海段约54千米）的吴淞江，却神奇地成了黄浦江的支流。吴淞江发源于苏州吴江区的太湖瓜泾口，由西向东流淌，从江苏省昆山市花桥镇的四江口流入上海。

参考《上海市沿革地理》，四江口是指吴淞江自西向东流，与北岸的顾浦及南岸的大盈浦交汇的区域，三条水道交汇呈十字，所谓的“四江”，北边是顾浦，南边是大盈浦，东边和西边都是吴淞江。四河交汇处，水域宽阔，水流平缓，水面倒映着天空和岸边的绿植，周边的芦苇荡、浅滩湿地，吸引着白鹭、野鸭等水鸟前来栖息。

吴淞江进入上海后，穿越青浦、嘉定、闵行、长宁、普陀、静安、黄浦、虹口8个区，最终在黄浦公园北侧的外白渡桥以东，汇入黄浦江。吴淞江流入上海后的区段，就是现在俗称的“苏州河”。

那么，曾经的最后一条支流为何变成了支流的支流？这个故事，要从明朝的一场危机开始说起……

## 历史上的“黄浦夺淞”

明永乐元年（1403年）夏天，太湖地区连日阴雨，洪水漫溢，太湖流域的苏州府、松江府一带大水成灾，导致当时最富庶的地区，不幸化为泽国……其实灾害早有预兆，在唐末，当吴淞江成为太湖下泄入海的骨干河道之后，吴江塘路的修建和下游大量的围田，致使河道逐渐淤浅。到明初，吴淞江下游百余里范围内，几乎淤成平陆，洪涝不断。

永乐元年的洪灾引起朝廷重视，户部尚书

夏原吉受命前往江南，筹划治水。起初，夏原吉主张的治水思路是“掣淞入浏”，就是放弃吴淞江海口段，疏浚吴淞江上游与浏河之间沟通的水道夏驾浦（即今夏驾河），使得太湖水能够从吴淞江上游经由夏驾浦分流入浏河，减轻吴淞江下游的泄水压力，从当时的“天下第一码头”刘家港出海。这个方案简单直接，能够迅速减轻吴淞江下游泛滥的洪水，但弊端显而易见：吴淞江水量减少，就会导致冲刷能力减弱、淤泥堆积，当江水和两条相交的支流夏驾浦、新洋江倒灌，就会和吴淞江下游相互抵撞，长此以往，浏河、吴淞江都会呈现淤积之势。显然，“掣淞入浏”不是长久之计。

历史性的一刻很快到来。永乐二年（1404年），著名水利专家叶宗行（当时只是松江府华亭县的书生），提出一个大胆的方案——“治浦为先”：以导代堵，放弃吴淞江故道，重点疏浚、拓宽上海浦北面的范家浜，使范家浜南接大黄浦，北连吴淞江近海江段，形成江浦合流，目的是让黄浦江夺取吴淞江水势，最后从吴淞口入海。之所以说这个方案大胆，是因为实行“治浦为先”，将彻底改变吴淞江和黄浦江的干流和支流关系。

那个年代的吴淞江，不仅是太湖下游沟通湖海的重要干流，而且是一条名副其实的巨河，河道宽阔，唐宋时宽达10千米，有“吴淞古江”之称，直接东流入海（今长江口）。上海一带的大小河流几乎全是它的支流，黄浦江就是其中之一。相较于吴淞江而言，黄浦江只能算是后起之秀，在明朝以前，河道宽度仅“三十余丈”（约100米）。

叶宗行的提议，不仅改变了两条江的命运，也改变了上海乃至长江的历史走向。夏原吉在充分调研之后，采纳了叶宗行的建议。从此，黄浦江取代吴淞江，成为太湖排水的主干道，也成为长江汇入东海前接纳的最后一条支流。至于吴淞江，反而成了黄浦江的支流。史称“黄浦夺淞”。

这一举措，不仅解决了困扰江南已久的水患，更重塑了长三角水系格局，黄浦江和吴淞江就此成为上海的两条母亲河。而清代上海成为“江海之通津，东南之都会”的地理伏笔，也是在这里埋下的，后来发生的许多故事，也都从这里开始……

## 最后一条支流：黄浦江

全长约113.4千米的黄浦江，是上海最大的河流，历史上被称为大黄浦、黄龙浦、春申江、申江，发源于上海青浦区的淀山湖。

淀山湖位于上海青浦和江苏昆山的交界处，面积约62平方千米，是上海最大的天然淡水湖，水域辽阔，风景独特。淀山湖的水源，主要来自太湖，太湖通过急水港等水道向淀山湖送水，所以太湖也被视为黄浦江的“间接源头”。

在淀山湖东南角的拦路港，黄浦江奔涌而出，穿过繁华的上海城，一路流到吴淞口注入长江。这个过程中，江水把上海分成浦西和浦东，而大江的两岸，荟萃了上海城市景观的精华部分。黄浦江及其50余条支流，构成广阔的河网，形成庞大的水系，主要支流包括自然河流吴淞江，人工河流淀浦河、大治河等。

因为"黄浦夺淞"而成为黄浦江最长支流的吴淞江，在上海段被称为苏州河。实际上，它比黄浦江更长，达到125千米。吴淞江从发源地苏州吴江区太湖瓜泾口自西向东而来，在青浦区白鹤镇进入上海。这片水域，是上海和江苏的省界。吴淞江进入上海后，开启了大约53千米的旅程，这一段，河面开阔，水流平缓，风景迷人，尤其青浦、嘉定段，水流几乎静止，更像静水河道。市区段因为受到潮汐的影响，水流略有流动感。最终，在虹口区和黄浦区交界处的外白渡桥北侧，吴淞江汇入黄浦江。两条江拥抱的时候，黄浦江宽阔（约500米），吴淞江较窄（平均40~50米），形成鲜明的对比。两江交汇的地方，遍布着上海经典的城市景观，包括上海大厦（*原名百老汇大厦*）、外白渡桥、外滩万国建筑群等。

除了吴淞江这样的自然河流，黄浦江流域也有不少人工河流，全长约46千米的淀浦河和约39千米的大治河，就是其中的代表。两条河流都开凿于20世纪70年代，淀浦河水流速度较缓，从徐汇区汇入黄浦江；大治河水流速度略快，从闵行区的黄浦江段发源。两条河流的主要作用，包括完善水系、防洪排涝、改善区域水环境、调节局部气候等。

黄浦江和长江的交汇处名叫"吴淞口"，这里曾经是吴淞江的入海口，"黄浦夺淞"之后，人们沿用旧称，保留历史记忆。吴淞口是江河交融的地理节点，更是上海从渔村迈向国际化大都市的起点。

在吴淞口，两条江的相遇，体现出来的色彩是"清浊交融"：水质较清的黄浦江和泥沙较多的长江深情相拥，形成轻微的水色分界线，在阳光照射下尤其明显。这里的日出日落很美：江面开阔，水波荡漾，无论是东海方向的日出，还是黄浦江上游方向的日落，全都霞光映照，水天一线，美得浪漫、抒情。潮汐涌动也会带来独特的景观：涨潮时，长江水倒灌入黄浦江；退潮时，黄浦江水奔涌汇入长江，动态的水流景象壮观、动人心魄。

江河不仅塑造城市肌理，更孕育独特的文化基因。在上海，水岸从来不只是地理的边界，更是生活的舞台。因为长江和黄浦江的哺养和陪伴，上海从来就是奇迹生长的地方。那时候，苏州河中心城区的42千米岸线，已经基本实现贯通，这是继2017年年底黄浦江核心段45千米岸线贯通开放后的又一件大事，意味着上海又向世界级滨水区迈进了一大步。

## 以江南文化为底色的海派文化

璀璨的江南文化，孕育了上海广为人知的海派文化。如果说江南文化是历史中的一条长河，那么海派文化则是这条长河在近代激流中迸发出来的新支。

明清时期，上海只是江苏省下属的一个县城；如果更早到南宋，上海甚至只是一个镇。1843年上海开埠后，商贸活动频繁，经济昌盛，吸引大规模的移民迁入。1927年，曾经在北宋被称为上海浦的地方，终于成了上海市。

▶左图为上海外滩武康大楼，是上海第一座外廊式公寓大楼。右图为上海海关大楼，是外滩建筑群的核心地标之一。
刘侯琮/摄(左)；陈佳祺/摄(右)

▶爬上沙美大楼，天台风景绝佳，而海关钟楼，是外滩天际线上无可争议的灵魂地标。周俊骅/摄（左）；王智伟/摄（右）

# 曾经的吴淞江不仅是干流，而且是名副其实的巨河，后来，却成为了自己支流的支流……

从地质角度来说，上海的形成，本身就是长江与海洋博弈的产物。北宋时期，长江北岸沙嘴延伸到今江苏南通启东的吕四港，泥沙淤积，形成最初的滩涂雏形。明清两代，长江主泓南移，催生出启东群沙。清光绪年间（1875—1908年），当启东的寅阳镇成为新陆海边界时，上海港已从明代的“江海通津”，蜕变为兼具传统漕运和近代航运功能的国际商港。到19世纪下半叶，上海港的经济腹地几乎囊括全国20%–30%的地区，长江流域的稻米、丝绸、茶叶沿江而下，和远洋来的工业品在十六铺码头碰面。

这个过程中，外滩的哥特式钟楼和石库门弄堂的观音兜山墙隔街相望，如同长江水和海水在吴淞口的渐变交融。外滩的哥特式钟楼属于英国的新古典主义风格，而石库门弄堂承载了太多移民的记忆：1853年的小刀会起义和1860年太平军东进，导致数以万计的苏南、浙北难民涌入上海，就像长江口的泥沙淤积改变了海岸线，移民潮也重塑了上海的城市空间，一座座石库门既是避难所，也成为崭新生活方式的孵化器。

据统计，在近代上海人中，来自江南的人口占到八成以上。人是文化的载体，是传承者、实践者、创新者、传播者。从这个意义来理解，就不难明白为什么“海派文化”是以江南文化为底色的。曾任上海市历史学会会长的熊月之的观点是：海派文化虽以江南文化为底蕴，以江南人口为主体，但也吸纳了众多其他地域文化因素，包括近代西方文化。

“海派”这个词，最早见于1917年的戏剧评论，甚至在20世纪30年代掀起过一场京海流派之争，这背后是一个有趣的文化嬗变故事：北方京剧初到上海，尽管粗犷的唱腔和江南风情格格不入，但却在上海经历了奇妙的本土化，最终保留了京剧的刚劲，融入了江南的婉约，还吸收了西方戏剧的表现手法，火遍大江南北。引得北京名伶们说：“到上海唱红了，才算真红。”

海派文化的发展催生艺术、商业的繁荣，渗透进上海市民的生活。1925年，《新上海》发表了一篇题为《上海观察谈》的文章，其中谈到过各种文化在上海的碰撞与融合："上海仿佛是一只镕化人的洪炉，一切风俗习惯，便是这洪炉中的木材煤炭，最会镕化人的。"

很多年后的今天，尽管上海的轮廓被摩天大楼勾勒，被霓虹渲染，然而在光影流转间，依然能寻到承载着移民记忆的弄堂。各地口音此起彼伏，苏州腔的细腻、宁波话的铿锵、无锡人的圆润、杭州人的婉转，前门卖菜，后门卖米，午间飘荡着越剧评弹和收音机里的戏曲声。即便是二十几平方米的过街楼，也能住出一番天地：楼上住人，楼下开店，既省房租又添人气。

在那些逼仄的亭子间里，"文化移民"正在书写时代的篇章。绍兴来的鲁迅、乐山来的郭沫若、成都来的巴金、籍贯河北唐山的张爱玲，他们在弄堂的天光中观察、思考、创作，把这座城和时代的繁华、困顿、希望、迷茫，化作震撼的文字。江水围绕的城市气质，为更深层的思想变革提供了沃土。那时候的上海，是码头工人交接劳作的港口，更是新思潮、新文化登陆的第一站。繁忙的码头，不仅运来世界各地的商品，更带来革命的火种，在这片包容万象的土地上，马克思主义的种子悄然生根、发芽……

如果说弄堂是上海移民史的上半篇，那么浦东开发则书写了新篇章。1992年，又一场规模宏大的移民潮在这片土地上演。这一次不是逃难，而是追梦。"空气中都飘荡着创业的激情"，有亲历者曾经这样形容。昔日的烂泥渡路，今天的陆家嘴要道；曾经的菜田棚户，现在的金融中心。浦东的崛起，如同长江口不断向东延伸，开拓出新的天地。

## 开埠往事和浦东浦西

1832年6月20日，英国东印度公司的"阿美士德号"出现在吴淞口。这艘船4个月前就从澳门起航，先后考察过福州、厦门、宁波等地，力图说服各地官员开埠通商。那时的吴淞口不被西方熟知，船上的高级职员林赛与同伴换乘小艇闯入黄浦江，从上海县城东门外登岸，向上海道台衙门递交希望通商的禀帖。

请求最终被清政府拒绝。但逗留上海期间，林赛等人曾躲到芦苇丛中连续一星期查点进入吴淞口帆船的数目，并在考察报告中提到，上海地位的重要性仅次于广州。它的商业十分活跃，如果准许欧洲商人来上海贸易，它的地位更能大为提升。这一地区在对外贸易方面所拥有的特殊优越性，过去竟未引起相当的注意。当时，广州是中国和西方开展贸易的唯一口岸，但林赛预见到，依托富庶的长江三角洲腹地，上海一旦敞开大门，前景不可估量。

林赛抱憾离开上海11年后的1843年11月8日，英国首任驻沪领事巴富尔乘船抵达黄浦江，停泊于日落时分，上海道台"投递照会，约期面见"。此前一年，清政府被迫与英国签订《南京条约》，开放广州、厦门、福州、宁波和上海为通商口岸。巴富尔一眼看中黄浦江与苏州河交汇处西南侧的宝地，并将英国领事馆的馆址设在这里。1843年11月17日，上海正式开埠，外国商品和外资纷纷涌来，外国人开设行栈，设立码头，划定租界，开办银行。从此，上海迎来历史发展的转折点，从一个不起眼的海边县城，开始朝着远东第一大都市前进。

外滩之外，是宽阔的黄浦江，上海乃至中国的近代城市雏形，就源于这段美丽的江景。其中一个插曲是：上海开埠后，到访的外国人发现，沿吴淞江溯流而上可以直达苏州，于是，“苏州河”这个广为人知的名字诞生了。

这之后，一系列变化次第发生：1858年，煤屑、炉渣、小方石和混凝土，铺成吴淞江南岸滩路；1862年，南京路、九江路等铺设人行道、地面排水工程；1881年，杨树浦水厂成立，大北电报公司兼营市内电话服务……系统化的公共场所和公共设施的完备，成为上海步入现代化的缩影。19世纪末，洋务运动在长江沿线铺开蓝图，江南机器制造总局、轮船招商局等近代企业，纷纷在上海诞生。历史学家冯天瑜指出：江南机器制造总局堪称中国近代工矿业、军事工业、近代科学技术的机器母厂，“在它的带动、示范和支援下，一大批工矿企业雨后春笋般涌现，构成中国近代工业的基础”。

历史掀开新的一页，长江率先吹响中国工业文明的号角。1860年前后，驶入上海港的外国船舶每年达上千艘，再后来，随着中外贸易中心移入，上海成为东南沿海航运网络的汇聚点。这之后，浦西的发展波澜壮阔，从20世纪初“远东第一都市”雏形、著名的十里洋场，到1949年后的工业化浪潮、工业重镇转型，再到改革开放时期的商业复兴、文化符号重生，再到新世纪城市的精致更新、功能升级与区域重塑……黄浦江的涛声里，浦西百年发展的历程，是一部浓缩的中国近代化史诗，每一朵浪花都见证着沧桑巨变，烙印着时代变迁的痕迹，既承载着旧时代的往事和挣扎，更孕育着新时代的开放和创新。

一个世纪后，黄浦江对岸的浦东开始崛起。1990年4月18日，开发、开放上海浦东的建设进程拉开大幕。此后在黄浦江和长江的涛声里，30年间，浦东GDP从1990年的60亿元增长到2020年的13207亿元，增长了219倍，成为上海经济发展的稳定器和压舱石。

很多年后的今天，两岸涛声依旧，但江面的倒影已从近代的货轮桅杆，化作自贸区的集装箱矩阵。当临港新片区的特斯拉储能超级工厂不断刷新“上海速度”，江面上依旧回荡着邓小平同志的声音：“开发浦东，这个影响就大了，不只是浦东的问题，是关系上海发展的问题，是利用上海这个基地发展长江三角洲和长江流域的问题。”

▶图中建筑为上海陆家嘴“三件套”：上海中心大厦、上海环球金融中心、上海金茂大厦。孙圣杰/摄

# 长江三角洲是怎样形成的?

地图上,位于中国长江下游地区的长江三角洲(简称“长三角”),呈现出的是一个以长江入海口为中心的扇形或三角形平原,覆盖了中国东部沿海的核心经济区。

长江三角洲濒临黄海、东海,是长江入海前形成的冲积平原,核心区域覆盖上海、江苏南部、浙江北部,以及安徽东部部分城市,总面积约35.8万平方千米,是中国经济最发达、开放程度最高、创新能力最强的区域之一。

## 自然与人类共同塑造的典型案例

长江三角洲的整体形状,大致呈一个不规则的三角形(近似钝角三角形),顶点朝向西方,地处江苏仪征附近(长江开始分汊处),底边沿东海海岸线展开,北至江苏南通,南至浙江杭州湾。边界方面,北侧以长江北岸的扬州、泰州、南通为界,部分延伸至盐城南部;南侧以钱塘江—杭州湾北岸的杭州、绍兴、宁波为界;东侧面向东海,包括上海全域及舟山群岛西部。

长江三角洲的形成,是一个漫长的地质过程,涉及河流沉积、海平面变化和人类活动等多重因素。大约在2300万年前的新近纪,古长江携带泥沙,开始在现今镇江以东的浅海区堆积,但未形成显著的三角洲;随着青藏高原抬升,长江向西溯源侵蚀,贯通三峡,形成东流水系;接下来,在经历了2万年前的冰期、1.2万年前的间冰期之后,大约在7000年前,海平面的波动趋于稳定,长江的泥沙开始在现今镇江—扬州以东堆积,形成早期三角洲的轮廓;最后,在大约6000年前,海平面终于稳定,三角洲雏形完成。之后因为人类活动频繁(尤其唐宋以来),三角洲快速发育、加速扩张。到今天为止,自然三角洲约5万平方千米,广义上的长三角区域达到35.8万平方千米。

长江三角洲的演化,是自然与人类共同塑造的典型案例。1936年秋天,考古学家施昕更在杭州余杭良渚镇发现一枚黑陶残片。这块沾染着太湖泥浆的陶片,把人们的目光引向5000年前的长江下游:良渚先民在沼泽中垒起土台，用玉琮与稻穗构筑起江南最早的文明图景。这场人类与大水的博弈，拉开了长江与“长三角”千年对话的序幕。

长江三角洲不仅共享着江河冲积形成的地理肌理，也有着共同的文化基因。大约5000年前，良渚先民在天目山东麓的河网平原垒土筑城。他们堆筑的谷口高坝，正好横卧在两个山头间最狭窄的位置。自然高低落差，让高坝能在强降雨时节起到蓄水、防洪及水运交通的作用。这是目前已知世界上最早、最大的水利工程，影响范围约100平方千米。

长三角区域的交流相融也由此开始。良渚文化中心地区地处钱塘江流域和太湖流域，南京大学历史学院教授黄建秋认为：除良渚古城外，上海青浦福泉山、苏州草鞋山、常州寺墩、泰州蒋庄等都是重要的良渚文化遗址点。良渚古城为“中央”，联系着各个“地方”，这个“网络”构成的区域，正好接近如今的长三角地区。

良渚文化玉器品类丰富、雕饰精美，达到中国史前玉器文化的巅峰。这些玉器分布涉及如今的江苏、浙江、上海、安徽等地。有专家提出，玉文化的发展率先在长三角区域体系化、规模化。以良渚文化为代表的史前文明，在良渚早中期（距今5100—4500年）逐步形成，完成了长三角一体化进程。

长江三角洲主要是由长江带来的泥沙淤积而成，这一地区多为平原，地势低平，河网密布，河流众多，著名的水域包括横贯东西的长江、位于三角洲中心的中国第三大淡水湖太湖、纵贯南北连接长江与杭州的京杭大运河等，沿岸更是有着大量的湖泊、水塘、溪流。此外，各朝各代还在这片巨大的区域挖掘出除京杭大运河之外的多条人工运河，包括胥河、江南运河、邗沟、破岗渎等。

这样的地理环境，不仅为长三角地区的渔业、种植业、交通运输等提供便利，更为区域的交流、相融、发展提供了坚实基础。历史上，唐代的扬州，就是凭借长江与运河交汇的优势，成为全国最大的食盐转运中心；水网密布的湖州南浔古镇，也是依托连接太湖和钱塘江的頔塘古运河，在明清时期发展成“湖丝行天下”的江南蚕丝贸易中心……实际上，类似的故事在长三角区域不胜枚举。

## 长江三角洲城市群

今天的长三角城市群，本质上是经过水运经济（唐宋）、商业资本（明清）、工业交通（近代）的递进发展，最终在上海崛起后形成的现代城市群格局。

唐宋时期，京杭大运河的开凿，连接了杭州、苏州、扬州等城市，使长三角成为全国漕运中心，而扬州因为运河和长江的交汇，成为全国最大商业都市，有“扬一益二”（扬州第一，成都第二）之称。明清时期，江浙一带形成9座以商业、手工业和粮食集散为主的城市：上海、南京、苏州、扬州、无锡、常州、杭州、松江、湖州，就是如今长江三角洲城市群的雏形。那时候，江南成为全国经济核心，其重点包括苏州因设立“江南织造”成为全国纺织业

▶ 高空俯瞰上海入海口，这里是长江在其约6300千米流程的终点。许达/摄

▶ 宁波“大地之树”是杭州湾沿岸滩涂上形成的天然潮汐地貌景观，因退潮时水流在滩涂冲刷出形似巨树分枝的纹理而得名。许雨婷/摄

中心，徽商、浙商的跨区域贸易，上海崛起为“远东第一都市”等。到了近代，经过工业化和交通网络的整合，随着连接上海、南京的沪宁铁路（1908年），连接上海、杭州的沪杭铁路（1909年）相继开通，上海外滩成为亚洲金融中心，宁波、南通因港口和纺织业发展，成为区域次中心……

到了现代，这片由长江泥沙数千年冲积形成的巨大平原，不仅承载着长江的入海使命，更以密集的河网、港口群，构建起贯通内陆和海洋的立体交通体系。作为全球货运量最大的内河水道，长江的航运网络总会以新的形式诠释地理价值。2023年，安徽省港航集团和奇瑞汽车合作，开通芜湖港到上海港的江海直达“滚装运输航线”，通过“联动接卸”模式实现一次申报、一次放行，单航次物流成本降低9.8万美元。这一模式，覆盖包括安徽芜湖、江西九江等沿江12个港口（截至2023年底），单箱运输成本较公路最高可降1500元。

类似于这样的创新并非偶然，而是长江水道地理资源禀赋的必然产物，实际上，自春秋时期邗沟运河贯通以来，长江流域便留下“江海河联运”的基因。2023年，长江干线货运量超过38.8亿吨，江苏段航道达标里程2576千米，串联起11省市的产业带，为长三角城市群奠定物流基础，上海港集装箱吞吐量更是连续15年位居全球第一，港口连通度连续13年全球第一。

很多年后的今天，长江三角洲城市群已经成为全球顶级经济引擎，范围包括 41个城市，总面积达到35.8万平方千米，占全国3.7%；人口超过 2.35亿，占全国的16.7%。三省一市中，上海是全球金融与科创中心，江苏是制造业高地，浙江是数字经济与民营经济巨头，安徽是新兴科技旗手。在这片江水纵横的巨大区域，已经形成全球最密集的1小时经济圈。高铁网方面，沪宁、沪杭、宁杭、合杭等高铁线路，实现核心城市1小时互通；港口群方面，全球集装箱吞吐量第一的上海洋山港、全球货物吞吐量第一的宁波舟山港，全都千帆竞发、百舸争流……

2018年，长三角一体化上升为国家战略。现在的长三角已经超越“城市群”概念，成为全球资源配置中心与科技创新策源地，对标美国纽约湾区、日本东京都市圈，是中国参与国际竞争的核心平台。2024年，长三角GDP总量再创新高，突破33万亿元。全国27座万亿GDP城市中，长三角独占9席，占比1/3，显示了长三角在中国经济版图中的重要地位。

事实上，长江对经济的影响远超地理范畴。回望千年历史，从漕运时代到汽笛长鸣的通商口岸，从轰鸣的工业齿轮到跃动的数字浪潮，长江用6000多千米的蜿蜒滋养着这片土地的文明基因。

# 长江梦和大海的蓝

故事终于来到尾声。

从青藏高原滚滚而来的伟大长江，全程奔腾6397千米，终于从上海南汇嘴（南岸）和江苏启东圆陀角（北岸）汇入蔚蓝遥远的大海。两个入海口相距约80千米，北岸的入海口水流较缓，泥沙沉积严重，目前已逐渐淤塞萎缩。南岸的入海口是长江主航道，承载90%以上的径流量。

## 三级分汊、四口入海

系统了解长江入海口的千年演变，是个比较复杂的过程，其中涉及的河道演变、地理术语、新老地名、地理现象等比较多，需要有抽丝剥茧、层层解题的心态。而前往目的地实地观测，其实更为重要。

长江入海口呈现的独特格局是“三级分汊、四口入海”。这个格局的形成，其实是多年演变的结果。《上海通志》记载，唐武德元年（618年），崇明岛的雏形初露水面，将河口分为南、北两支，形成一级分汊。14世纪后，长江水势日趋稳定，主泓从北支入海长达300余年。到17、18世纪，受江苏南通启东地区沙洲并岸的影响，长江主泓移向南支，直到今天。

在长江主干转向南支的同时，状况出现了，从右岸江苏常熟福山到上海黄家湾的江岸，坍没2~3千米，宝山县黄窑镇（位于今上海宝山区月浦镇）直接坍入江中，于是右岸开始修筑江堤，用来抵御江潮、风浪的冲击和侵蚀。随后，南岸渐趋稳定。到19世纪后期，随着长兴、横沙等年轻岛屿相继成岛，南支被分为南港、北港，这就形成了二级分汊，而长江主泓则在南、北两港之间交替。

1880年，长江口三大冲积岛之一的横沙岛成岛，东侧广阔的水下浅滩被来自南港的江水沿如今的北槽串沟切开，形成的新河道经过多年冲刷，开始不断扩大。到20世纪40年代中期，被切割出的部分浅滩逐渐淤积，形成三个较为明显的水下阴沙，成为最年轻的入海口沙洲——九段沙的雏形。这之后，20世纪50年代前后分别出现的两次特大洪水，使5米深槽贯穿整个串沟，将南港分成南、北两槽，年轻的九段沙也开始作为独立沙体存在。到1961年，九段沙的0米等深线已经较明显地将九段沙分为上沙、中沙、下沙三个沙体。到20世纪80年代，三个沙体的北侧都因为北槽的发展遭到侵蚀，南岸的南边滩因为落潮切割，逐渐加深、加宽，形成新的南槽。1986年，新南槽彻底取代老南槽，正式形成今天的三级分汊。

北支的全称是长江口北支水道，也称北泓道，因为上段邻江苏海门，也称海门水道，西起崇明岛东端南北支交汇处，经江苏南通市青龙港，东至南通市启东连兴港入海，全长80千米。虽然北支曾经是长江主泓的入海通道，但后来因为主泓改道南支，径流量逐渐减少，分流比下降，河槽由河控转为潮控，近期分流比不足5%，1950年后几乎彻底丧失通航价值。南支的全称是长江口南支水道，从江苏苏州太仓的徐六泾以下至出海口段，长约65千米。在长兴岛分汊后，南支被分成南港水道与北港水道。

北港水道又称北水道，位于崇明岛和长兴岛、横沙岛之间，西起崇明堡镇港，东至佘山岛，长约80千米。1860年至1920年曾是长江入海主要航道，后来因为北港上口老崇明水道日渐淤塞，口门（此处可简单理解为入海口）最浅处水深不足5米，航道地位随之被南港取代。南港位于长兴、横沙两岛南侧，西起吴淞口，东至九段沙西端，长约40千米，平均宽6千米。原东至长江口灯船，后因为九段沙，被分汊为南、北两槽。1958年前为单一河槽（仅一条连续、明确的主河道），水深12米以上。1958—1971年，因为瑞丰沙嘴和江亚南边滩（今江亚南沙）的淤积，变为复式河槽（河流横断面由主槽和滩地共同构成的复合型河道结构）。

北槽位于长江口铜沙浅滩和九段沙之间，自南、北槽分流口的中沙灯船起，经横沙岛东端的牛皮礁，至长江口灯船，长约68千米。1973年，南槽水道淤浅，北槽航道启用。1984年，南、北槽分流口的中沙灯船到北槽中灯船段，被辟为人工航道；北槽中灯船至长江口灯船仍为自然航道。南槽位于长江口九段沙以南，从南、北槽分流口的中沙灯船到长江口灯船，长约70千米，包括江亚航道、铜沙航道、南支航道。其中，江亚航道和铜沙航道为人工航道，南支航道为自然航道。受九段沙不断南压的影响，铜沙航道于1984年停止维护，大型船只改从北槽水道进出。

在“三级分汊”的过程中，长江通过一级分汊的北支、二级分汊的北港、三级分汊的北槽与南槽直接入海，故称“四口入海”。南支与南港均在之后继续分汊，属过渡河段。

如果要亲临观察长江入海口，以下几个观测点相当重要：崇明东滩鸟类国家级自然保护区退潮时，可以看见南、北支分流的水道形态；江苏启东的圆陀角风景区，是长江、黄海、东海三水交汇的地理标志点，晴天可见淡水与海水的色差分界线；上海吴淞口炮台湾湿地公园紧邻黄浦江与长江交汇口，设有观景平台，可眺望长兴岛、横沙岛分割江面的二级分汊；江苏南通狼山风景区，有北支萎缩、南支主泓流量对比的宏观视角……这些观测点，或多或少体现了江水入海过程中泥沙分配、河道演变、人类工程的相互作用。

“三级分汊、四口入海”格局的形成，是自然演变与人类干预交织的地理史诗。它不仅在泥沙沉积与潮汐冲刷中书写变迁，更承载着长三角的经济命脉，将长江流水导向全球航运，与世界相连。随着海平面上升与盐水入侵，这一格局未来还会继续改变，如何在开发与保护间寻得平衡，是人们面临的考验。

## 从一个梦开始，奔向大海

从格拉丹东开始，纵横捭阖的长江翻山越岭，千回百转，终于日夜兼程地把一江滔天巨浪，分作两股滚滚洪流，在拍打过南支和北支的长堤之后，洒脱东去，激荡入海。当奔腾的长江与浩瀚的东海相拥，形成河海交汇的壮丽奇观；当碧蓝的海水和浑黄的长江水交融，一幅磅礴的天然水墨画傲然凸显。

实际上，从青藏高原出发的时候，长江就有一个大海梦，而每一滴跋涉着流进大海的江水，背后都有一个要么惊涛骇浪、要么九曲回肠的故事：无论是金沙江右岸的惊天一拐、三峡库区的高级美学，还是洞庭湖的浩渺烟波、鄱阳湖的五水归一；无论是河网密布的水系、动植物栖息的湿地，还是各级支流溪流、雪水泉水，全都聚集着天地灵气，从四面八方汇聚而来，带着各自的命运、理想、前程，在不同时刻与长江水乳交融、融为一体，然后滚滚向前，奔赴蔚蓝。

中华文明著名的两条大河中，黄河以厚重、博大，塑造着民族的精神脊梁；长江，以宽阔、包容，滋养着华夏大地的文明血脉。在长江的滋养下，一个个时代的印记如同串珠般闪耀：从东亚最古老的石器、陶器，到精妙绝伦的银器、玉器；从最早的人工驯化水稻，到气势恢宏的水利工程……这条大江，见证着文明的萌芽，孕育着文化的繁盛，滋养着两岸的人民。

毫无疑问，这是一条创新的江，一条开放的江，一条思想的江。各种文明、学派、技艺竞相绽放；各种思潮、文化、商业、工业交相辉映。这条江，倾听过陶渊明《归去来兮辞》的超脱，诵读过李白“朝辞白帝彩云间”的豪迈，吟咏过苏东坡“一蓑烟雨任平生”的旷达。这条大江，横贯东西，上承巴蜀雄姿，中接荆风楚韵，下启吴越灵秀，各种文化相互交融、辉映，构筑起长江文明的独特魅力。

长江并不只是一条自然的河流，更是连接古今的纽带、沟通中外的桥梁。从黄浦江畔的万国建筑到三峡工程的壮丽史诗，从南京路上的商潮涌动到崇明岛头的生态守护，它见证着中华文明与世界文明的交融激荡。

从一个梦开始，到梦想的完成，长江最后的心事，就是要以数千年积淀的底蕴，融入时代的潮流，以广博恢宏的胸襟，通过大海，去拥抱更大的未来。当我们站在江海交汇处，目送一江春水奔流入海，仿佛看见无数先民的智慧在此凝聚，仿佛看见东方文明的薪火在此燃向世界。

是的，这不是一条江的终点，而是一个文明绵延不绝的新起点。

▶ 沪苏通长江公铁大桥是中国江苏省境内连接苏州、南通与上海的重大交通工程，该桥全长11072米，采用公铁两用双层设计。周峰/摄

▶ 江阴工业区位于长江下游南岸，是中国县域工业经济的旗舰标杆。 周峰/摄

# 只有一条长江

THE
YANGTZE
RIVER
THERE'S
BUT
ONE

**总策划**

李 斌 郭 宜

**主编**

李海洲

**专家审读**

唐 涓 李 飞 吴映梅 谢祥林 罗兹柏 李可可 万大娟 王东林 赵淑萍 杨智宇 杨 燕

**撰稿人**

唐荣尧 唐小杰 方小白 赵浩宇 周 旭 罗新蕾 马 拉 周 影 曹愉钦 胡 倩 纪如玥
夏 唯 胡家密 孙 蕾 余 寐 周薇莎 陈晓东 刘孤白 邓文倩

**摄影师**

静 言 水冬青 陈 江 陈小羊 狄久锋 文 德 鲍永清 李晓东 张永良 吴 舜 裴正琪
韩小龙 蒋秉祚 杜晓宇 施 扬 早彦铭 蒋人可 穆仁强 周步国 巫栎鸿 李海洲 李文博
张坤琨 朱云平 蒋小翼 陈 亮 张 乐 杨大川 袁雅琨 朱美忠 李 彬 陈浩然 李 炼
陈云元 张小刚 王家福 谭仁军 张浩奇 刘 杰 冯光柳 郑 坤 熊朝阳 许理伟 崔 缘
张国震 李俊松 李剑辉 戴应震 李伟林 王玉实 严 磊 贺景涛 周 峰 方 飞 周俊骅
黄 颖 於朝勇 李星河 几 奥 张 涵 林 下 张一航 李艺爽 赵梓皓 过立昶 恪 纯
黄海波 曹林华 朱 超 曾 靖 陈佳祺 黄东豪 刘俣琮 孙圣杰 王智伟 许 达 许雨婷
杨子康 胡王光 傅建斌 林晟泽 范一鸣 石耀臣 吾金旦增

# 只有一条长江

李海洲 主编

**设计总监** - 左小朵　**封面视觉** - 刘晓敏　**装帧设计** - 朱明月
**内容总监** - 赵浩宇　**技术编辑** - 罗新蕾　**出品人** - 李殊词

**营销团队** - 车　希　郑　正　周　乐　王　露

关键词书系

每 个 词 语 都 是 通 往 灵 魂 的 船 票